英語教育のパラダイムシフト
小学校英語の充実に向けて

村端五郎 著

松柏社

プロローグ

〔対話相手を探す Kaoru が Arisa に声をかける〕

Kaoru: Excuse me, Arisa.

 Arisa: Hi, Kaoru! How are you?

Kaoru: I'm OK. How are you?

 Arisa: I'm fine. Thank you.

Kaoru: OK. Let's get started! Can I go first?

 Arisa: Sure. Go ahead.

Kaoru: All right. What is your favorite food?

 Arisa: I like ramen.

Kaoru: Ah, ramen! Good!

 Arisa: How about you, Kaoru?

Kaoru: Well, I like ramen too, but I like katsu-don the best.

 Arisa: Oh, katsu-don! I love it too.

Kaoru: Do you? OK, I have to go now. Nice talking to you.

 Arisa: Nice talking to you too. Kaoru, your English is very good!

Kaoru: Thank you, Arisa. See you. Bye.

 Arisa: See you. Bye.

　この対話は、「クラスで人気の食べ物リストを作ること」を目的とした活動で、Kaoru と Arisa という小学校 6 年生の児童がお互いの好きな食べ物を尋ね合っている場面である。この対話では声かけ（"Excuse me, Arisa."）から対話を切り出し、良好な人間関係を維持しながら（"Kaoru, your English is very good!" "Thank you, Arisa."）幕引き（"Nice talking to you" "See you. Bye."）が行われている。下線部が本時のターゲット（目標）表現だが、それだけでは唐突でぎこちなく、まるで警察署での取り調べのようなやり取りになってしまう。そのようなやり取りでは人と人との間で繰り広げられる人

間味のある温かい対話にはならず、真の意味でのコミュニケーションではない。この Kaoru と Arisa の対話は、子どもたちを英語ユーザ（English users）に育てたい、このように教室で英語が使える子どもたちを育てたい、という著者の思いをイメージ化したものである。

　わが国の児童・生徒が、上の対話例のように、より自然な活動として英語が使える、流暢に英語で対話ができるようになる、そのためには、どのような知識やスキルが求められるのか、英語の教室ではどのような指導や活動を行っていけばよいのか。本書の目的は、応用言語学や英語学関連分野（第 2 言語習得論や会話分析、語用論など）の研究知見を手がかりに、このような問いの答えを検討した上で、小学校英語の充実に向けた、これからの英語教育の指針を提言することである。

　中学校・高等学校・大学の 10 年間、小学校の 2 年間を加えると 12 年間も英語を学習しながら、なぜ日本人はうまく英語が使えないのか、なぜ日本人は英語に自信がもてないのか。この問題は、わが国英語教育界最大の課題である。その背景には様々な要因が絡み合っているのは確かである。しかし、これまで約 40 年間、様々な形で英語教育に携わってきた著者が考える最大の要因は、根拠のない暗黙知である。つまり、教科書に寄り添いながら、日々、文法や語彙を 1 つ 1 つ積み上げていくことが大切である、と教師は説く。そして、より正確で複雑な文が生成できるようになれば、実践の場でそれを活かすことができ、やがて英語が使えるようになると教師も生徒も期待する。自由に会話する機会が与えられれば、次第に英語でうまく対話できるようになる、と誰しもが思う。しかし、これは経験や勘に頼った、ある種の思い込みなのではないだろうか。

　わが国の英語教育は、EFL（English as a Foreign Language、外国語としての英語）環境にあるため、教室外で英語に触れる機会が極めて限定的である。さらに、近年の語用論や会話分析などの研究で徐々に明らかになってきているのは、実際の会話で相手に不快な思いをさせずに良好な人間関係を維持しつつ会話を閉じる、この言語行為 1 つをとっても、ことはそう簡単には運ばないということである。つまり、会話を円滑に進めるためには、「会話を

どう組み立てるか」「相手と協調的、協力的にどのように会話を進めるか」「沈黙や発言の重なりを避けながら、どう円滑に会話を進めるか」「話し手のコトバの意味や意図をどう理解するか」などの知識やスキルが求められるのである。

　これらを身につけられる言語経験が乏しければ、決して自信をもって英語が使えるようにはならない。いくら語彙が豊富で、無限の文を生成できる文法力がついたとしても、それらがバラバラの状態で記憶の中に散在していては、いつまでたっても日本人は英語が使えるようにはならない。英語が使えるようになるためには、語彙力や文法力は必要条件であっても、それだけでは十分ではない。児童・生徒にとっては実際のコミュニケーション場面となる英語教室の中で会話を流暢に進めるための知識・スキルを意図的、計画的に教授・学習していく必要があるのである。今こそ英語教育のパラダイムシフトが求められる。

　では、なぜ著者は、英語で「やり取りする力」にこだわるのか。以下の引用は、第 2 言語習得研究の草分けの一人であるハッチ教授の有名な一節である（Hatch, 1978, p. 404）。

　　One learns how to do conversation, one learns how to interact verbally, and out of this interaction syntactic structures are developed.（人はまず会話の進め方を学び、コトバを使ってどうやり取りするかを身につけていく。そして、そのコトバのやり取りから統語構造が発達するのである。）

母語であろうと第 2 言語であろうと、人がコトバを習得する場合においては、人と人との間で繰り広げられるやり取りがいかに重要であるかを物語っている。より創造的な言語使用を可能にするコトバの意味と形式の対応付け（mapping）は、そのような言語によるやり取りを通して達成されるのである（Goh & Burns, 2012; Richards, 2012）。

　コトバによるやり取り、平たく言えば会話、対話がコトバの習得に重要な役割を果たすとすれば、児童・生徒が積極的、自発的、即興的に英語を使っ

てやり取りできるようにしていかなければならない（Richards, 2012）。わが国のように EFL 環境で英語を学ぶとすれば、児童・生徒が受ける英語の授業そのものをコミュニケーションの場に変えていかなければならない。

　戦後わが国では学習指導要領がほぼ 10 年ごとに改訂され、「学習活動」が「言語活動」という表現にかわり、さらに「コミュニケーション」「実践的コミュニケーション」という用語が使われるようになり、より実用的な英語力の習得が強調されるようになってきた。また、中学年 3・4 年生対象の英語活動と高学年 5・6 年生対象の教科としての小学校英語が導入されるなど、国をあげて実践の場で英語が使える日本人の育成を学校英語では目指してきた。しかしながら、このように学校英語に関する新しい提言や改革案が次から次へと出されてきたにもかかわらず、日本人の英語力の問題が取り上げられ、英語教育改革の不十分さが依然繰り返し指摘されているところである[1]。

　平成 25 年 12 月、文部科学省はグローバル化に対応した新たな英語教育改革実施計画の具体的な方策の 1 つとして、中学校では「授業を英語で行うことを基本とする」とし、高等学校では「授業を英語で行うこととともに、言語活動の高度化（発表、討論、交渉等）」を図ることを発表した。母語である日本語の使用を英語授業から排除することの是非論については英語教育関係者の間で議論されている課題の 1 つではあるものの、流暢な英語を使って授業を進める英語教師を多く見るようになり、生徒が生きた英語に触れる機会は確かに増加していると言えるだろう。そういう意味では国の施策は一定の成果を上げているのかもしれない。

　しかし、英語学習の主体である児童・生徒に目を転じてみれば、状況はあまり変わっていないというのが著者の印象である。児童・生徒は、ひたすら教師の質問や指示に反応しているだけで、自発的に英語を使用する姿を目にすることは稀である。本時の目標文を使ったやり取りは別として、ペアやグループで行う活動の大部分は日本語で行われる。児童・生徒同士が英語を使って人と人との交わりを展開し、社会的な交流や自発的なやり取りをしているのだろうか。残念ながら、冒頭で紹介したようなやり取り場面はほとんど目

にすることはない。教室がコミュニケーションの場になっていないのである。このような英語授業の実態は、小学校や中学校、高等学校、学校種にかかわらず、あまり大差はないだろう。

「授業を英語で行う」ということの意味は、教師の教授言語を日本語から英語に切り替えるということなのだろうか。教師が授業を全て英語で行えば、児童・生徒の英語コミュニケーション能力は飛躍的に高まるのだろうか。著者は決してそうは思わない。児童・生徒自らが英語をコミュニケーション手段の1つとして自発的に使う機会がなければ、いくら英語教師が英語を使って授業を行っても生徒に英語による堅実なコミュニケーション能力が身につくはずがないからである。

昨今、教師の英語力の問題はよく話題として取り上げられるが、その一方で児童・生徒の教室英語、教室で英語を学習するために求められる英語能力、ジョンソン（Johnson, 1995）の言う「教室コミュニケーション能力」（Classroom Communicative Competence）について話題になることは非常に少ない（Murahata & Murahata, 2017）。英語教育関連の書籍をみても、教師のための教室英語（Classroom English）を主テーマとしたものはよく目にするが（例えば、高梨他（2006）や藤田（2011）、吉田他（2012）、染矢（2012）など）、英語授業の主役である児童・生徒に視点をおいた、いわゆる児童・生徒のための教室英語に特化したものはほとんど見当たらない。たとえ児童・生徒の教室英語を取り上げているにしても、教師の質問や指示にどう応じるか程度に止まっている。英語を学ぶ過程で、教師の質問にただ答えたり、指示に応じたりするだけでは英語が身につくわけがない。児童・生徒自身が、一人の人間として英語というコトバを介して心や感情、情報、意見の交流を図ることを通じて教室で英語学習を実現させることが何よりも重要である。

また、実際の会話においては、文法に基づいて一から生成される文よりも、冒頭で紹介した Kaoru と Arisa の対話にも見られるような、出会いや別れのあいさつをはじめとした "How are you?" "Let's get started." "Thank you." "Nice talking to you." など、文脈依存的に一塊の表現として使用される慣習的プレハブ表現が数多く観察される。そのような慣習的プレハブ表現

は、発話の半数以上を占め、円滑に会話を展開するのに重要な役割を果たしているとされている。しかし、このような慣習的プレハブ表現は、これまでの英語教育カリキュラムでは過小評価されてきた。わが国のような EFL 環境においては、このような表現は、先ほど述べた「教室コミュニケーション能力」の中核を成すものと著者は考えている（Murahata & Murahata, 2017）。

　以上のことを踏まえ、本書でこれから述べていく内容を要約すると次の 8 点になる。多少前後するものもあるが、該当する章・節を各項目の末尾に示した。

1) 小学校英語の教科化など、わが国の英語教育は大きく変わろうとしている一方で、**英語力低下の問題**、**英語嫌いの増加**、英語力に対する**自信の欠如**は引続き深刻な課題だ。しかし、アジア諸国の英語教育の状況を見ても、社会情勢が異なるので単純には比較できないが、どの国や地域にも**多様な課題**があり、日本だけが例外ではないことをまず認識する必要がある。さらに、日本人は英語ができないというのは俗説であり、英語そのものに問題があるのではなく、**コミュニケーションの取り方**に慣れていないことに問題の本質があるという識者の見解に耳を傾けるべきだ。【第 1 章 1.1 ～ 1.4 節】

2) 英語は私たちの母語ではない。私たちは、いくら頑張っても英語の母語話者にはなれない。だとすれば、英語母語話者と自分たちの英語とを比べても意味はない。むしろ、自分たちは母語の他に、第 2 言語である英語もある程度は使える人間であり、**マルチコンピテンス**（複合的言語能力）を有し言語的にも認知的にもユニークな人間であるというプライドと**自信**をもって英語が使える**英語ユーザ**を育てていかなければならない。【第 1 章 1.5 節】

3) 教室外での英語使用は極めて限られた EFL 環境で英語を学習するからこそ、**英語授業自体**を人と人との間で繰り広げられる社会的相互行為の場、すなわち言語経験が豊富な**コミュニケーションの場**に変えていくことが必須の課題だ。【第 2 章】

4) 英語教室をそのようなコミュニケーションの場に変えていくには、児童・生徒には教室という文脈で活用できる**教室コミュニケーション能力**を身につけさせていかなければならない。その能力の中核に位置するのが、英語会話談話に構造性と円滑さを与えてくれる**慣習的プレハブ表現**だ。【第 2 章 2.3 節、第 4 章 4.6 節】

5) 英語での会話というのは、語彙力や文法力が身につけば自然にできるようになるというものではない。会話はどのように組織・構成されているのか（**会話の組織・構成**）、どのように展開するのか（**会話談話の展開方法**）、に関する知識・スキルを意図的、計画的に教授していかなければ、いつまでたっても児童・生徒に英語会話力は身につかない。【第 3 章】

6) 授業を英語で行うというのは教師の教授言語だけの問題ではない。**児童・生徒自身**が**コミュニケーションのツール**として英語を使えるようにするにはどうしたらよいかという問題の方がより重要だ。【第 4 章 4.1、4.2 節、4.6 節】

7) コトバの形式や文法自体をいくら身につけても、コトバの果たす**機能**や**社会的な意味**に無頓着ではコミュニケーションを円滑に展開することはできない。これからの英語教育では、種々の**目的を達成**するための機能的な意味（発話の意図など）や人間関係の構築と維持のための社会的な意味をより重視して教室での学習活動やコミュニケーション活動を組み立てていく必要がある。【第 4 章 4.3、4.4、4.5 節】

8) 語彙や文法を 1 つずつ積上げていく**教科書ベースの内容シラバス**だけでは充実した会話力を養成することはできない。内容シラバスと、毎時間の学習内容を循環的に支え、流暢さなどを育てる**過程（足場かけ）シラバス**が統合されてはじめて、児童・生徒に英語が使える能力が身につくのだ。【第 4 章 4.7 節】

母語であれ外国語であれ、コトバの学習というのは対人関係の中で繰り広げられる社会的相互行為を通して成立する（Long, 1983; Pica, 1987; R. Ellis,

1991; van Lier, 1988)。それだけに、英語教室をそのような社会的相互行為の場に変えていかなければならない。教室外での英語との接触や使用経験が極めて限定的な状況を踏まえれば、まずは英語の授業自体をコミュニケーションの場に変えていかなければならない。でなければ、わが国の英語教育の課題は解決しない。私たちが目指すべきは、まず、教室で求められる英語コミュニケーション能力を児童・生徒に身につけさせる手だてを考え、児童・生徒を英語ユーザに育て上げることではないか。

　このような思いから、本書の各小節末には、「『会話の組み立て』を意識したやり取り演習」というコラムを設けた。英語教室という状況において実際に児童・生徒に使用させたい、種々の言語機能（functions）を担う慣習的プレハブ表現を厳選し、短いやり取りの中で例示したものである。小学校 3 年生の英語活動から使える簡単な表現から、中学校の英語授業での本格的な英語学習（意見交換や議論、感想共有など）で使える表現まで取り上げた。また、児童・生徒の実態に応じてさらに表現の幅を広げさせたい場合には、巻末の資料 1「言語機能に対応した慣習的プレハブ英語表現バンク（隣接応答ペア）」と資料 2「児童・生徒のための教室活用慣習的プレハブ英語表現バンク」を活用して頂きたい。

　なお、資料 2 のプレハブ英語表現は、著者が考える教室コミュニケーション能力の 3 要素、「良好な人間関係を築き維持する」「学習ルールやマナーを守る」「内容学習を進める」に便宜的に分類したもので、中には 2 要素にまたがる表現もあるだろうし、他要素の表現として分類する方がより妥当な表現もあるかもしれない。学年指定も同様である。

　本書は、書名にある通り、小学校英語の充実に向けた英語教育改革の進め方に関する提言をまとめたものである。しかし、中学校段階の英語教育の方向性に関する見通しがなければ、いくら小学校英語が教科化されようが、義務教育レベルの英語教育の成果はあまり期待できない。したがって、後半のいくつかの節では、主として中学校英語の指針となるものを取り上げた。

　本書は、主として小学校の教員や中学校の英語教員を目指す学生、大学院生が大学において「小学校英語」（教科内容）を受講する際に参考となる図

書として著したものだが、すでに小学校・中学校の教壇に立ち外国語（英語）活動や外国語（英語）科の実践に携わっている教員や指導的立場にある指導主事にも読んでいただきたいと思っている。また、本書で取り上げた事柄に興味関心をもち、更に深く研究したい人のために参考文献（研究書や学術論文）を極力明示し、専門用語も随所に使用した。しかし、応用言語学や英語学関連分野などの基礎知識がない人でも理解できるように、できるだけ平易な解説に努めた。

　本書の執筆にあたり、お世話になった方がいる。まず、息子の啓介と怜史の学友でゴンザガ大学（ワシントン州スポケーン市）学生のウィットニー・ボリボル（Whitney Bolibol）さんには、各節末で紹介した「『会話の組み立て』を意識したやり取り演習」をはじめ、教室英語表現バンクの校閲をお願いする機会を得た。感謝したい。また、宮崎大学教育学部小中一貫教育コース2年生の必修科目として平成29年4月から始まった「小学校英語」の受講生は、授業を通して本書の基礎となった資料のわかりにくい箇所や疑問点について、率直な意見をたくさん寄せてくれた。感謝する。また、英語学や応用言語学、第2言語習得論、英語教育学に高い関心を寄せるゼミ生は、研究発表やゼミ活動での議論を通して本書執筆のインセンティブや本書の構成、具体的な内容に関する貴重なヒントを与えてくれた。さらに、本書の最初の読者となり、すべての原稿に目を通して表現や内容に関して貴重なアドバイスをくれた協働研究者の一人である妻佳子に感謝したい。もちろん、本書に正確さを欠いた表現や誤解があれば、すべて著者一人の責任である。最後に、松柏社の森信久氏には、本書の企画段階から完成まで終始適切な助言をいただいた。衷心より感謝の意を表したい。

2017年12月　　村端五郎

注

1　例えば、関西経済同友会教育改革委員会「英語教育に目標と戦略を」（2015年4月）。同報告書は、学校英語教育のこれまでの経緯や現状を的を射た形で簡潔に分析した上で種々興味深い提言を行っている。

目　次

プロローグ　[*i*]

第1章　英語教育の方向性と今後の課題 ……………………………………*3*

1.1　わが国の英語教育の方向性と課題　[*3*]

1.2　海外の外国語（英語）教育の現状と課題　[*15*]

1.3　授業は英語で行うということの意味　[*31*]

1.4　日本人は英語ができないという俗説　[*38*]

1.5　英語ユーザを英語教育の中心に　[*43*]

第2章　英語教育のパラダイムシフト ………………………………………*52*

2.1　英語授業を社会的、対人的なコミュニケーションの場に　[*52*]

2.2　尋問型対話からの脱却　[*56*]

2.3　慣習的プレハブ表現へのパラダイムシフト　[*61*]

2.4　聞き手の果たす役割の重視　[*68*]

2.5　形式習得主義から目的達成主義へのパラダイムシフト　[*73*]

2.6　情報伝達機能への偏重からの脱却　[*80*]

第3章　英語会話の構成と展開 ………………………………………………*87*

3.1　会話はどう運ぶのか　[*87*]

3.2　会話の切り出しと幕引きの前触れ表現　[*93*]

3.3　相づちと語用標識の機能　[*97*]

3.4　日英語会話での呼びかけ方の違い　[*102*]

3.5　間投詞 'Ah' と 'Oh' の語用論的機能　[*107*]

3.6　Yes-No 疑問文に対する応答のパターン　[*111*]

3.7　コード・ミキシングとトランスランゲジングの役割　[*118*]

目　次　*xi*

第 4 章　英語が使える児童・生徒を育てるために··*125*

4.1　前向きな英語表現を使ったコミュニケーション活動　［*125*］

4.2　あいさつ表現"How are you?"の応答として"I'm hungry."は適切か［*131*］

4.3　信号コミュニケーション・モデルの限界　［*137*］

4.4　話し手（書き手）の意味・意図の解釈力　［*144*］

4.5　意味解釈における「発話されたこと（what-is-said）」の限界性と重要な役割　［*154*］

4.6　教室で求められる英語コミュニケーション能力　［*176*］

4.7　内容シラバスと過程シラバスで英語が使える能力を育てる　［*182*］

エピローグ　［*192*］

参考文献　［*242*］

索　引　［*252*］

コラム　「会話の組み立て」を意識したやり取り演習

(1)　切り出しと幕引き（Opening and closing）［*13*］

(2)　ほめる、受け入れる（Giving and accepting compliments）［*29*］

(3)　ほめる、受け入れる（Giving and accepting compliments）［*37*］

(4)　手渡す（Handing someone something）［*42*］

(5)　切り出し（Opening）［*50*］

(6)　応じる（Responding）［*55*］

(7)　同情する（Sympathizing）［*60*］

(8)　激励する（Encouraging）［*67*］

(9)　切り出し（Opening）［*73*］

(10)　心配する（Worrying）［*79*］

(11)　許可を求める（Getting permissions）［*85*］

(12)　注意する（Warning）［*92*］

(13)　質問する（Asking questions）［*96*］

(14)　聞き返す（Asking back）［*101*］

（15）聞き返す（Asking back）［*106*］

（16）修復する（Repairing）［*110*］

（17）確認する（Confirming）［*117*］

（18）意見を求める（Asking for opinions）［*123*］

（19）話題を提供する（Introducing a new topic）［*130*］

（20）助言（援助）を求める（Asking for help）［*136*］

（21）理解状況を伝える（Expressing understandings）［*143*］

（22）理由をたずねる（Asking for reasons）［*153*］

（23）意見を述べる（Expressing opinions）［*174*］

（24）提案する（Proposing）［*181*］

（25）感想をたずねる（Asking for impressions）［*191*］

資　料

　資料1：言語機能（Functions）に対応した慣習的プレハブ英語表現バンク（隣
　　　　　接応答ペア）［*197*］

　資料2：児童・生徒のための教室活用慣習的プレハブ英語表現バンク　［*201*］

　資料3-1：新学習指導要領（小学校・外国語活動）［*212*］

　資料3-2：新学習指導要領（小学校・外国語科）［*219*］

　資料3-3：新学習指導要領（中学校・外国語科）［*230*］

英語教育のパラダイムシフト

小学校英語の充実に向けて

第1章

英語教育の方向性と今後の課題

1.1 わが国の英語教育の方向性と課題

Keywords

新学習指導要領　話すこと(やり取り・発表)　小学校外国語(英語)科

見方・考え方　資質・能力　コンピテンシー

未改善の英語力　英語嫌いの増加　英語に対する自信の欠如

　わが国の英語教育は、大きな転換期に入った。その中心にあるのが小学校への本格的な英語教育の導入である。平成30年4月から小学校5・6年生を対象に教科(外国語科)としての英語が先行実施され、2年後の平成32年からの全面実施に向け様々な準備が進められている。それに連動して、現在、小学校5・6年生を対象に実施されている「領域」概念としての外国語(英語)活動が小学校3・4年生に早期化される。

　平成29年3月31日に文部科学省は、新学習指導要領(資料3-1、3-2、3-3)を告示した。教科としての小学校英語を含めた義務教育段階におけるこれからの英語教育の方向性が明らかになった。では、義務教育段階におけるこれからの英語教育は実際どのような方向に進むのだろうか。以下、旧(現行)と新の目標を取り出して比較してみたい(下線は筆者)。

1) 小学校外国語(英語)活動の目標

(現行：小学校5・6年生対象)

　外国語を通じて、言語や文化について体験的に理解を深め、<u>積極</u>

的にコミュニケーションを図ろうとする態度の育成を図り、外国語の音声や基本的な表現に慣れ親しませながら、コミュニケーション能力の素地を養う。

（新：小学校3・4年生対象）（資料3-1）

外国語によるコミュニケーションにおける見方・考え方を働かせ、外国語による聞くこと、話すことの言語活動を通して、コミュニケーションを図る素地となる資質・能力を次のとおり育成することを目指す。

(1) 外国語を通して、言語や文化について体験的に理解を深め、日本語と外国語との音声の違い等に気付くとともに、外国語の音声や基本的な表現に慣れ親しむようにする。

(2) 身近で簡単な事柄について、外国語で聞いたり話したりして自分の考えや気持ちなどを伝え合う力の素地を養う。

(3) 外国語を通して、言語やその背景にある文化に対する理解を深め、相手に配慮しながら、主体的に外国語を用いてコミュニケーションを図ろうとする態度を養う。

2) 小学校外国語（英語）科の目標
（新：小学校5・6年生対象）（資料3-2）

外国語によるコミュニケーションにおける見方・考え方を働かせ、外国語による聞くこと、読むこと、話すこと、書くことの言語活動を通して、コミュニケーションを図る基礎となる資質・能力を次のとおり育成することを目指す。

(1) 外国語の音声や文字、語彙、表現、文構造、言語の働きなどについて、日本語と外国語との違いに気付き、これらの知識を理解するとともに、読むこと、書くことに慣れ親しみ、聞くこと、読むこと、話すこと、書くことによる実際のコミュニケーションにおいて活用できる基礎的な技能を身に付けるようにする。

(2) コミュニケーションを行う目的や場面、状況などに応じて、身近で簡単な事柄について、聞いたり話したりするとともに、音声で十分に慣れ親しんだ外国語の語彙や基本的な表現を推測しながら読んだり、語順を意識しながら書いたりして、自分の考えや気持ちなどを伝え合うことができる基礎的な力を養う。

(3) 外国語の背景にある文化に対する理解を深め、他者に配慮しながら、主体的に外国語を用いてコミュニケーションを図ろうとする態度を養う。

3) 中学校外国語（英語）科の目標（資料3-3）

（現行：中学校1～3年生対象）

外国語を通じて、言語や文化に対する理解を深め、積極的にコミュニケーションを図ろうとする態度の育成を図り、聞くこと、話すこと、読むこと、書くことなどのコミュニケーション能力の基礎を養う。

（新：中学校1～3年生対象）

外国語によるコミュニケーションにおける見方・考え方を働かせ、外国語による聞くこと、読むこと、話すこと、書くことの言語活動を通して、簡単な情報や考えなどを理解したり表現したり伝え合ったりするコミュニケーションを図る資質・能力を次のとおり育成することを目指す。

(1) 外国語の音声や語彙、表現、文法、言語の働きなどを理解するとともに、これらの知識を、聞くこと、読むこと、話すこと、書くことによる実際のコミュニケーションにおいて活用できる技能を身に付けるようにする。

(2) コミュニケーションを行う目的や場面、状況などに応じて、日常的な話題や社会的な話題について、外国語で簡単な情報や考えなどを理解したり、これらを活用して表現したり伝え合ったりすることができる力を養う。

(3) 外国語の背景にある文化に対する理解を深め、聞き手、読み手、話し手、書き手に配慮しながら、主体的に外国語を用いてコミュニケーションを図ろうとする態度を養う。

　旧と新の目標を段階的に比較すると、まず、小学校3・4年生対象の外国語活動では「コミュニケーションを図る素地となる資質・能力」、小学校5・6年生対象の外国語科では「コミュニケーションを図る基礎となる資質・能力」、そして、中学生対象の外国語科では「コミュニケーションを図る資質・能力」という表現が使われ、学習開始の低年齢化に合わせて、現行の目標よりも各学年のそれは順次高度化している。ただし、基本的には、

「コミュニケーション能力の素地」（小3・4）
↓
「コミュニケーション能力の基礎」（小5・6）
↓
「コミュニケーション能力」（中1〜3）

のように、「能力の素地」→「能力の基礎」→「能力」を育成するという段階は現行のものと変っていない。
　新学習指導要領にはいくつか特徴がある。まず、第1の特徴は、コミュニケーションを図るための「資質・能力」の領域を明記することで目標がより具体化していることである。3つの領域が記され、第1の領域は、外国語の「形式的側面の基礎力」で、第2の領域は、外国語を「実際に活用する力」で、そして第3の領域は、外国語で「コミュニケーションを図ろうとする態度」である。奈須（2017）によれば、この「資質・能力」という概念は新学習指導要領の審議において論点整理のために提示され議論の末にまとめあげられた教科横断型の新しい学力観を示すもので、次の3つの柱からなる。

1) 「何を理解しているか、何ができるか（生きて働く「知識・技能」の習得）」
2) 「理解していること・できることをどう使うか（未知の状況にも対応できる「思考力・判断力・表現力等」の育成）」
3) 「どのように社会・世界と関わり、よりよい人生を送るか（学びを人生や社会に生かそうとする「学びに向かう力・人間性等」の涵養）」

　端的にいえば、「知っていることや理解していることをどのように活用して何ができるか」という学力観になろう。わが国の教育は、「何を知っているか」という個別の知識・スキルを重視してきたため、知識量は増えても実際の場面や未知の状況でそれらをうまく活用できない児童・生徒が多いという反省から生まれた考え方である（奈須, 2017）。これを英語教育に当てはめて考えると、これまでのわが国の英語教育では、文法事項や語彙などという形式面の習得が重視され、教科書ベースの内容シラバスによってそれらが順次個別に積上げられてきた。そうすれば、いつかは英語を使えるようになるだろう、という暗黙知のような考え方が確かに存在していたように思える（4.7節を参照）。しかし、個別に学習した知識等を実際場面に転用する、いわば学習の転用はさほど簡単ではないことがわかっている。したがって、これからの英語教育で一層重視しなければならないのは、未知の状況が多く含まれる実際のコミュニケーション場面で適切に対応できる英語力が身につくように児童・生徒の英語使用経験あるいは状況に埋め込まれた学習経験（ジーン・レイヴ、エティエンヌ・ウェンガー／佐伯訳, 1993）を豊富にしていくことである。

　ただし、新学習指導要領を検討する文科省有識者会議の座長を務めた安彦（2014）が警鐘を鳴らしているように、各教科等で学習した内容を活用する能力あるいはコンピテンシー（competency）（「単なる知識や技能だけではなく、技能や態度を含む様々な心理的・社会的なリソースを活用して、特定の文脈の中で複雑な課題に対応することができる力」（安彦, 2014, p. 39））をあまり強調するがゆえに、学校教育の目的として決して忘れてはならない

「人格形成」が疎かになってはならないのである。例えば、英語教育の場合を考えれば、英語は使えるが、ぞんざいなコトバ遣いをして相手に悪印象を与えたり、時には心を傷つけたりするような言動をするような児童・生徒を育ててはならないのである（相手の面子を脅かす言動やポライトネスについては1.3節、2.5節を参照）。つまり、いくらコミュニケーション手段としての英語力に優れていたとしても、それを使う主体としての人間の人格が優れていなければ、社会的には正しく活かされないのである。

　第2の特徴は、言語スキルの領域に関して、話すことが「やり取り」と「発表」に分けられ、聞くこと、読むこと、書くことの3領域を加えると5領域になっている点である。記載されている内容をみると「やり取り（interaction）」というのは、複数人で行う対話・ダイアローグ（dialogue）を、「発表（production/presentation）」というのは、主として人前で（自分のこと、身の回りの物や事柄についてのプレゼンテーションやスピーチなど）を1人で行う発表・モノローグ（monologue）を指している。

　第3の特徴は、各段階の指導内容が「知識及び技能」と「思考力、判断力、表現力等」に分けられている点である。外国語について知っていることと外国語を活用できることを明確に区別している。

　第4の特徴は、大目標の冒頭に「外国語によるコミュニケーションにおける見方・考え方を働かせ」という文言があることである。この部分だけを読むと、具体的に「何を」働かせるのか必ずしも明確ではない。総則の「主体的・対話的で深い学びの実現に向けた授業改善」の項の中に、「・・・各教科等の特質に応じた物事を捉える視点や考え方（以下「見方・考え方」という。）が鍛えられていくことに留意し、」児童・生徒「が各教科等の特質に応じた見方・考え方を働かせながら、」という表現がある。つまり、外国語活動及び外国語科の特質に応じた見方・考え方を働かせるということなのである。

　それでは、その見方・考え方とは何か。新学習指導要領には、それを明記した項は見当たらない。しかし、平成28年8月1日開催の「中央教育審議会初等中等教育分科会教育課程部会教育課程企画特別部会（第19回）配布

資料 2」の中にそれらしい項目がある。以下は、その内容である（文部科学省, 2016b, p. 9）。

「外国語教育の見方・考え方」
　社会や世界、他者との関わりの側面から言語活動を捉え、外国語やその背景にある文化の多様性を尊重し、コミュニケーションを行う目的・場面・状況等に応じて、外国語を聞いたり読んだりして情報や自分の考えなどを形成・整理・再構築し、それらを活用して、外国語を話したり書いたりして適切に表現し伝え合うために考えること。

この項から「外国語によるコミュニケーションにおける見方・考え方」の視点が浮かび上がってくる。すなわち、

1)　言語活動というのは、社会や世界、他者との関わりの中で行われるものであること
2)　外国語やその外国語の背景にある文化には多様性があること
3)　コミュニケーションの目的や場面、状況等によって使われる言語形式は異なること

　これらの視点を働かせながら外国語によるコミュニケーションを図ることができるようにするというのが大目標である。
　さて、このように新しい学習指導要領では英語の学習開始が低年齢化され、目標がより具体的になったとすれば、小学校での英語教育は、実際にどのように変るのだろうか。領域としての英語活動が教科になると、以下の点で大きな変化が生じてくるだろう。

1)　聞くこと・話すこと（やり取り・発表）に加え、小学生という発達段階に応じて基本的なものに限定されるだろうが、読むこと・書くこととのスキルの指導が新たに導入されること

2) 領域概念から教科になると、観点別（5技能・興味関心・積極的に
コミュニケーションを図ろうとする態度・異文化に対する理解等）の
（数値的なものも含めた）評価が導入されること
3) 慣れ親しむ活動から、行動目標を設定した活動に変わり、英語につ
いてどんな知識が身についたかというよりはむしろ英語を使って何が
できるか（Can-Do）ということが重視されること
4) 現在文部科学省が全国の小学校5・6年生に配布している『Hi、
friends!』は、あくまでも参考資料であって教科書ではない。教科に
なれば、学習指導要領に明記される、小学生が身につけるべき資質・
技能等にそった教科書が作成され、現場ではそれに基づいた英語教育
が展開されていくこと
5) 英語活動では、基本的には学級担任が主として指導してきたが、教
科になった場合には、中学校英語の教員免許を有している教員が専科
教員として小学校の英語科授業を担当することもあること
6) 小学校5・6年生の英語が教科となり、週2時間の授業時間数とな
れば、時間確保のため1コマ45分（あるいは50分）の授業に加えて、
1回15分程度で週数回の帯（モジュール）学習などが導入されるこ
と

さて、このように、わが国の英語教育が大きく変わろうとしているが、そ
の一方で現在の中学生や日本人一般の英語力や英語に対する意識の実態はど
うなっているだろうか。2017年2月24日に時事通信社が報道したところ
によると、文部科学省は同日、中学校3年生を対象に英語の「聞く、話す、
読む、書く」の4技能を測った2016年度英語力調査の結果（速報）を公表
した。それによると、国は中学校卒業段階で英検3級程度以上の英語力を
有する生徒の割合を50％とする目標を掲げているが、その目標を達成でき
たのは「書く」領域のみで、他の3領域（聞くこと、話すこと、読むこと、）
は2～3割台に止まり、バランスに課題が残ったとしている。この調査は、
2016年6～7月、全国の国公立中学579校、約6万人（「話す」は約2万人）

を抽出して実施したものである。

また、ヨーロッパ委員会（Council of Europe）が策定した国際的な語学力基準「CEFR」（次節参照）で英検3級程度の「A1上位」以上だった生徒の割合は「書くこと」が前年度比7.6増の50.8%で、「聞くこと」は4.6増の24.8%、「読むこと」は0.8減の25.3%、「話すこと」は1.4減の31.2%であった。ただし、「書くこと」は無回答者も3.0増の15.6%に上昇している。

この調査では、英語が「好きではない」「どちらかといえば好きではない」という生徒の割合が2.2増の45.4%となっており、前回の調査の43.2%から英語学習に否定的な生徒がさらに増加しているのは危惧すべき問題である。理由として挙げられているのが、「英語そのものが嫌い」33.7%、「テストで点数が取れない」16.3%、「文法が難しい」13.8%で、これらが上位を占めている。

近年の各種調査の結果を見ても、状況はけっして楽観視はできない。中学校レベルの文法でさえ十分身についていない大学生が年々増加していることも報告されている（杉山, 2013）。最近の高校3年生を対象とした英語力調査によれば、「読むこと」では72.7%が、「聞くこと」では75.9%が、「書くこと」では86.5%が、「話すこと」では87.2%が英検3級程度以下に相当する水準にあるという実態も明らかにされており（田巻, 2015）、わが国英語教育を取り巻く状況は深刻である。

また、英国の公的な国際文化交流機関であるブリティッシュ・カウンシルが日本全国のビジネスパーソン520名を対象に実施した、英語学習に関する調査（表1.1）がある（ブリティッシュ・カウンシル, 2011）。その調査によると、「総合的にみて、あなたご自身の英語力に自信を持てますか。」という問いに対して、「かなり自信がある」と答えたのは全体で1.5%に過ぎず、「やや自信がある」と答えた16.5%を加えても、英語に自信のある人は、わずか18.0%に止まっている。

表 1.1　日本人ビジネスパーソンの英語力に対する自信度

	男性（%）	女性（%）	全体（%）
かなり自信がある	1.2	1.9	1.5
やや自信がある	14.2	18.8	16.5
どちらともいえない	21.5	21.5	21.5
あまり自信はない	34.2	29.2	31.7
全く自信はない	28.8	28.5	28.7

　男女間に多少の意識差はあるものの、概ね自分の英語力には自信がない日本人ビジネスパーソンが圧倒的に多い。もちろん、「全く自信がない」「あまり自信はない」と回答した人の英語力が実際に低いかどうかは即断できない。

　しかし、この調査で興味深いのは、このように英語力に対する自信の欠如を表明した人たちの英語使用の頻度である。実際にどのような場面で英語を使う機会があるか、と問われると、48.7％の人がビジネスで使っていると回答し、77.9％の人がプライベートで英語を使っていると回答し、11.2％の人が使う機会はないと回答しているのである。もともと、この調査に参加した人たちは、業務上何らかの形で英語を必要とする、あるいは今後必要になる可能性のある「ビジネスパーソン」であるため、実際に使用する頻度は高い。いずれにしても、これらの人たちは英語という第2言語を使って仕事をする、あるいは社会生活を送るという意味では、英語ユーザであることは確かである。だとすれば、自らのコトバの力にもっと自信をもってよいのではないか。英語力の課題に加え、このような自信の欠如の問題も無視できない課題である。

「会話の組み立て」を意識したやり取り演習（1）

> " 切り出しと幕引き
> Opening and closing "

　以下の [1] から [9] の順に、下線部を 1 つ 1 つ加えていきながら、出会いの「切り出し（Opening）」から別れ際の「幕引き（Closing）」までを円滑に、反射的にできるまで練習する。

　まずは出会いのあいさつから。
[1] A: Hi. How are you?
　　B: Hi. I'm OK. How are you?
　　A: I'm fine.

　英語会話の特徴である「呼びかけ」。親近感を出すため、対話者の名前を呼んであいさつをする。
[2] A: Hi, <u>Satoshi</u>. How are you?
　　B: Hi, <u>Mika</u>. I'm OK. How are you?
　　A: I'm fine.

　ちょっとした世間話・雑談（small talk）を入れる。
[3] A: Hi, Satoshi. How are you?
　　B: Hi, Mika. I'm OK. How are you?
　　A: I'm fine. <u>What's new today?</u>｛変わりないですか。｝
　　B: <u>Well, nothing particular, but I got a new T-shirt.</u>｛えっと、特にないけど、実は新しい T シャツを買ったんです。｝

　相手の発話に応じる。興味を示して聞き返す。
[4] A: Hi, Satoshi. How are you?
　　B: Hi, Mika. I'm OK. How are you?
　　A: I'm fine. What's new today?
　　B: Well, nothing particular, but I got a new T-shirt.

A: Oh, did you? Do you like it?〔え、そうなの？気に入ってる？〕

問いかけに応じる。
[5] A: Hi, Satoshi. How are you?
　　B: Hi, Mika. I'm OK. How are you?
　　A: I'm fine. What's new today?
　　B: Well, nothing particular, but I got a new T-shirt.
　　A: Oh, did you? Do you like it?
　　B: Of course, I love it!〔もちろん、すごく気に入ってるよ。〕

幕引きの前触れを入れる。
[6] A: Hi, Satoshi. How are you?
　　B: Hi, Mika. I'm OK. How are you?
　　A: I'm fine. What's new today?
　　B: Well, nothing particular, but I got a new T-shirt.
　　A: Oh, did you? Do you like it?
　　B: Of course, I love it!
　　A: Great. Okay, I have to go now.〔よかったわ。じゃあ、そろそろ行かな
　　　きゃ。〕

　良好な人間関係を維持しながら別れるための儀礼的なあいさつを入れる。
"Nice talking with you." とも言う。相手の名前も添える（呼びかける）とより効
果的である。
[7] A: Hi, Satoshi. How are you?
　　B: Hi, Mika. I'm OK. How are you?
　　A: I'm fine. What's new today?
　　B: Well, nothing particular, but I got a new T-shirt.
　　A: Oh, did you? Do you like it?
　　B: Of course, I love it!
　　A: Great. Okay, I have to go now.
　　B: Nice talking to you, Mika.〔ミカさん、話ができてよかったよ。〕

相手の儀礼的なあいさつに応じ、別れのコトバを発する。
[8] A: Hi, Satoshi. How are you?
　　B: Hi, Mika. I'm OK. How are you?
　　A: I'm fine. What's new today?
　　B: Well, nothing particular, but I got a new T-shirt.
　　A: Oh, did you? Do you like it?
　　B: Of course, I love it!

A: Great. Okay, I have to go now.
B: Nice talking to you, Mika.
A: Nice talking to you too, Satoshi. See you. 〔サトシくん、私も話ができてよかったわ。じゃあまたね。〕

対話者の別れのコトバに応じる。
[9] A: Hi, Satoshi. How are you?
B: Hi, Mika. I'm OK. How are you?
A: I'm fine. What's new today?
B: Well, nothing particular, but I got a new T-shirt.
A: Oh, did you? Do you like it?
B: Of course, I love it!
A: Great. Okay, I have to go now.
B: Nice talking to you, Mika.
A: Nice talking to you too, Satoshi. See you.
B: See you. Bye. 〔じゃあね。さようなら。〕

1.2 海外の外国語（英語）教育の現状と課題

Keywords

FLES*　FLES　FLEX　イマージョン(Immersion)　学習開始学年　授業時間数
英語で行う英語の授業　CEFR　Can-Doリスト　CLIL(クリル)

　それでは、海外ではどのような外国語（英語）教育が行われているのだろうか。特に小学校では、何年生を対象に、どの言語をどのような制度のもとで、どのような内容で教育が行われているのだろうか。また、外国語教育を進めていく上で、どのような課題に直面しているのか、などについて見ていこう。前節で見てきたわが国の英語教育の方向性と課題と共通点はあるのだろうか、あるいは、異なる点はあるのだろうか。
　まず、そもそも小学校における外国語教育というのは、どのようなタイプがあるのかを検討してみよう。リプトン（Lipton, 1998）は、小学校の外国語教育一般を FLES*（"flestar"、フレスター、Foreign Language Education at

the Elementary School）と呼び、以下の 3 つのタイプに分類している。

1) **FLES**: Sequential Foreign Language in the Elementary and Middle School（連続的小中学校外国語教育）
2) **FLEX**: Foreign Language Exploratory（Experience）in the Elementary School（予備的小学校外国語教育）
3) （Partial）**Immersion**（［部分的］イマージョン外国語教育 [1]）

表 1.2 は、これら 3 つのタイプを、教える外国語数と期間、対象学年と目的などの 8 つの観点で比較したものである（Lipton, 1998）。

表 1.2 の内容からわかるように、FLEX は領域概念として実施されているわが国の英語活動に相当し、FLES は教科としての小学校英語に相当する。3 つ目の［部分的］イマージョン外国語教育は、わが国の一部の私立学校などで取り入れられているタイプの小学校英語で、すべての教科（全面的イマージョン）、あるいは理科や算数などに限定した教科（部分的イマージョン）を外国語（英語）で教えるタイプである [2]。このイマージョンタイプの外国語教育についてはカナダにおけるフランス語教育が特に有名である（Genesee, 1987）。

表 1.3 は、韓国と台湾、日本での小学校英語教育の状況を比較したものである。約 10 年前のデータであるため、わが国の状況は総合的な学習の時間に行われていた「国際理解教育」としての英語活動になっている。韓国や台湾では、すでにこの時点で必修教科として小学校英語が正式に導入されている。

また、英語のみで指導するかどうかについては、「特に規定はない」とする日本と対照的に、韓国と台湾では義務づけられているか奨励されている。

チョイとリー（Choi & Lee, 2008）は、アジアの 18 の国・地域における英語教育の実態について報告している。各国・地域から 1、2 名の英語専門家が選ばれ、それぞれの英語教育の状況について情報提供してもらいまとめたものである。以下、開始学年、小中学校での英語時間数、授業を英語で行っ

第1章 英語教育の方向性と今後の課題 17

表 1.2 小学校における外国語教育の主なタイプ（Lipton, 1998）

小学校外国語教育のタイプ	連続的小中学校外国語教育（FLES）	予備的小学校外国語教育（実験的、言語意識）（FLEX）	イマージョン外国語教育（Immersion）、部分的イマージョン外国語教育（Partial Immersion）
教える外国語数と期間	・1 外国語を 2 年間かそれ以上の期間	・1 外国語か 2 外国語を 1 年間かそれ以上の期間	・1 外国語を幼稚園から小学校 6 学年までの期間
対象学年と主たる目的	・幼稚園〜小 6、4 技能と異文化学習の基礎	・幼稚園〜小 6、4 技能と異文化学習の最低限となる基礎	・幼稚園〜小 6、外国語による小学校教育課程の教科の学習
成果	・学習時間に応じた一定の能力 ・言語や異文化に対する関心 ・将来の外国語学習に対する関心 ・社会科や国語科などの他教科と外国語学習との関係 ・小学校教育課程の不可欠要素	・限られた外国語の能力 ・言語や異文化に対する関心 ・将来の外国語学習に対する関心 ・社会科や国語科などの他教科と外国語学習との関係 ・小学校教育課程の不可欠要素	・一定の外国語の能力 ・言語や異文化に対する関心 ・将来の他の外国語学習に対する関心 ・社会科や国語科などの他教科と外国語学習との高い関係 ・小学校教育課程の不可欠要素
教師	・専門教師か学級担任	・専門教師や学級担任、あるいはボランティア	・外国語と小学校教育の専門教師で学級担任
対象の生徒	・すべての生徒、または予算の都合上一定数の選択者	・初年はすべての児童	・チャレンジに対応できる児童のみに限定
教材	・内容・興味に合わせた幅広い教材	・内容・興味に合わせた幅広い教材	・内容・興味に合わせた教材だが、基本的には海外の教材
内容	・あいさつ、健康、スポーツ、食べ物などのテーマの単元や文化的な話題など	・語彙や構造が限られたテーマの単元や文化的な話題など	・社会科、科学、数学などの内容
（教育課程全体に占める）時間	・地域のニーズや予算、学年に応じた多様な時間（5% から 20% 程度）	・地域のニーズや予算、学年に応じた多様な時間（2% から 5% 程度）	・50% から 100%

表 1.3　韓国・台湾・日本の小学校英語教育の比較（バトラー後藤, 2005）

	韓国	台湾	日本
政府指導	中央政府の主導。第7次統一カリキュラム。	中央政府によるガイドライン。一定枠で地方の自由裁量を許可。	地方自治体・学校の選択。
導入形態	必修科目。	必修科目。	国際理解の一環として総合的な学習の時間内に。内容に大きなばらつきあり。
指導目標	1. 英語への興味を高める。英語での基本的なコミュニケーション能力を伸ばす。	1. 英語での基本的なコミュニケーション能力を伸ばす。 2. 英語学習への興味・技［ママ］を伸ばす。自国及び外国の文化・習慣への興味・関心を高める。	1. 異文化を理解する。 2. 自分および自国への関心を高める。 3. 基本的な外国語でのコミュニケーション能力を高める。
導入時期	1997年3年生のみ。2002年までに3年から6年生まで。	1998年　一部の地域。2001年　全国レベルで5・6年生に。2003年　全国レベルで3年から6年生まで（台北など一部の地域では1年生から）	2002年に基本的には3年生以上で導入可能、ただし1年から導入している学校も増えている。
年間指導時間数（2003年度）	3、4年生　34時間。5、6年生　78時間。（40分授業）	78時間（40分授業）	基本的に総合的な学習の時間内（年間105から110時間）。
教科書	文部省検定を受けたもの、各学年1冊ずつ。CDないしはテープ付。	文部省検定を受けた教科書が各学年数冊。各学校がその中から選ぶ。	文部省検定の教科書はない。各教師の裁量でさまざまな教材が選択・使用。
担当教師	担任が主（専科もいる）。	担任、専科、その他。	担任が主（ティーム・ティーチングを奨励）。
教師への指導	政府指導による最低120時間の必修研修、その他。	地方自治体、民間、大学等、いろいろな形での指導。	各種研修があるが通常短期で、必修のものはない。
外国人教師（公立）	あまりいない。ただし、大幅な採用を計画中。	あまりいない。ただし、大幅な採用を計画中。	多数のALT。ただし経験、資質、採用方法には大きなばらつきあり。
英語のみによる指導	週1時間は英語だけで授業を行うことが実質上義務づけられている。	できるだけ英語のみで授業を行うことが奨励されている。	特に規定はない。
読み書き指導	オーラル中心。読み書きは2次的で、指導の10%以下に規定（ただし実質的にはそれ以上）	オーラル中心ではあるが、読み書きを含めた4技能のバランスを重視。英語導入と同時に読み書きも導入。	オーラルのみ。読み書きの指導は基本的にはなし（ただし、読み書きを始めている学校も増えつつある）。

ている国・地域、外国語（英語）教育の課題や懸念事項の 4 点に絞って各国・地域の実態を紹介する。

1) **開始学年**

　小 1：香港（幼稚園、保育園を含む）、台北（台湾）、マレーシア、フィリピン、シンガポール、タイ、バングラディシュ、インド、パキスタン、スリランカ、アラブ首長国連邦

　小 3：韓国（2009 年から小 1 から）、中国、台湾の 9 市

　小 4：イスラエル

　小 6：イラン、ベトナム

　中 1：日本、インドネシア（日本と同様に、私立学校では小学校 1 年生から開始）

小学校 1 年生から英語を教えているのは、台北を除きすべて ESL 環境（English as a Second Language、第 2 言語の英語を生活言語として学習する環境）の国・地域である。日本とインドネシアでは、公立学校では中学校 1 年生から開始となっているが、私立学校では小学校 1 年生からだ。こうして見ると、アジアにおいては小学校 1 年生段階から英語を教えている傾向が強く、比較的開始学年が早いと言える。

2) **英語授業時間数**

　表 1.4 の英語授業時間数分析によると、小学校段階で時間数が多いのは、ESL 環境の国・地域である香港、フィリピン、バングラディシュ、パキスタンである。タイは、EFL 環境だが、1 年生から週あたり 3 から 4 時間の英語授業があり、他の EFL 環境の国・地域よりも多い。また、中学校以降になると、EFL 環境と ESL 環境の時間数の差は小さくなるが、ESL 環境の方が依然として授業時間数は多い。中学校で特徴的なのは、日本とベトナム、イランだ。これらの国に関しては、他のアジア諸国・地域と比べると 2 から 3 時間と時間数が少ない。日本は、現在、中学校段階での標準時間数は「4-4-4」

20

表 1.4 アジア諸国・地域の学年毎の英語授業時間数（Choi & Lee, 2008）

国・地域	教育制度	学年毎の英語授業時間数
韓国	6-3-3-4	（1）-（1）-1-1-2-2-3-3-4-4-4-4
中国	6-3-3-4	0-0-3-3-3-3-5-5-5-5-5-5
香港	6-5-2-3	8/10-8/10-8/10-8/10-8/10-8/10-8/10-8/10-8/10-8/10-8/10-8/10
台湾	6-3-3-4	0/2-0/2-0/2-1/2-1/2-1/2-3-3/4-4/5-4/5-4/5-4/5
日本	6-3-3-4	0-0-0-0-0-0-3-3-3-6-5-5
インドネシア	6-3-3-4	（2）-（2）-（2）-（2）-（2）-（2）-4-4-4-4-4/5-4/5
マレーシア	6-3-3-4	5-5-5-5-5-5-5-5-5-5-5-5
フィリピン	6-4-4/5 または 7-4-4/5	7.5-7.5-7.5-5-5-5-5-5-5-5
シンガポール	6-3-3-4	4-4-4-4-4-4-5-5-5-6-6-6
タイ	6-3-3-4	3/4-3/4-3/4-3/4-3/4-3/4-4/6-4/6-4/6-4/6-4/6-4/6
ベトナム	5-4-3-4	0-0-0-0-0-0-3-3-3-3-3-3
バングラディシュ	6-4-2-4	6-6-6-6-6-6-6-6-6-6-6-6
インド	8-2-2-3	4/4.3-4/4.3-4/4.3-4/4.3-4/4.3-4.3/5-4.3/5-4/4.3-4/4.3-4/4.3-4/4.3
イラン	5-3-4	0-0-0-0-0-2-2-2-2-2-2-2
パキスタン	5-3-2-2-2	6-6-6-6-6-6-6-6-6-6-6-6
スリランカ	5-8-3/4	5-5-5-5-5-5-5-5-5-5-5-5
イスラエル	6-3-3-4 (3)	1/2-1/2-1/2-3-4-4-4-4-4-3/4-3/5-3/5-3/5
アラブ首長国連邦	6-3-3-4	4-4-4-6-6-6-6-6-6-6-6-6

(注：教育制度の数字は、例えば、日本の場合、6-3-3-4 というのは、小学校 6 年、中学校 3 年、高等学校 3 年、大学 4 年を表し、右の欄の時間数は、各学年での英語授業時間数を表している。)

なので、増えてはいるものの依然低い水準にある。

3) 授業を英語で行っている国・地域

小学校：マレーシア、フィリピン、シンガポール、スリランカ、韓国（奨励されているが、実際はほとんど行われていない）、台湾（必須であるが、郡部の学校では行われていない）

中学校：マレーシア、フィリピン、シンガポール、スリランカ、アラブ

首長国連邦、イスラエル、韓国（奨励されているが、実際はほとんど行われていない）、インドネシア（学校によってばらつきがある）、香港（30%）、インド

高等学校：マレーシア、フィリピン、シンガポール、スリランカ、アラブ首長国連邦、イスラエル、韓国（奨励されているが、ほとんど行われていない）、インドネシア、香港（学校によってばらつきがある）、インド、バングラディシュ（混交）

大学・高等教育機関：マレーシア、フィリピン、シンガポール、スリランカ、アラブ首長国連邦、イスラエル、韓国（学校やコースによってばらつきがある）、台湾（混交）、インドネシア、香港、インド、バングラディシュ（混交）、中国（ほとんど）、タイ（ほとんど）

学校種に関係なく授業を英語で行っているのは、マレーシア、フィリピン、シンガポール、スリランカ、アラブ首長国連邦の5カ国である。イスラエルでは英語は公用語ではないが、ほとんどの学校で英語による授業が行われている。また、台湾では郡部の学校を除き、小学校から英語で授業が行われている一方、ベトナムとイランでは学校種を問わず、英語での授業は行われていない。日本の場合、この段階（2008年）ではまだ英語による授業は実施されていない。2013年12月に文部科学省が発表した「グローバル化に対応した英語教育改革実施計画」の中で、中学校では「授業を英語で行うことを基本とする」、高等学校では「授業は英語で行う」とされた。しかし、中高等学校英語教員を調査した結果をみると（ベネッセ総合教育研究所, 2015）、中学校英語教員の3.1%が「ほとんど英語で授業をしている」、14.7%が「70%くらい」、44.6%が「50%くらい」と回答しており、授業の半分以上を英語で行っている中学校英語教員は60%程度で、高等学校英語教員となれば、それぞれ、3.8%、12.0%、30.4%と、全体の46.2%が授業の50%を英語で行っているという実態である。このことから、日本においても、英語授業を英語で行うことを奨励、あるいは前提としながらも、まだ十分に実施されていない状況にあると言える。

4) 外国語（英語）教育の課題や懸念事項

　表 1.5 は、チョイとリー（2008）がまとめた、アジアにおける外国語（英語）教育の課題や懸念事項である。

　この調査結果でいくつか興味深い点がある。まず、「実際に言語使用する（話す）機会が欠如」している国・地域が意外に多いことだ（中国、香港、台湾、アラブ首長国連邦、インドネシア）。ここでは取り上げられていないが、日本も状況は同じである。また、国の支援が乏しく教育政策が不十分な国・地域も多い（台湾、インド、パキスタン、アラブ首長国連邦）。文部行政が行き届いている日本とは大きく異なる点である。

　この調査を通して日本について指摘されているのは、小学校英語の制度化と教員の問題である。前者については、2020 年から小学校 5・6 年生を対象に教科として必修化されるので、この調査の時点と現在の状況は大きく異なる。しかし、人的な問題として挙げられている、教師が受ける研修の問題や教師の過度の仕事量というのは、現在も依然大きな問題となっている。深刻に受けとめなければならない。

　アジアにおける小中学校英語教育の課題について探求した、もう 1 つの興味深い研究（Lin, 2015）がある。台湾における小中英語教育の移行（小中英語の接続）に関する課題である。台湾では、2005 年から小学校 1 年生で英語教育が導入されている（Lin, 2015）。台湾では、英語を流暢に話す能力が社会文化的に重要視されており、英語が使えると将来は良い職につけたり、出世につながったりすると考えられている。しかし、現実的には、「外国語学習は早ければ早いほど良い "the earlier the better in learning foreign languages"」という外国語（英語）教育の低学年化には問題がないわけではない（バトラー後藤, 2015）。そこでリン（Lin, 2015）は、小学校と中学校で行われている英語教育の移行（接続）に着目して、英語教育改善のための指針を考察した。

　リン（Lin, 2015）は、中学校 4 校の英語授業の観察を行い、さらに、生徒と英語教師にインタビューをして、小中英語の移行に関する問題点をあぶり出した。その結果、小学校ではコミュニケーション指向の授業が行わ

第1章 英語教育の方向性と今後の課題　*23*

表1.5　アジアにおける外国語(英語)教育の具体的な課題や懸念事項(Choi & Lee, 2008)

領域	具体的な課題や懸念事項（小：小学校、中：中学校）
社会文化的、言語的コンテクスト	・実際に言語を使用する（話す）機会の欠如：中国（小中）、香港（小中）、台湾（小）、アラブ首長国連邦（小中）、インドネシア（中） ・土着化した英語：フィリピン（小中）、シンガポール（小中） ・母語との苦闘：アラブ首長国連邦（小） ・激しい競争社会と協調精神：シンガポール（中）
英語教育政策	・英語教育に対する国家的支援の欠如（国家政策の問題）：台湾（小）、インド（小中）、パキスタン（小中）、アラブ首長国連邦（小） ・学習者の文化的環境に不適合のプログラム：インド（小中） ・小学校英語教育の実施：日本（小） ・実施に向けた政策（例：IT活用や教授）：タイ（小） ・学年進行に関する実証研究：タイ（小）、ベトナム（小）
クラスサイズと授業時間数	・大人数クラス：韓国（小中）、台湾（小）、フィリピン（小中）、バングラディシュ（小中）、パキスタン（小中）、イスラエル（小中） ・授業時間数不足：韓国（小）、台湾（小中）、イラン（小中）
カリキュラムと学習内容	・小中英語の継続性の欠如：韓国（小） ・口語英語への過度の偏重：韓国（小） ・低レベルのカリキュラム基準：アラブ首長国連邦（中） ・場所によっては上級（VI）クラスを導入：インド（小） ・話すこと、書くことの軽視：韓国（小）
教授法や教材	・権威主義の教室文化：バングラディシュ（小中） ・暗記や試験制度への過度の依存：バングラディシュ（小中）、パキスタン（小中）、アラブ首長国連邦（小）、台湾（小） ・適当な資料・教材の欠如：中国（小中）、台湾（小）、インドネシア（小）、フィリピン（小中）、バングラディシュ（小中）、インド（小中）、パキスタン（小中）、スリランカ（小中）、アラブ首長国連邦（小中）、 ・つづりの問題：シンガポール（小） ・多読の導入：イスラエル（小）
生徒	・具体的な生徒のニーズ（貧困家庭の生徒や文字が読めない生徒）：フィリピン（小）、イスラエル（小中） ・生徒間の英語力差：韓国（小）、台湾（小） ・甘やかされている生徒：シンガポール（小） ・学習動機の欠如：インドネシア（小）、マレーシア（小）、シンガポール（小）、ベトナム（小）
教師	・無資格の教師：韓国（小中）、中国（小中）、台湾（小）、インドネシア（小中）、フィリピン（小中）、タイ（小中）、バングラディシュ（小中）、インド（小中）、パキスタン（小）、スリランカ（小中）、イスラエル（小中）、アラブ首長国連邦（小） ・教師研修の不足：日本（小中）、インド（小）、パキスタン（小中）、 ・研修不足の郡部の教師：マレーシア（小中）、スリランカ（小中） ・新しい指導方法に対するベテラン教師の抵抗感：台湾（中） ・教師への過度の負担：日本（中）
保護者	・英語教育に対する郡部保護者の支援不足：マレーシア（小）

れ、一方中学校では文法中心の授業が行われていることがわかった。中学校の授業では IRF（Initiation-Response-Feedback、「教師が質問などの口火を切り、生徒がそれに応答し、教師が生徒の応答に対する評価・意見を返す」教室特有の談話構造、1.3 節を参照）という談話パターンの中で、ドリルや暗記、テストが多く取り入れられている。このギャップが中学生の学習動機づけの弱さにつながっているとリンは指摘している。

　前節の 1.1 で見たように、わが国では英語学習に否定的な中学校 3 年生が増加傾向にある（平成 26 年度 43.2%、平成 27 年度 45.4%）。様々な要因が背景にあることは否定できないが、台湾における小中学校英語の問題、すなわち、小中英語の移行がうまくいっていないことが大きな原因の 1 つと著者は考える。なぜなら、わが国の中学校の英語教育においても、依然、文法の説明や練習に重きを置いた指導が主流だからである。ベネッセが調査した資料によると、「文法の説明」「文法の練習問題」を指導方法や活動内容の中心に据えている全国中学校教師は、それぞれ 96.1%、92.7% であった。その一方で、「即興で自分のことや気持ちや考えを英語で話す」指導を行っているのは、わずか 42.7% にすぎない。

　さて、ヨーロッパでは、どのような外国語教育が行われているのだろうか。まず、ヨーロッパのみならず日本の英語教育にも大きな影響を与えている言語政策（CEFR: Common European Framework of Reference for Languages、ヨーロッパ言語共通参照枠）を見てみよう。これは新千年紀（ミレニアム）を迎えた 2001 年に当時の「ヨーロッパ委員会（Council of Europe）」が発表したものである。ヨーロッパが 1 つとなり、人の移動や協力を前提として多国間での教育や文化、科学技術、貿易、産業などの分野における相互協力を成し遂げる上で多言語地域における人と人とのコミュニケーションの障害となる言語の壁を取り除かなければならない。そのためには、ヨーロッパ圏内で進める言語教育の共通の指針が必要である。このような基本理念が各国間で共有されたのである。具体的には、以下の政策方針にその精神が明記されている（Council of Europe, 2001, pp. 3-4；日本語訳は、吉島・大橋（2008, p. 3）を採用）。

第1章 英語教育の方向性と今後の課題　*25*

- To equip all Europeans for the challenges of intensified international mobility and closer co-operation not only in education, culture and science but also in trade and industry.（盛んな人口移動と共同作業が要求される中で、ヨーロッパ市民に単に教育、文化、科学の領域のみならず、商業および工業の領域においてもそれに対応する能力を授けること。）

- To promote mutual understanding and tolerance, respect for identities and cultural diversity through more effective international communication.（より効果的な国際コミュニケーションにより、相互理解と寛容性、アイデンティティーと文化的差違を尊重する心を育てること。）

- To maintain and further develop the richness and diversity of European cultural life through greater mutual knowledge of national and regional languages, including those less widely taught.（ヨーロッパの文化生活の豊かさと多様性を維持し、さらに発展させること。そのためには、お互いが今まで以上に各国の言語、地域言語についての知識を、あまり教えられる機会のない言語についても、持つことが必要である。）

- To meet the needs of a multilingual and multicultural Europe by appreciably developing the ability of Europeans to communicate with each other across linguistic and cultural boundaries, which requires a sustained, lifelong effort to be encouraged, put on an organised footing and financed at all levels of education by the competent bodies.（多言語・多文化のヨーロッパの需要に見合うよう、言語および文化境界を越えたヨーロッパ市民相互のコミュニケーション能力を具体的成果が出るまでに高める。そのためには持続的に、また生涯にわたって学習をする努力を奨励することが必要である。当該責任機関により教育の全ての段階で予算化、制度の整備・確立が求められる。）

- To avert the dangers that might result from the marginalisation of those lacking the skills necessary to communicate in an interactive Europe.（相互対話を求めるヨーロッパの中で、必要なコミュニケーショ

ン能力を持たない人々を疎外することから生まれかねない危険を回避
すること。)

このようにヨーロッパにおける言語政策の指針が示されたが、最後の項目は
非常に興味深い。多言語地域のヨーロッパにおいて相互交流を図るために言
語スキルが求められる。もし、それを欠いていれば、疎外される危険性があ
るという認識である。疎外されるのを回避するには言語教育が重要であると
考えられたのである。
　この言語政策の枠組みの最大の特徴は、共通の言語能力レベルを設定し、
各レベルでは言語を用いて実際に何ができればよいのかを "Can-Do" 式の
記述で明記している点である。この手法は、わが国でも「Can-Do リスト」
を作成して英語教育を進めるという形で取り入れられようとしている。表1.6
は、会話の能力レベルと、そのレベルごとに Can-Do の枠組みを示したもの
である。
　このように、ヨーロッパでは各々の地域で話されている第 1 言語以外の
言語を教授・学習することが進められてきた。そして、現在では 20 を超え

表 1.6　言語能力レベル別 Can-Do の枠組み（Council of Europe, 2001, p. 76）

（日本語訳は、吉島・大橋（2008）を採用）

	Conversation　　会話
C2	Can converse comfortably and appropriately, unhampered by any linguistic limitations in conducting a full social and personal life. 社会や個人生活全般にわたって、言語上の制限もなく、ゆとりをもって、適切に、自由に会話ができる。
C1	Can use language flexibly and effectively for social purposes, including emotional, allusive and joking usage. 感情表現、間接的な示唆、冗談などを交ぜて、社交上の目的に沿って、柔軟に、効果的に言葉を使うことができる。
B2	Can engage in extended conversation on most general topics in a clearly participatory fashion, even in a noisy environment. Can sustain relationships with native speakers without unintentionally amusing or irritating them or requiring them to behave other than they would with a native speaker. Can convey degrees of emotion and highlight the personal significance of events and experiences.

騒音の多い環境でも、たいていの話題について長い会話に参加できる。
母語話者との対話でも、相手を不用意にいらつかせたり、おかしがらせたりすることなく、相手が母語話者同士で会話している時とは別の振る舞いをしなくてすむくらいに、互いの関係を維持できる。
気持ちのありようを伝え、出来事や経験のもつ個人的重要性を強調することができる。

B1	Can enter unprepared into conversations on familiar topics. Can follow clearly articulated speech directed at him/her in everyday conversation, though will sometimes have to ask for repetition of particular words and phrases. Can maintain a conversation or discussion but may sometimes be difficult to follow when trying to say exactly what he/she would like to. Can express and respond to feelings such as surprise, happiness, sadness, interest and indifference. 身近な話題についての会話なら準備なしに参加できる。 時には特定の単語や表現の繰り返しを求めることもあるが、日常的会話で自分に向けられたはっきりと発音された話は理解できる。 時には言いたいことが言えない場合もあるが、会話や議論を続けることができる。 驚き、幸せ、悲しみ、興味、無関心などの感情を表現し、また相手の感情に反応することができる。
A2	Can establish social contact: greetings and farewells; introductions; giving thanks. Can generally understand clear, standard speech on familiar matters directed at him/her, provided he/she can ask for repetition or reformulation from time to time. Can participate in short conversations in routine contexts on topics of interest. Can express how he/she feels in simple terms, and express thanks. Can handle very short social exchanges but is rarely able to understand enough to keep conversation going of his/her own accord, though he/she can be made to understand if the speaker will take the trouble. Can use simple everyday polite forms of greeting and address. Can make and respond to invitations, suggestions and apologies. Can say what he/she likes and dislikes. 挨拶、別れ、紹介、感謝などの社会的関係を確立することができる。時々繰り返しや言い換えを求めることが許されるなら、自分に向けられた、身近な事柄について、はっきりとした、標準語での話はたいてい理解できる。 簡単な言葉で自分の感情を表現することができるし、感謝も表現できる。 非常に短い社交的なやり取りには対応できるが、自分から会話を進ませられるほどには理解できていない場合が多い。それでも、相手の方が面倒がらねば、分かるようにしてもらえる。 挨拶をするのに簡単な日常の丁寧な形式を使うことができる。 招待、提案、謝罪をすることができ、またそれらに応じることができる。 好き嫌いを言うことができる。
A1	Can make an introduction and use basic greeting and leave-taking expressions. Can ask how people are and react to news. Can understand everyday expressions aimed at the satisfaction of simple needs of a concrete type, delivered directly to him/her in clear, slow and repeated speech by a sympathetic speaker. 紹介や基本的な挨拶、いとま乞いの表現を使うことができる。 人が元気かどうかを聞き、近況を聞いて、反応することができる。 こちらの事情を理解してくれるような話し相手から、はっきりとゆっくりと、繰り返しを交えながら、直接自分に話が向けられれば、具体的で単純な、必要を満たすための日常の表現を理解できる。

るヨーロッパ諸国で第 2 外国語（second foreign language）を少なくとも 1 年以上にわたり必修としている。また、ほとんどの国では、6 歳から 9 歳の間で外国語を学習することを必修としている。わが国で言えば、小学校入学直後か、4 年生頃から必須としていることになる。ベルギーでは 3 歳から 1 外国語を必修としている。しかし、その一方でスコットランドを除く連合王国では、11 歳まで外国語は必修ではないところもあり、国によって教授・学習の開始時期にばらつきがある（Devlin, 2015）。また、アイルランドとスコットランドは例外である。アイルランドの子どもたちは英語とゲール語（Gaelic）の両方を学び、いずれの言語も外国語とは扱われていない。スコットランドでは、10 歳から 18 歳までのすべての児童・生徒は少なくとも 1 外国語を選択して履修するようになっている。

　ヨーロッパで最も多く教授・学習されている言語はやはり英語で、ほぼすべての国で教授・学習されており、2009 年から 2010 年のデータによれば、ヨーロッパ全体の 73% の小学校で英語が教えられており、90% の中等学校生が英語を学んでいる（Devlin, 2015）。教授・学習されている言語で次に多いのはフランス語とドイツ語で、ロシア語とスペイン語が広く扱われている地域もある。その他の言語は 5% 未満である。

　このように、外国語教育政策がＥＵ各国で共有され、制度的に進展している状況にあって、外国語教育の成果はあがっているのだろうか。スコットとビードル（Scott & Beadle, 2014）の報告によると、学校での外国語学習機会の保証についてはほぼ問題はないようだが、必ずしも期待通りの成果が得られている状況ではない。そのため、今後は、教科などの内容学習と絡めた CLIL（Content and Language Integrated Learning、「クリル」）や ICT を活用した CALL（Computer Assisted Language Learning、「コール」）・オンライン学習などの積極的な導入が叫ばれている（Scott & Beadle, 2014）。CLIL というのは、外国語学習以外の学習も外国語を通して行うという意味からすればイマージョン教育に通じるところがある。オランダやドイツ、スペインなどで取り入れられ徐々に成果が上っている。例えば、オランダでは、5 つの小学校の 1,305 名の内の 584 名が CLIL プログラムで学習し、残りの 721

表 1.7　CLIL 教育の効果（Scott & Beadle (2014) 表 2.1 に基づき筆者が改変）

	読解力	会話力	発音	学期末テスト
CLIL グループ （実験群 584 名）	77.2	78.0	76.4	81.3
通常授業グループ （統制群 721 名）	55.1	54.6	62.3	67.6

名は通常の授業で外国語（英語）を学習したところ、表 1.7 の結果が得られた。いずれの領域においても CLIL グループの方が成績はよかった。特に、会話力の差（+23.4）は顕著である。なお、指導にあたる教師には、高い語学力と教科指導力が求められる。また、継続した教員研修も必要だ。さらに、指導に適した教材も用意しなければならない。CLIL にはこのような課題があるため、わが国の小学校英語教育への導入はそう簡単ではなさそうである。

「会話の組み立て」を意識したやり取り演習（2）

" ほめる、受け入れる
Giving and accepting compliments "

　この（2）以降のやり取り演習では、(1) の「切り出しと幕引き（Opening and closing）」で示した最後のやり取り（[9]）の中に組み入れて練習することを想定している。ただし、組み入れる際、対話全体の流れをできるだけ自然にするため (1) のやり取りとの接続部分に多少手を加える必要がある。
　ここで紹介する「ほめる、受け入れる（Giving and accepting compliments）」[3] を中に組み入れる場合の例を見てみよう。組み入れるのは、「Ａは、今日のＢの格好・様子（髪型や服装など）についてほめ、Ｂはそれを受け入れてお礼を述べる」というやり取りである。

(Opening)
A: You look great today!　{今日は素敵だね。}

B: Thank you. 〔ありがとう。〕
A: I like your hair-do.
B: Oh, really? Thank you.
A: It looks very nice.
B: I like it too.
（Closing）

★「ほめる、受け入れる」場面を「切り出し」「幕引き」に組み入れた対話例★
A: Hi, Satoshi. How are you?
B: Hi, Mika. I'm OK. How are you?
A: I'm fine. What's new today?
B: Well, nothing particular, but I got a new T-shirt.
A: Oh, did you? Do you like it?
B: Of course, I love it!
A: You look great today! 〔今日は素敵だね。〕
B: Thank you. 〔ありがとう。〕
A: I like your hair-do.
B: Oh, really? Thank you.
A: It looks very nice.
B: I like it too.
A: Okay, nice talking to you, Satoshi.
B: Nice talking to you too, Mika.
A: See you.
B: See you. Bye.

あるいは、以下のように、「切り出しと幕引き」をさらに簡略化して組み入れることも可能だ。

A: Hi, Satoshi. How are you?
B: Hi, Mika. I'm OK. How are you?
A: You look great today! 〔今日は素敵だね。〕
B: Thank you. 〔ありがとう。〕
A: I like your hair-do.
B: Oh, really? Thank you.
A: It looks very nice.
B: I like it too
A: Okay. Nice talking, Satoshi. See you.
B: See you, Mika. Bye.

儀礼的なあいさつから対話を始め、唐突な感じを与えないように会話を閉じることは、良好な人間関係を構築、維持するためには極めて重要である。

1.3 ▶ 授業は英語で行うということの意味

Keywords

IRF型対話　英語教師の意識と実態　社会的相互行為　会話の協調性　会話のルール

授業の主役　ポライトネス　英語授業をコミュニケーションの場に変える

　教師が口火を切り児童・生徒に質問する（Initiation）。児童・生徒は教師の質問に答える（Response）。そして、教師は、児童・生徒の答えに対して何らかのフィードバック（評価）を与える（Feedback）。この対話パターンは「IRF 型対話」（Sinclair & Coulthard, 1975）と呼ばれ、教師主導による授業展開で見られる典型的なやり取りパターンである。多くの場合、教師は「正解」を知っていて、児童・生徒の理解を確認するためにこの型を使用することが多い。このような教師の質問は「提示疑問文（display questions）」と呼ばれる。

　英語の授業においても、下に示すように、IRF 型のやり取りは稀なことではない。

　　T: Where is the cup?［Initiation］
　　S: It's on the table.　［Response］
　　T: That's right! The cup is on the table. Very good.　［Feedback］

自分の考えを伝えるのではなく、ただ教師（T）の質問に答える児童・生徒（S）の姿が目に浮かぶ。教室でのやり取りが、このような型に終始していれば、児童・生徒は「答える（Answer/Response）」ことに慣れるので、いわば「答える」スキルは身につくだろう。しかし、自発的に教師や他の児童・生徒に

質問したり、詳しい説明を求めたりするなど、コトバでのコミュニケーションで求められるスキルを身につけることは期待できない。ある話題に関する文章を読んだり、誰かから何かの話を聞いたりしたら、その内容についてコメントしたり確認する質問をしたりしなければ対話にもコミュニケーションにもならない（長部, 2001）。実際、大学生でも自発的に相手に問を発した経験が少ないためか、ごく簡単な事柄でさえ英語で質問するのにずいぶん手こずる者も少なくない。

　教師の質問に答えたり、指示に応じたりするだけのスキルを身につけても、それまでに身につけた語彙や表現を駆使して自発的に発話できる力がなければ、本当の意味での英語によるコミュニケーション能力を身につけたことにはならない。「授業は英語で行う」ということは、教師の英語使用だけの問題に矮小化してはならない。授業の主役は、あくまでも児童・生徒であって、たとえ教師が積極的に英語を使用したとしても、英語によるコミュニケーション能力の「素地」なり「基礎」が児童・生徒側に身につかなければ意味はない。

　以下の表 1.8 は、全国の中学校英語教員 1,801 名と高等学校英語教員 2,134 名の英語指導に関する意識と実践の実態を調査した結果の一部である（ベネッセ教育総合研究所, 2015）。この結果を見ると明らかなように、英語教師は、生徒が授業で英語を使うことは重要であると考えている一方で、実際生徒に英語を使う機会を与えている教師は圧倒的に少ない。

表 1.8　中高英語教師の英語指導に関する意識と実践の実態（ベネッセ教育総合研究所, 2015）

	とても重要		十分に実行している	
	中英語教員 （1,801 名）	高英語教員 （2,134 名）	中英語教員 （1,801 名）	高英語教員 （2,134 名）
生徒が英語を使う言語活動を行う	84.0	71.3	35.6	19.0
生徒が自分の考えを英語で表現する機会を作る	82.3	66.8	19.2	9.9

特に、高等学校の英語教員の場合が顕著で、「生徒が自分の考えを英語で表現する機会」を英語授業で十分に与えている教師はわずか 9.9% である。つ

まり、約9割を超える教員は重要と認識しつつも、そのような機会を生徒に与えていないのである。中学校英語教員の場合も状況はあまり変らない。80%超の教員は、とても重要としながらも、実際に英語で表現する機会を生徒に与えている教員は 19.2% にすぎない。

　前掲の教師と児童・生徒との IRF 型のやり取りでは、教師と児童・生徒はコトバを交わしているのは事実だが、双方が協調的に対話を進めているわけでも、お互いの発話の意味を確認交渉するような場面も見られず、けっして自然な社会的相互行為（social interaction）とは言えない。リトルウッド（Littlewood, 1992）は、コトバによる自然な社会的相互行為に関して次のように述べている（p. 28）。

Through language and the meanings it conveys, we engage in social interaction with each other. This interaction does not proceed as a rigid series of one-way messages but is the product of collaboration and negotiation. Within their 'shared world', which changes constantly as the interaction proceeds, people interpret, question, clarify and respond to each other's messages. They also have to organize this interaction and share out the available speaking time. （私たちは、コトバ、すなわちコトバが伝える意味を通して社会的な相互行為を遂行する。この相互行為というのは、固定的で一方通行的な一連のメッセージとして伝達されるのではなく、協調と意味のやり取りが生み出すものなのだ。相互行為の進行とともに常に変化する「共有する世界」の中で、人はお互いのメッセージを解釈し合い、質問し合い、意味を明確にし合い、反応し合うのだ。それと同時に、その相互行為自体を組み立てたり、発話可能な時間を割り当てたりしなければならない。）

さらにリトルウッド（Littlewood, 1992）は、会話の協調性に関して、次のように述べている（p. 28）。

[The] conversation is constructed through collaborative activity, as the speakers introduce new meanings into their shared world, respond to them, clarify them, reject or expand on them, until the interaction comes to a close.（会話というのは協調的な活動を通して組み立てられる。すなわち、話し手の誰かが新しい意味（話題）を共有する世界に持ち込むと、それに対して誰かが反応したり、意味を明確にしたり、その意味（話題）を拒否したり、敷衍したり、相互行為が終りに達するまでこれが続くのだ。）

このように、会話の参加者はIRF型対話のように相手の発話にただ単に応じているのではない。主体的に、積極的に、協調的に会話を組み立てることが求められるのである。

またウォードハフ（Wardhaugh, 1985）が指摘するように、それぞれの文化には会話を進行させるための固有のルールがある。誰が口火を切るか、誰に対して、いつ、どのような話題で、どのようにそれを議論するか、に関するルールである。母語以外の言語を身につけるというのは、何かを述べるのに必要な新しい形式だけを身につけるのではない。今述べてもだいじょうぶなことは何か、それをどのように述べることが正しいのか、などについても知る必要があるのである。

会話というのは社会的なものである。通常は自分以外の誰かがその場にいる。そのため、会話を円滑に進めるためには会話の参加者たちに気を遣わなければならない。これまでのやり取りで相手の感情を害してはいないか、逆に自分も相手に不愉快な思いをさせられていないか、など、自他の感情に常時意識を向けながら会話は進められる。そういう意味では、会話というのは相互に傷つけ合わないように相手に配慮しながら進めていく双方向の業なのである（Wardhaugh, 1985）。実際の会話では、相手の感情を害するリスクをゼロに近づけるため様々な手段が取られる。

例えばリーチ（1983）は、ポライトネス（politeness）という概念を用いてコミュニケーション場面において自己（self）と他者（other）との関係を良好に保つための、以下の6つの会話の公理を提案している（p. 132）。

1) 気配りの公理（Tact Maxim）：他者に対する負担を最小限に、利益を最大限にせよ。

2) 寛大さの公理（Generosity Maxim）：自己に対する利益を最小限に、負担を最大限にせよ。

3) 賞賛の公理（Approbation Maxim）：他者に対する非難を最小限に、賞賛を最大限にせよ。

4) 謙遜の公理（Modesty Maxim）：自己に対する賞賛を最小限に、非難を最大限にせよ。

5) 合意の公理（Agreement Maxim）：自己と他者との間における意見の相違を最小限に、合意を最大限にせよ。

6) 共感の公理（Sympathy Maxim）：自己と他者との間における反感を最小限に、共感を最大限にせよ。

例えば、以下の 2 つの文を比べてみよう。

(a) Could I borrow this electric drill?
(b) Could you lend me this electric drill?

　他者（相手）にとって、人に何かを貸すことは貸す人の負担になるわけで、(b) の "Could you lend me this electric drill?" は、(a) の "Could I borrow this electric drill? よりもポライトネス度は低くなる。これは会話の公理の 2「寛大さの公理」に関わる例である。

　また、ブラウンとレビンソン（Brown & Levinson, 1987）は、「個々人がもつ自らに対する肯定的な社会的価値」（Goffman, 1967, p. 5）と定義される「面子 face」というゴッフマンの概念を援用して、人と人との社会的な関わりに関する基本的な欲求のポジティブ・フェイス（positive face）とネガティブ・フェイス（negative face）という 2 つの面子が円滑な人間関係の確立や維持に強く関わっているとしている。前者は、他者に好かれたい、賞賛

されたい、認められて仲間に入れてもらいたい、などというポジティブなプラス方向への欲求で、後者は、他者に邪魔されたくない、立ち入られたくない、押し付けられたくない、などというネガティブなマイナス方向に関わる欲求である（福田, 2013）。人というのは、元来、そのいずれの面子も脅かさないような言語行為をとりながら人間関係を保とうとするが、もし、対話参加者のどちらかが相手の「面子を脅かす行為（FTA: face threatening act）」をとれば、即座に両者の関係が悪くなることもあるという考え方である。例えば、教師に何らかの相談事がありアポを取る際には、"Can I see you tomorrow afternoon in your office?" のように相手に 'Yes' か 'No' で答えを要求するような直接的な表現ではなく、"Will you be in your office tomorrow afternoon?" のように、部屋にいるかどうかの事実をまず間接的にたずねるほうがよいと言われるのはそのためである。なぜなら、前者の質問に対して答える教師にとって、もし、何らかの用事があって部屋にいない場合には相手の面子を脅かす言動になりかねない 'No' を選択しなければならないからだ。なお、最近の語用論研究では、このブラウンとレビンソンの理論を基本的には支持しながらも、上記の例のように、文レベルでのポライトネス現象ではなく、より高次の談話レベルでのポライトネス現象の研究も必要だと主張する研究者もいる（宇佐美, 2001）。

　このように、コトバを学ぶということは、表現の習得のみならず、社会的なコンテクストの中でその表現を適切に使用できるスキルも身につけることなのである。そういう意味では、まず英語で授業をする際に求められる前提は、英語授業そのものが英語というコトバを通して人と人とが社会的に交わる小社会、英語授業自体がコミュニケーションの場であることである。これが本書を貫く基本的な考え方である。

「会話の組み立て」を意識したやり取り演習(3)

" ほめる、受け入れる
Giving and accepting compliments "

　英語でのコミュニケーションでは、相手の服装や所有物、能力、パフォーマンスをほめるなど、前向きでポジティブな表現をよく使う。ほめられた側は、それを素直に受け入れる。

　ただし、ほめコトバを素直に受け入れるといっても、自画自賛している印象を相手に与えるのは避ける傾向にある。実際、ハーバート（Herbert, 1990）の研究（東（1994）による引用）によると、ほめコトバに対して"Thank you."あるいは"Thanks."だけで反応する場合（30%程度）よりも、以下の（1）から（4）のように、自分に直接関係のない背景を説明したり（1）、自分以外の第三者にほめコトバが向くように仕向けたり（2）、ほめコトバを受け入れながらも条件付きであることを示したり（3）、ほめる対象を自分ではなく、ほめてくれた相手に向けたりする（4）場合の方が多いという。

(1) A: I like your T-shirt.
　　B: Thank you. I bought it at the AEON mall.
(2) A: Your sweater is really nice.
　　B: Thanks. My mother bought it for me.
(3) A: Your English story is very good.
　　B: Thank you, but it isn't long enough.
(4) A: What a beautiful skirt!
　　B: Thanks. So is your shirt!

　一方、日本語でのコミュニケーションでは、そうはいかない。謙遜することが美徳とされ、ほめられても素直に受け入れずに「いやいや、そうでもないですよ。」「とんでもないです。」「いや、たいしたものではないです。」などと応じる。英語でのコミュニケーションとは大きな違いだ。したがって、私たちが英語でのコミュニケーションにのぞむ場合には、以下に示すようなコミュニケーションモードに切り替え、「ほめる」「受け入れる」を意識して相手とやり取りして

いかなければならない。

(Opening)
A: You know what?
B: What?
A: I passed the STEP 3rd Grade.
B: You did! Congratulations! I'm proud of you! {すごいね！}
A: Thank you. But my English is not good enough. {ありがとう。でも、自分
　　の英語はまだ充分ではないので。}
B: I should try it too.
A: I'm sure you can do it.
B: Oh, how nice of you…
(Closing)

"I'm proud of you." という表現は、文字通りに解すれば「私はあなたを誇りに
思っています。」である。しかし、必ずしもそれほど形式張った重い状況で使用
する表現ではない。上の対話にあるように、日本語で言えば、「すごいね！」「さ
すが！」「私もうれしいです。」程度の表現と考えてよいだろう。

1.4 ▶ 日本人は英語ができないという俗説

Keywords

英語ができない日本人　俗説　日本人のコミュニケーション　文法能力
コミュニケーションのルール(点火・セッティング・参加者・
バラエティ・内容・形式・媒体・操作・運用・消火)　語用の能力

　言語学者のネウストプニー（1982）は、「英語ができない日本人」という
ことについて、次のように独自の理論を述べている(p. 41)。つまり、日本人は、

　　「英語ができないから、コミュニケーションできない」というのは、俗
　　説である。私はこの俗説をうら返して、「コミュニケーションできない
　　から、英語ができない」という理論を提唱したいと思う。

けだし名言である。コトバによるコミュニケーションを円滑に進めるには、文法（語順や語彙、発音・文字を含む）能力だけではなく、次に掲げる9項目の文法外のコミュニケーション能力（ルール）も私たちは身につけていなければならない、と氏は主張する。

1)　点火のルール
2)　セッティングのルール
3)　参加者のルール
4)　バラエティのルール
5)　内容のルール
6)　形式のルール
7)　媒体のルール
8)　操作のルール
9)　運用のルール

それぞれを簡単に解説すると次のようになる。まず、1)「点火のルール」というのは、どんな場合にコミュニケーションを始めるかを決めるルールである。言いたいことがあっても相手や状況を無視して、いつでも話を始めてよいわけではない。逆に、話をしたくない、話をするのはあまり気乗りがしない、という状況であっても話をしなければならないときもある。また、2)「セッティングのルール」というのは、話を始めるにしても、いつ、どこでコミュニケーションを行うかを決めるための一定のルールである。話をしようと決めた瞬間に、いつ何時であろうと話し相手に電話したり、話しかけたりしてもよいわけではない。

　3)「参加者のルール」というのは、話を始めるにしても、まず、対話の相手を誰にするかを決めなければならない。私たちは、誰にでもかまわず話しかけることはない。4)「バラエティのルール」というのは、どのスタイル（文体や調子、方言、堅ぐるしさなど）のコトバを使えばよいかに関わるルール

である。書きコトバや話しコトバの違いもあれば、人間関係や社会的な関係に応じたコトバのスタイルもある。

5)「内容のルール」は、何を話題にするかを決めるためのルールである。このルールは、会話の話題という中心的な問題に関わるため、コミュニケーションの成否を決める極めて重要なルールである。何を話題とするか、と同時に、何を話題にしないか、すなわち、相手や状況に応じて、回避すべき話題の認識も要求される。さらに、6)「形式のルール」というのは、どのような形式で、どのような項目の順にやり取りするかを決めるルールである。まず、どのように口火を切り、継続し、そして幕引きをするかは概ね共通に認められた組織がある。

また、7)「媒体のルール」というのは、コミュニケーション場面では、顔の表情や声のトーン、動作、ジェスチャーなど、コトバ以外の媒体を適宜使用していく必要がある。8)「操作のルール」というのは、コミュニケーションを円滑に進めるためのルールである。例えば、"What do you call this in English?" "How do you say this in English?" などの表現を使って助け舟を出してもらう方策が必要な場合もある。うまく伝わらない時にただ沈黙していては、対話は続かない。

そして、最後の9)「運用のルール」というのは、上述の1)から8)を適切な場面で運用できるかどうかに関するルールである。ネウストプニーは取り上げていないが、会話を円滑に進めるにあたり重要なルールがもう一つある。「消火のルール」だ。点火したからには、どこかの時点で誰かが消火しなくてはならない。そのために必要なルールである。第3章の3.2節「会話の切り出しと幕引きの前触れ表現」でも触れるが、"See you. Bye." などと唐突に言って別れることはなく、何らかの幕引きの前触れ表現（例えば、"I'll talk to you later."）が交わされる。対話参加者の誰かが幕引きの前触れ表現を発すれば、相手は新しい話題を提供したり、会話を継続したりすることは避け、幕引きにもっていくのがルールである。

コトバによるコミュニケーションでは、文法能力だけでなく、このような判断や行為ができる語用の能力も求められるとネウストプニーは見てい

るのである。全く同感である。社会言語学者のウォードハフ（Wardhaugh, 1985）も同様の主旨のことを次のように述べている（pp. 211-212）。

[L]anguages are not just formal systems of properties and rules… [T]hey are indeed complex and multi-faceted systems used by real people to go about the business of real living. … [W]e can acknowledge those functional aspects of language and human behaviour that come into play in conversation. That is when matters such as cooperative behaviour, mutual trust, individual speech styles, and cultural expectations begin to play an important part in determining who says what and how on a particular occasion, and how that saying relates to what others say or do not say. （コトバというのは、言語特性や規則から成る単なる形式システムではない。実在の人間が実生活を送るため使用する、実に複雑で多面的なシステムである。このようなコトバの機能面と人間の行動が会話の中で作用し合っていると認識できる場面がある。それは、協調的行動や相互信頼、個々の話し方、文化的期待などの事情が、次のような事柄を決める際に重要な役割を担う時である。つまり、誰が、何を、どのような時に、どのように発話するか、さらに、その発話内容が他の人たちが発話したこと、あるいは発話しなかったこととどのように関連しているか、である。[下線は著者]）

このように見ると、会話を進めるというのは非常に複雑な行為だ。言語形式の知識を有しているだけでは、そう簡単には展開できないことがわかる。これまでのわが国の英語教育では、語彙や文法、発音などの知識を身につけた後で、それらを実際のコミュニケーション場面で使用させる、という方式をとってきた。しかし、語用の能力というのは、文法能力という幹に簡単に接ぎ木できるようなものではない（Thomas, 1983）。英語でコミュニケーションができないのは英語ができないからである、という俗説から脱却する意味でも、語用に関する能力の養成を先送りせず、文法能力の養成と同時に並行

して学習させていくのが望ましいだろう。

「会話の組み立て」を意識したやり取り演習（4）

" 手渡す
Handing someone something "

　児童・生徒が友だちにプリントなどを手渡す場面を観察していると、渡す方はだまって手渡し、もらった方も何も言わずに受け取ることが多い。以下の例のように、"Here you are.""Thank you.""You're welcome." とコトバを交わして、相手を意識しながら何かを手渡したり、受け取ったりさせたいものだ。

（Opening）
A: Can I have one?
B: Sure. Here you are. {はい、どうぞ。}
B: Thank you. {ありがとう。}
A: You're welcome.
（Closing）

　このようなコトバかけができるようになれば、英語の授業以外の日常生活場面でも、「はいどうぞ。」「ありがとう。」「どういたしまして。」と日本語でも言える子どもたちを育てたいものだ。英語では言えるが日本語では言えない、というのでは、コトバの教育としての英語教育の意味がかすんでしまうからだ。

1.5 英語ユーザを英語教育の中心に

Keywords

> 英語ユーザ　複合的言語能力（マルチコンピテンス）　ロールモデル
> コード・スイッチング　英語教育の目標　外的目標と内的目標
> マルチコンピテントユーザとしての自覚

　1.3 節で、英語授業の主役は、児童・生徒であると述べたが、それとの関連でもう 1 つ、教師あるいは児童・生徒を含め、英語を第 2 言語（外国語）として学ぶ私たちが持つべき重要な認識がある。それは、私たちは単なる「英語学習者（English learners）」ではないということである。私たちは、いつまでも誤りを冒し続ける欠陥のある人間（deficient humans）でも、いつまでも目標（例えば、英語の母語話者）に到達できない、中途半端な人間でもない。100％以上の言語能力を備えたユニークな人間なのである。母語という立派な言語能力（100％）と、たとえ英語母語話者のそれには及ばなくとも、必要に応じてある程度使用できる第 2 言語としての英語の知識や技能（英語母語話者能力の 35％ あるいは 45％）との総体としての複合的言語能力（マルチコンピテンス[4]）（135％ あるいは 145％）を備えた人間なのである。単一言語しか知らない人間の言語能力は、決して 100％ を超えることはない。しかも、近年の応用言語学や第 2 言語習得研究の研究成果によると、第 2 言語ユーザ（second language users）は、言語知識や技能の点で量的に優位であるばかりでなく、その母語も認知も、いずれの単一言語話者のそれらとは明らかに質的に異なるというのである[5]。

　したがって大切なのは、英語教師自身も含め、自らを「英語ができない日本人」ではなく、「母語である日本語に加えて英語も知っている日本人」ととらえることである。私たちは、多言語社会に求められる言語的対応力のある人間なのである。複合的言語能力（マルチコンピテンス）を有したユニークな英語ユーザ（English users）なのだと自信をもつことである。つまり、日本語を母語とする私たち英語ユーザは、下図が示すように母語

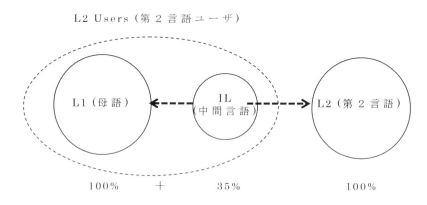

図 1.1　複合的言語能力（Multi-competence）の概念図

(L1) である日本語と第 2 言語（第 2 言語ユーザの第 2 言語、中間言語（IL: Interlanguage））である英語を知っているのである。現在、複合的言語能力（マルチコンピテンス）という概念は、'The overall system of a mind or a community that uses more than one language'（2 言語以上を使用する心あるいは地域社会の全体的な体系）（Cook, 2015）と定義されているが、私たちは、このような複合的言語体系を備えているユニークな人間であると認識した上で、英語という第 2 言語（外国語）、英語学習、英語教育に向き合うことがまず必要である。

　このように、第 2 言語ユーザはユニークなマルチコンピテンスを有しているとすれば、わが国英語教育への示唆がいくつか見えてくる。ここでは特に重要と思われる、1）日本人英語ユーザが目指すべきロールモデルは誰か、2）英語授業での母語（日本語）使用は避けるべきか、3）英語教育の目標はどこに設定するべきか、外的目標（external goals）か、内的目標（internal goals）か、の 3 点に絞って検討していくことにする。

1）日本人英語ユーザが目指すべきロールモデルは誰か

　まず、日本人英語ユーザが目指すべき理想のロールモデルは誰なのか。英語の母語話者のように英語を話せるようになりたいと努力を重ねる人がいる

とすれば、その人にとって最良のロールモデルは英語の母語話者ということになるかもしれない。しかし、私たちのように英語を第2言語とする第2言語ユーザが英語母語話者のレベルに達する可能性の低さという現実を見れば、私たちの目指すべきロールモデルは再考すべきである。マルチコンピテンスという視点からみれば、英語の母語話者は英語ユーザの理想のロールモデルとは言えないからである。

　これまでの第2言語習得研究で繰り返し指摘されてきたのは、母語話者なみの能力に達する第2言語ユーザはわずか数パーセント、ある研究者によると5%未満である（Selinker, 1972）という事実である。裏を返せば、95%以上が第2言語を学習しても母語話者のように話すことはできないという現実である。この現実を直視すれば第2言語ユーザが決して到達できない英語の母語話者は、私たちの目標とすべき存在ではないのである。

　わが国の英語教育がおかれている状況のように、教室外での第2言語（英語）使用が限られ、主として将来的な第2言語使用の可能性のために学習が行われる環境での外国語学習では、母語話者をロールモデルにするのは非現実的である。私たち英語ユーザが目指すべきロールモデルは誰かと言えば、それは英語母語話者ではなく、何らかの目的達成のために「首尾よく英語が使える英語ユーザ（successful English users）」なのである。第2言語を母語話者のように話すことができないからといって、第2言語ユーザは不完全な人間でも、言語能力に欠陥のある人間でもない。大切なのは、多言語社会に生きる人たちと建設的な人間関係を築き、相互に信頼し合う中で互いに求める情報を交換し合ったり助け合ったりして、社会的な機能を果たすために第2言語がうまく使えるかどうかなのである。

　英語母語話者という基準を英語教育の目標から外してみると、英語を第2言語とする英語ユーザには非現実的で不必要な言語使用や指導内容を英語教育プログラムから外すこともできるようになる。英語ユーザが将来的に必要とされるものを指導していけば良いからである。日本人英語ユーザが上で述べたような目的達成のために英語が使えたとしたら、それは「成功」とみるべきであり、たとえ英語母語話者の基準から逸脱しているところがあったと

しても、それは「失敗」と見るべきではないのである（Cook, 2008）。

　ライトバウンとスパーダ（Lightbown & Spada, 1999）もまた、過度の母語話者依存に警鐘を鳴らしている。第2言語の母語話者に匹敵する言語知識を獲得することが、すべての第2言語学習やすべての学習環境に適する目標ではない。わが国の英語教育で求めるべきは、将来的に社会的な目的を達成することのできるマルチコンピテンスを有した英語ユーザを育てていくことである。そのために、他の地域や国で展開されている英語教育の内容と方法を無批判的に持ち込むのではなく、日本人英語ユーザに最適で、日本の置かれている環境にマッチした、より現実的な英語学習・教授プログラムの開発を進めることが必要なのである[6]。

2)　英語授業での母語（日本語）使用は避けるべきか

　マルチコンピテンスを支持する人たちは、教室での母語使用の完全排除論には疑問を呈している。母語使用の排除論にはいくつかの背景がある。まず第1に、母語習得過程と第2言語習得過程を同一視し、幼児がその母語を獲得していく言語環境を第2言語学習でも再現することが重要だとする考え方である。第2言語ユーザがインプットとして必要なのは目標言語であって母語ではない、という考え方がその背景にある。

　第2に、コミュニケーション重視の言語教育の流れにそって、教室では第2言語の使用につとめ、母語の使用は避けるべきだという考え方である。教室での母語使用は、第2言語学習の阻害要素にもなりかねない。コトバの学習が成立するのは、コミュニケーション目的のために目標言語を使用する機会が与えられる時のみである（Richards & Rodgers, 1986）。このような学習理論に基づいた考え方から母語使用が否定的に見なされるのである。

　しかし、第2言語ユーザのコトバの学習や使用というのは、幼児が母語を習得する際のそれとは根本的に異なる。英語ユーザというのは、日本語、英語、どちらの母語話者とも異なる存在なのである。複数（2つ）の言語と認知システムが1つの「心」の中で織り交ざって、1つの全体的システムを成し様々な形で機能している。したがって、授業の中では、それらの言語を切

り離して個別的に捉えるべきではない。教室は、第2言語ユーザが彼らのコトバと認知のシステムを十二分に機能させることができるような場所にすべきなのである（3.7節を参照）。

　誤解のないように付言すれば、英語の授業は日本語で行うべきで、目標言語である英語は使用しなくてもよいなどと主張しているわけではない。コトバの学習である以上、意味のある状況で目標言語に触れることは当然必要である。ここで問題にしているのは、第2言語ユーザの母語を教室から完全に排除すべきではなく、むしろ必要に応じて効果的・効率的に使用することが教授・学習上望ましいということである。

　今、国内外では、英語授業における母語使用、母語と英語の使い分け（コード・スイッチング（code-switching）あるいはトランスランゲジング（translanguaging））の重要性が見直されている。では、英語を学ぶ側は教室でのコード・スイッチングについてどう思っているのだろうか。カーソンとカシハラ（Carson & Kashihara, 2012）は、日本で英語を学習する大学生に、英語の授業における母語使用についてどう思うかを調査した。その結果、容認度の幅は約80%から約40%で、英語力が上がるにつれて徐々に母語使用の容認度が下がっていた。最上級グループの結果は大変興味深い。すなわち、40%程度の日本語を認めつつも、英語教師が母語（日本語）を使用することについては、参加者全員が容認しないという否定的な意見であった。つまり、学生同士の日本語使用はある程度は認めるものの、英語教師は英語を使って授業を行うことが望ましいと考えているのである。

　このように、第2言語教室での母語の使用は排除すべきではなく、むしろ適切な場面で適切な様態で使用していくことが望ましいと言えるだろう。しかし、母語使用についてのマイナスも含めた具体的な学習の効果についての研究は十分なされていない。これまで報告されている効果というのは、ほとんどが第2言語ユーザの情意面や教室における教師の支援に関するものである。たとえばアハマッドとジャソフ（Ahmad & Jusoff, 2009）や松本（Matsumoto, 2014）は、教師や生徒の母語使用がラポールやサポートに与える効果を次のように挙げている。

⑴　ラポール（情意面）

活動の楽しさ、学習の満足感、緊張感の緩和、取り残され感の軽減、授業への参加感、不安感の少なさ、協力感、自尊心

⑵　サポート（学習支援）

新出語彙の理解、難解な概念の理解、文法の理解、タスクの着実な遂行、時間の節約、理解の確認、認知的な蓄積情報の活用

最適な母語使用とその教育的効果に関する本格的な研究が待たれるところである。

3)　英語教育の目標はどこに設定すべきか、外的目標か、内的目標か

現在の英語教育では「コミュニケーション能力」の育成を強調するあまり、教室外での英語使用という「外的な目標」に重きを置きすぎているのではないだろうか。児童にとっては、やや現実味（authenticity）の薄い、練習のための練習、表現（形式）を教えることを第一義的な目標としたような英語活動を目にすることがよくある。例えば、英語活動用の資料（文部科学省編）の『Hi, friends!』でも取り上げられている「道案内」は、その好例である。読者の皆さんは、日本語がわからない外国人に街で "Could you tell me the way to the station?"（駅に行く道を教えてもらえませんか？）と声をかけられた場合、駅への道順を英語でわかりやすく、うまく説明できるだろうか。"Turn right." "Turn left." "Go straight." などの表現が使えたとしても、日本語でさえ、はじめての人に道を案内するのはそう簡単ではない。しかも、著者自身、これまで外国人に英語で道を聞かれた経験は一度もない。首尾よく目的を果たすのはそう簡単ではないこと、実現可能性の低いこと、この2点をとっても、貴重な学習時間を道案内に割く必要があるのだろうかと疑問をもつ。

だからといって、著者は教室では「英語を使えること」という実用的な側面は無視すべきだと主張しているのではない。これまで何度か述べてきたが、

教室というコンテクストに適するコミュニケーション能力を身につけさせることは重要である。しかし、教室で第 2 言語を学習する意義は、それだけではないはずである。その重要な目標の 1 つは、「内的な目標」、すなわち自他文化理解の態度や柔軟な認知能力を身につけるという目標である。この目標は、国内外を問わず第 2 言語教育では、どちらかと言えば軽視される傾向にある（Bassetti & Cook, 2011）。クック（Cook, 2002）が指摘するように、日本の生徒たちは、現実の日常的生活の中ではほとんどコミュニケーション目的で英語を使用することはないにも関わらず、以下の文部科学省による外国語（英語）の目標（現行学習指導要領）が示すように、わが国ではコミュニケーション能力の育成が英語教育の第一義的な目標となっている。

■中学校外国語科の目標
外国語を通じて、言語や文化に対する理解を深め、積極的にコミュニケーションを図ろうとする態度の育成を図り、聞くこと、話すこと、読むこと、書くことなどのコミュニケーション能力の基礎を養う。

■高等学校英語科の目標
英語を通じて、言語や文化に対する理解を深め、積極的にコミュニケーションを図ろうとする態度の育成を図り、情報や考えなどを的確に理解したり適切に伝えたりするコミュニケーション能力を養う。

言語や文化に対する理解という内容は取り込まれているものの、第 2 言語の習得がもたらす人々のコトバや認知の変容という、マルチコンピテンスでいう「内的な目標」には触れられていない。

　コミュニケーション指向の英語教育が本格的に叫ばれ始めた 1980 年代（Stern, 1983）から、コミュニケーションを英語教育の第 1 のゴールとする傾向が強くなった。しかし、もし仮に、第 2 言語教育の目標が唯一「外的な目標」であるとすれば、わが国のように、教室外で日常的、習慣的に第 2 言語を使用する機会が乏しい状況で学ぶ生徒にとっては、その目標は現実的

なものではない。母語以外のコトバを学習するということは、たとえ教室外でその第2言語の母語話者と対面してコトバを交わす機会がなくとも、様々な点で生徒のコトバや生活や認知活動を豊かにできる可能性を秘めているのである。

　第2言語ユーザというのは、単一言語しか知らない、いずれの言語の母語話者とは、言語的にも認知的にも異なる存在である。複合的言語能力、マルチコンピテンス（multi-competence）（Cook, 1991）と複合的認知、マルチコグニション（multi-cognition）（Murahata, 2010）を有するユニークな存在なのである。わが国のようにあくまでも外国語教育という環境にあっては「外的な目標」をより現実的なレベルに設定しつつ、第2言語ユーザのもつ、このようなユニークさを見据えた「内的な目標」を今以上に重視していく必要があるのではないだろうか。

「会話の組み立て」を意識したやり取り演習（5）

切り出し
Opening

　自分の行きたい国・場所について理由をそえてやり取りする活動を始める際に、自分から始めていいかを切り出す場面である。

（Opening）
A: OK. Can I go first?｛じゃあ、私から始めていいですか？｝
B: Sure. Go ahead.｛はい、どうぞ。｝
A: I want to go to Italy because I like pizza.
B: Italy. Great!
A: How about you?
B: Well, I want to go to Canada because I want to see the aurora borealis.
A: Canada! That sounds nice.

（Closing）

　発言順番の確認のため、"Who goes first?" と切り出してもよいだろう。あるいは、"Tomoe, can you go first?" と、まず友だちに発言を促すことも考えられる。その場合、"All right." と受諾したり、"Well, after you." と「君の後でいいよ。お先にどうぞ。」と逆に相手に行動を促したりする場合もあるだろう。

注

1　'Immersion' に対する定訳はない。外国語にどっぷり浸かり、外国語を漬け込む様を表現するため「浸漬」という訳をあてる研究者（山岡, 1997）もいるが、「イマージョン」とカタカナで標記することが多い。

2　加藤学園英語イマージョン／バイリンガルプログラムがその 1 つの例である。（http://www.bi-lingual.com/about_us_0151_j.php）

3　以下、この演習コーナーで紹介するやり取りの中の下線部が目標となる表現を表している。

4　マルチコンピテンス（multi-competence）というのは、Cook（1991）による造語で、現代の多言語社会に暮らす私たちの言語能力を規定しようとする専門用語である。詳しくは、村端・村端（2016）『第 2 言語ユーザのことばと心』（東京：開拓社）の第 1 章「マルチコンピテンス（複合的言語能力）とは？」を参照。

5　詳しくは、村端・村端（2016）の第 2 章「第 2 言語ユーザの「ことば」」と第 3 章「第 2 言語ユーザの「心」」を参照。

6　わが国の EFL 環境に合致した教授・学習内容（シラバス）のあり方については本書の第 4 章 4.7 節と村端・村端（2017）を参照されたい。

第2章
英語教育のパラダイムシフト

2.1 ▶ 英語授業を社会的、対人的なコミュニケーションの場に

Keywords

英語授業における英語の役割　コミュニケーション能力

教室コミュニケーション能力（Classroom Communicative Competence）

教室外での英語使用の限界　パラダイムシフト　授業参加と英語習得

　英語活動や英語科授業以外の国語科や社会科などの授業では、児童・生徒たちは母語である日本語を通して担当教師や仲間たちと人間関係を築き維持しながら、教室という場で社会生活を送っている。したがって、日本語という言語は児童・生徒たちの大半の学校生活で大きな役割を果たしている。

　だとすれば、私たちが決して忘れてはならないのは、英語授業における英語という言語の役割である。英語授業における英語は学習対象であると同時に、児童・生徒たちが良好な人間関係を土台に社会的交流を図り、英語習得をさらに促進させ、諸々の学習を達成するための道具でもあるのである（Wilkinson, 1982）。

　教室で行われる諸活動に最大限児童・生徒を参加させるためには、教室での社会的相互行為の能力、言い換えれば、「教室コミュニケーション能力（classroom communicative competence）」が求められる。それはちょうど、第2言語ユーザが目標言語社会に参加するためには、その言語社会に特有のコミュニケーション能力（communicative competence）が求められるのと同様である。

これまでのわが国の英語教育では、いわば教室外で求められるコミュニケーション能力の養成という目標を前提として行われてきた。第2言語ユーザが英語文化に参加したり、日本を訪れる外国人に町中で対応したりするための英語コミュニケーション能力である。しかしながら、グローバル化社会だとか、日本を訪れる外国人観光客の急増などと声高に叫ばれようが、児童・生徒が日常生活において英語を使用する機会はそれほど多くはない。それが現実だ。裏を返せば、彼らが英語に触れ、英語を使って社会的な活動をする場面というのは、ほとんどが英語の授業が行われる教室に限られる。そうであるとすれば、教室内で人間関係を築き維持し、学習ルールやマナーを守りながら英語学習や異文化学習を進めていくための「教室英語コミュニケーション」の養成により重点を置いた英語教育にパラダイム（認識の枠組み）をシフトしていくべきではないか。本書の主眼とする所はまさにそこにある。ジョンソン（Johnson, 1995）が次のように述べているように（pp. 168-169）、

Classroom communicative competence can contribute to successful classroom participation, productive classroom learning, increased opportunities for second language acquisition, and the development of second language competence *both inside and beyond the classroom*.（教室コミュニケーション能力は、児童・生徒の積極的な授業参加や多くの学習成果、第2言語習得を促進させる機会の増加に寄与すると同時に、<u>教室内外、両環境</u>で求められる第2言語能力を発達させることにも寄与し得るのである。[下線は著者]）

教室で養われるコミュニケーション能力は、児童・生徒の積極的な授業参加を可能にしたり、教科書を主たる教材として学習する普段の英語学習そのものの一層の定着を図ったり、第2言語である英語の習得自体を促進させたりするという重要な役割を果たすのである。さらに、このジョンソンの引用で見逃せないのは、教室コミュニケーション能力というのは、教室のみならず教室外（'beyond the classroom'）でのコミュニケーションにも役立つとい

う見解である。したがって、教室コミュニケーション能力というのは、単に教室という狭いコンテクストに限られた能力と見るべきでなく、将来の教室外での第 2 言語使用にも十分寄与する能力であると教師も児童・生徒も認識すべきなのである。

　これまでしばしば指摘されているように、やり取りのパターンというのは、それぞれの社会的集団によって大きく異なり、そこで求められる能力も異なる（Johnson, 1995; McGroaty, 1984; Murahata & Murahata, 1997, 2017; Wolfson, 1983）。したがって、コミュニケーション能力という概念は、理論的にも教育的にもコトバの学習が繰り広げられるコンテクストに合致したものでなければならない。教室という社会的コンテクストにおいては、教室特有のやり取りの場に合致したコミュニケーション能力、すなわち「教室コミュニケーション能力」が求められるのである。第 2 言語ユーザである子どもたちが教室での諸活動に積極的に参加したり、第 2 言語で社会的経験を積んだりするために必要な能力である。マックグローティ（McGroaty, 1984, p. 258）は、コミュニケーション能力という用語について以下のように述べている。

Each situation demands a particular kind of competence, or demonstrated skill, from the participant. Yet the term is often used in such a global sense that it is sometimes difficult to know what is meant by *competence* in general or, more specifically, by the term *communicative competence.*（それぞれの状況には、特定の種類の能力あるいは一般に認知されたスキルが必要とされる。しかしこの用語は依然として広い意味で使われることが多いため、一般論としての能力、もう少し厳密に言えばコミュニケーション能力、というのが一体何を意味するのか、を捉えるのが時として困難である。（強調は原著者））

これまでのわが国の英語教育では、コミュニケーション能力というバズワード、つまり、もっともらしいけれど実際には定義や意味があいまいな用語を

使用して、その育成を目指してきたのではないだろうか。しかし、これまで何度も述べてきたように、わが国のようにEFL環境での英語学習、英語との接触が極めて限定的な環境という現実を考えれば、その目標はあまりにも現実離れしている感は否めない（Murahata & Murahata, 2017）。教室という小社会では、実際にどのようなやり取りが行われるのか、具体的には、子どもたちが人間関係を構築し維持した上で積極的に英語活動に参加するためには、どのような英語表現が必要か、という問題にもっと目を向けていく必要があるだろう。第4章4.6節で示す「教室コミュニケーション能力」の3要素の枠組みと、その枠組みにもとづいて整理した巻末の資料1「言語機能に対応した慣習的プレハブ英語表現バンク（隣接応答ペア）」と資料2「児童・生徒のための教室活用慣習的プレハブ英語表現バンク」は、その1つの試みである。

「会話の組み立て」を意識したやり取り演習（6）

" 応じる
Responding "

相手の発言内容に興味を示すために、簡単な表現を使用して応じている場面である。

（Opening）
A: I saw a good movie last night.
B: Oh, did you? ｛あら、そうなの。｝
A: Yeah. ｛はい。｝
B: What's the title?
A: It's called 'La La Land.' It's very exciting.
B: Wow. I should see it, right?
A: Yeah. Don't miss it!

（Closing）

　上の例では、Aの 'saw' という過去形の動詞を受け、B は 'did' を使用して "Oh, did you?" と応じている。一般動詞の現在形であれば 'do you' になる。また、相手の発話の主語が 'I' だけとは限らない。例えば、

"Nanako loves …" → "Oh, does she?"
"Kenta and I played …" → "Oh, did you?"
"My sisters enjoyed …" → "Oh, did they?"

このように代名詞も様々に変化する。また、be 動詞であれば、次のようになる。

"I'm …" → "Oh, are you?"
"I was …" → "Oh, were you?"
"John is …" → "Oh, is he?"
"My father and mother were …" → "Oh, were they?"

　このように動詞の時制や代名詞を適切に使って応じるには、相手の発話をよく聞いていなければならない。しかし大切なのは、児童・生徒に対して始めから形式上の完璧さを求めず、表現形式に十分に慣れ親しみ、反応に流暢さが出てきたら、徐々に正確さに注意を向けさせることだ。特に小学校段階では、苦手意識をもたせない配慮からも、形式の正確さを過度に求めることは避けたい。相手の陳述に興味を示しながら、会話を続けようとする態度を養うことこそが何よりも重要だからだ。

2.2 ▶ 尋問型対話からの脱却

Keywords

> ターゲット文　インフォメーション・ギャップ活動　尋問型のやり取り　文脈
> まとまりのある談話　人と人との心の交わり　心地よさ　温かさ　優しさ

　英語の授業では、児童・生徒が以下のように、切り出しも前触れもなく不自然にやり取りする場面を目にすることが実に多い。著者は、これを「尋問

型対話」と呼んでいる。取調室での警察官と容疑者のやり取りを思わせるからである。

S1: What is your favorite food?
S2: I like sushi.

ワークシートを手に児童・生徒が教室内を動き回り、「相手の好きな食べ物は何か」を友だちに問い続け、ワークシートに相手の名前とその人の好きな食べ物を記入する。インフォメーション・ギャップ活動でのやり取りである。

　ペアになった2人は、それぞれ必要最低限の発話をし、ワークシートに得た情報を書き込む。書いている最中は目をあわすことも少ない。情報の書き込みが終ったら、次の対話相手を求めて別れていく。多くの場合、得た情報に対するフィードバックや相手の協力に対してのお礼のコトバも別れのあいさつもない。このような対話は、インフォメーション・ギャップを埋めること、という目的はあるものの、決して自然な対話とは言えない。一般の社会においては、出会っていきなり唐突に相手の好きなものを尋ねたりはしないだろうし、たとえ相手がその質問に答えてくれたとしても、それに対して何も言わずに立ち去ったりすることもない。

　対話を始める時は、まず人間関係を築く必要がある。そして、求めていた情報が入手できたときは、それに対して何らかのコメントを返したり、感動したり、驚いたり、共感したりするはずである。さらに、対話の最後は対話の幕引きを宣言し、礼を述べ、良好な関係を維持しつつ別れる。現実の社会ではこのような流れが自然である。以下のモデルに示すように、小学校3年生の英語活動から切り出しや幕引きをする表現や対話の流れを円滑にする表現を意図的、計画的に指導していけば、先ほどの「尋問型のやり取り」も、より自然なやり取りに変るだろう。

S1: Hi, Mika! How are you?
S2: Hi, Satoshi! I'm OK. How are you?

S1: Good. Are you ready?

S2: Yes, I'm ready.

S1: OK. Let's get started!

S2: All right.

S1: What is your favorite food, Mika?

S2: I like sushi.

S1: Sushi! Good! I like it too.

S2: Oh, do you? What is your favorite food, Satoshi?

S1: I love okonomi-yaki.

S2: That's nice.

S1: All right. Nice talking to you.

S2: Nice talking to you too. Your English is good, Satoshi!

S1: Thank you, Mika. See you.

S2: See you. Bye.

　尋問型の対話というのは、いわばターゲット文の練習のための対話であり、真の意味でのコミュニケーション活動とは言いがたい。もちろん、表現学習や文法学習を否定している訳ではない。ここで問題にしているのは、その不自然さもさることながら、児童・生徒は、ただ単に情報格差（相手の好きな食べ物を知らないということ）を埋めることだけに集中し、協力してくれる人への配慮や得た情報に対しての感動や評価はほとんど見られないということである。コトバの果たす本来的な機能である人と人との心の交わり、情動、目的のある活動という側面は非常に希薄である。このような対話からは、児童・生徒同士の関わりに笑顔や感動、驚き、暖かみ、和みなどは決して生まれてこない。英語教育というのは、コトバの教育である以上、児童・生徒たちが様々な活動を通してコトバを使うことの「心地よさ」、人間的な「温かさ」や「優しさ」を感じることのできる英語教育であるべきではないだろうか[1]。

　また、対話の切り出しと幕引きをターゲット文に挿入するだけが尋問型対話から脱却する唯一の手だてではない。対話に文脈を加えることもその1

第 2 章　英語教育のパラダイムシフト　*59*

つの方法である。実際のコトバの使用においては、文脈なしに、単にコトバ
だけがやり取りされることはない。2.5 節でも触れるが、コトバの使用には、
相手に何かを依頼したり、要求したり、意見を求めたり、丁寧に断ったりす
るなど、特定の文脈の中で何らかの目的を達成するための機能があるのであ
る。食べ物に関する先ほどのやり取りを例に取れば、相手に好きな食べ物を
尋ねるのには必ず何らかの目的なり理由なりがあるはずである。何の目的も
理由もないのに相手の食べ物の好みを唐突に尋ねることはない。

　例えば、仮に「2 人で夕食を用意することになった。さて何を作るか。相
手に好みを尋ねて決める。」という文脈を設定したとすれば、

　　A: OK. Let's talk about dinner.

　　B: Yes, let's.

　　A: What is your favorite food?

　　B: I like katsu-don.

　　A: Oh, katsu-don. I like it too. Let's make it!

というような対話の流れが考えられるだろう。このような非言語的な文脈を
設定することによって、"Let's talk about dinner." や "Let's make it." などの
言語表現が対話に自然な流れを生み出し、ターゲット文を使ってのやり取り
が意味的にも言語的にもまとまりのある談話となるのである。

　尋問型対話に限らず、ターゲット文だけを用いた自己表現活動も工夫した
い。先日参観した中学校 1 年生の授業では、'like' 'play' の一般動詞を使っ
た表現練習をさせる場面があった。まず、"I like tennis." "I like sushi." "I
play baseball." など、モニターに絵を投影して、動詞と目的語の部分に色々
な語を入れ替えて「代入練習」をする。その後で、教師が列ごとに 'like' 'play'
のいずれかの動詞を指定し、各生徒に目的語となる 'baseball' 'the guitar' な
どの語句を選択させて文単位での自己表現活動を行っていた。自らコトバを
選択して即興的に自己表現させる活動は重要だが、既習事項（Be 動詞の否
定文や接続詞 But など）と組み合わせながら、例えば、

- I play baseball. I'm not a good player. But I like baseball.
- I like tennis. I play it every day after school. It's fun!
- I play the piano. My mother plays it too. She is very good.
- You like sushi? Yes, I like it very much. But my brother likes ramen.
- I play TV games. My father likes them too. We sometimes play games together.
- I like kendo. My father likes it too. So I sometimes play kendo with my father.

というように、3連文や接続詞をうまく使って言語的に豊かな文脈で自己表現させると、単に"I play baseball."あるいは"I like baseball."とだけ発するよりも一層発話者の心情がにじみ出た、まとまり感のある活き活きとした談話を作ることができるだろう。

「会話の組み立て」を意識した**やり取り演習（7）**

> " 同情する
> ----------------
> Sympathizing "

活動中にクラスメイトがいつもより少し元気がないことに気づき、気遣う。そのクラスメイトは、自分の体調（風邪をひいたこと）をつげ、相手はそれに対して同情する場面である。

（Opening）
A: What's the matter?
B: Well, I have a cold.
A: That's too bad. ｛それは気の毒ですね。｝

B: But I'm OK. Thank you. ｛でも、だいじょうぶなので。ありがとう。｝
（Closing）

気遣ってもらった側は、相手の気遣いへの配慮（"But I'm OK."）と感謝（"Thank you."）を忘れてはならない。

2.3 慣習的プレハブ表現へのパラダイムシフト

Keywords

慣習的プレハブ表現　高頻度　形式・意味／機能のマッピング

構築文法（Construction Grammar）　効率的で迅速な認知処理

流暢さ　自信　表現バンク

　応用言語学関連分野の研究成果によると、会話において多用されるのは規則によって、一から生成される文ではなく、数語が一塊（まるでプレハブ[2]住宅のように決まった語句が予め組み立てられた表現）として使われる句や短い文などの慣習的プレハブ表現である（Murahata & Murahata, 2017）。このような慣習的プレハブ表現は、特に口語でのやり取りにおいて、かなり高頻度で見られる。どの表現まで慣用的プレハブ表現と見なすかという問題はあるが、発話全体の6割～7割程度を占めるという報告もある（Erman & Warren, 2000; Wray & Perkins, 2000）。バイバー、コンラッドとコルテスは、"Much of our everyday language use is composed of prefabricated expressions."（私たちの日常的に使用するコトバの多くはプレハブ型の表現で成り立っている。）（Biber, Conrad & Cortes, 2004, p. 372）とまで述べている。

　また、慣習的プレハブ表現は母語話者の言語使用において高頻度で見られる現象であるのみならず、母語、第2言語の習得を問わず、言語習得の初期段階において共通に見られるものである（Brown, 1973; Hakuta, 1974; R. Ellis, 1994; Skehan, 1998）。慣習的プレハブ表現は、相互行為の形成に重要な役割を果たし、コミュニケーションをスムーズにして対話に流暢さを生

み出し、統語的発達を促すと言われている（Nattinger & DeCarrico, 1992; Tomasello, 2000; Wong-Fillmore, 1976）。

　例えば、ペレラ柴田（2015）は、英語を第2言語とするアメリカ在住の4人の日本人幼稚園児を約半年間（1人は3ヵ月）にわたって観察した。注目したのは、慣習的プレハブ表現が彼らの第2言語の発達にどのような役割を果たすかである。調査の結果、いずれの園児も“More cracker please.”“This one.”“Me too.”などの慣習的プレハブ表現を多用し、徐々にそれぞれの塊を分解して一部の語句を他の語句と入れ替えて、“More salad please.”“this girl”“I got orange ribbon too.”など、より創造的な英語へと発達していったと報告している。多少個人差はあるものの、例えば、のぶ君という園児の場合は、

　　［ can I + verb ］
　　［ I got + X ］
　　［ I'm + verb-ing ］
　　［ X is Y ］
　　［ X say(s) Y ］
　　［ you are + X ］

など、84の慣習的プレハブ表現が分解されて数多くの生産的な表現へと発展していったという。このような調査結果からペレラ柴田は、慣習的プレハブ表現は、単に第2言語ユーザのコミュニケーションをスムーズにする以上の役割をもち、丸覚えした慣習的プレハブ表現を足がかりにして積極的に英語を使うチャンスを求め、「効率的に自分の言い方を創っていくのに役立ち、同時にプレハブ言語の中にある要素と語順に潜む規則性を学ぶのに適して」（ペレラ柴田, 2015, p. 209）いると結論づけている

　この研究は、英語を生活言語として習得する第2言語習得の例であるため、わが国のようなEFL環境での英語学習に直接的に結びつけることは慎重でなければならない。しかし、人が新しいコトバと出会い、それを身につけて

いく過程において慣習的プレハブ表現の果たす役割とそれが足場かけとなり、より創造的な語用へと発展していく実相を経験的に明らかにした意義は、これからのわが国の英語教育の方向性を考えれば、けっして小さくないだろう。

　また、語用論の観点から見ても、慣習的プレハブ表現は意味的にも機能的にも明確で分かりやすく（Gavery, 1977）、したがって形式と意味・機能の対応づけ（mapping）がしやすい。さらに、語の連鎖が一塊の表現として使用されるので、認知処理の点からも処理の効率がよく、かつ処理に要する時間も短いという利点もある（Bolinger, 1976; Conklin & Schmitt, 2008; Steinberg, 1982）。もし、慣習的プレハブ表現の知識が不足していれば、第2言語の発達に遅れが生じたり、第2言語でのコミュニケーションにおいて礼や思慮を欠いた語用の失敗につながったりすることもある（Applegate, 1975）。

　例えば、アップルゲイト（Applegate, 1975）は、語用の失敗（pragmatic failure）としてフランス在住のアメリカ人の例をあげている。あるアメリカ人が、"Would you like a cup of coffee?" ときかれ、「ください」という意味で 'Thanks.' と応答したとしよう。通常、この "Thanks." という表現は、アメリカでは肯定的応答 "Yes, please." と判断されるが、フランスでは、'No. Thank you.' という意味に解釈されるのだという。この "Thanks." という慣習的なプレハブ表現の社会文化的な意味・機能の違いについての知識がそのアメリカ人になければ、コーヒーを提供されるのをいくら期待して待っていてもコーヒーは届くことはないだろう。この例は、肯定と否定の意味で使用される日本語の「結構です。」の使い方に通じるところがある。日本語では、「こちらでよろしいですか？」ときかれ、「結構です。」と応答すれば、それは肯定の意味になるのが普通である。そのため、日本語を習いたての外国人がこの語用パターンを、「コーヒーはいかがですか？」と薦められた場合に転用してしまうと、この場合の「結構です。」は肯定の意味にはならず、「いいえ、欲しくはありません。」となってしまう。このように、慣習的プレハブ表現の形式と意味・機能の対応づけに透明性があるだけに、時には経験や知識の不足から思わぬ誤解につながることにも注意を払うべきなのである。

　さて、コトバの習得における慣習的プレハブ表現が果たす役割の重要性に

ついては、近年、認知言語学や英語学関連分野で注目を集めている。その1つが人のコトバの現象を規則ではなく、構築体（constructions）[3]で説明しようとする「構築文法（Construction Grammar）」の考え方だ。構築文法では、コトバの学習は規則を学ぶことではなく、言語使用経験を通して構築される形式（form）と意味・機能（meaning/function）の対形成（対応関係づけ）であると考える（Goldberg, 2003; N. Ellis, O'Donnell & Römer, 2015）。すなわち、ペレラ柴田（2015）が調査した園児のように、私たちは言語表現が出現する頻度やコンテクストを手がかりに、その表現（形式）と意味・機能を関連づけながらコトバを獲得していくのである。先に触れたように、慣習的プレハブ表現の特徴は、高頻度で使用され、かつ意味・機能が明確である。もしこの構築文法の言語習得観が妥当なものであるとすれば、コトバの習得において慣習的プレハブ表現が果たす役割は大きいと言えるだろう。

　このように、慣習的プレハブ表現は、応用言語学や言語習得、語用論、認知言語学の観点からみても重要な役割を果たす言語的要素である。その重要性や教授の必要性は1930年代から指摘されていたにもかかわらず、第2言語教育の主流カリキュラムでは過小評価され、さほど重要なものとして取り上げられてこなかった（Nattinger & DeCarrico, 1992; Howarth, 1998; Weinert, 1995; Wood, 2002）。

　著者は、このような会話における慣習的プレハブ表現をCRPs（prefabricated 'conversational routines/patterns'）と呼び、この分野の主な研究者による定義をもとに、以下のように定義している（Murahata & Murahata, 2017）。

　　文法規則によってその都度生成されるのではなく、機能的に明確で1つの全体的塊として慣用的に使用される一連の語句や文

　教育的観点から見れば、CRPsは「流暢さ」を生み出す機能をもつというのが極めて重要である。なぜなら、「流暢さ」は言語を使用しているという実感を児童・生徒に与え、言語使用に対する彼らの「自信」につながり、最終的には学習意欲・動機づけを高めることが期待できるからである。

では、CRPs というのは具体的にどのような形式的特徴があるのだろうか。ここでは、ナティンジャーとデカリコ（Nattinger & DeCarrico, 1992）のモデルをもとに検討してみよう。彼らは CRPs を以下の 4 つのタイプに分類している。

1) 多重語（Polywords）一語のように使われる短い句
"Well done!"（うまい、お見事。）
"No problem!"（だいじょうぶですよ。）

2) 定型表現（Institutionalized expressions）一塊として使われる文
"How are you?"（こんちは。）
"What's the matter?"（どうしたの？）
"Are you OK?"（だいじょうぶ？）

3) 句内変換表現（Phrasal constraints）動詞、名詞、形容詞など一部の語句が変化する句や短い文
"It's my［your / Taro's］turn."（ぼくの［君の / 太郎の］番だよ。）
"You look great［happy / nice］today!"（今日はすてき［うれしそう／いい感じ］だね。）
"Have a nice day［evening / weekend］."（佳い一日［夕べ／週末］を。）

4) 文導入表現（Sentence builders）後続する名詞句や動詞句が様々に変化し、意味的にも構造的にも文全体の枠組みを組み立てる句
"I think X."［例：I think Ken means Junko wants to join the club too.］（健が言いたいのは、淳子はそのクラブに入りたいと思っている、ということだと思うよ。）
"I don't know X."［例：I don't know how to use this.］（これをどうやって使うかわかりません。）
"You mean X?"［例：You mean Taro lives in Miyazaki?］（太郎は宮崎に

住んでいるという意味ですか？）

"Why don't you X?"［例：Why don't you go first?］（君から始めたらどうですか？）

"Are you saying X?"［Are you saying Toru doesn't want to go there with his father?］（君が言っているのは、徹はお父さんといっしょにそこには行きたくないということですか？）

　1) と2) のタイプは、ほぼ変化することなく定型で使われる句で、一方、3) と4) のタイプは、一部のスロットに別の語句が使われることから、より創造的な定型表現と言える。ブラウン（R. Brown, 1973）やハクタ（Hakuta, 1974）などは、前者を 'prefabricated routines'（プレハブ型の決まり文句）と呼び、後者を 'prefabricated patterns'（プレハブ型の定型表現）と呼んで区別している。統語的な難易度の観点からみれば、1)2) のタイプは小学校英語に、3)4) のタイプは中学校英語に適していると言えるだろう。

　なお、1) のタイプに属すると思われる表現でも、まったく変化しないとは限らず、3) のように一部の語句が変化する場合もあることに注意したい。このことに関して、著者の経験を 1 つ紹介したい。まだ大学生だった頃にアメリカ留学を終えて帰国する際にロスアンゼルス国際空港で起きた出来事だ。混雑激しい空港で並んでいると、空港係員と思われる人の大きな声が後方から聞こえてきた。"Excuse us. Excuse us."。"Excuse me." という定型表現は、中学校で英語を学習して以来、何度も聞いたり、自身も使用したりしてきた。しかし、後方から聞こえてきた "Excuse us." という表現は、あまり馴染みがなかった。そこで、声のする方向に視線を向けてみると、"Excuse us." という表現の意味がすとんと腑に落ちたのだ。空港の係員が車椅子を押してこちらの方に進んで来ていたのである。なるほど、なるほど、と何度も首肯したのを思い出す。この例のように、一見、変化しない定型表現のように見えても、状況によっては変化する余地があることを認識しておくべきだろう。そういう意味で、本書では、どのタイプも高頻度で慣習的に使用されるので、1) から4) までのタイプを特に区別せずに「慣習的プレハブ表現 CRPs」とし

て扱っている。

　さて、CRPs というのは、ある意味では無数に存在する。小中一貫で学習させたい CRPs をどのように選定すればよいのか。ヨリオ（Yorio, 1980）は、CRPs は第2言語ユーザのニーズ、CRPs の有用さ・生産性・頻度・平易さなどを基準として、通常のカリキュラム学習内容と統合して学習させるのが望ましいと述べている。したがって、選定のソースとして、まず考えられるのが教室で使用する教科書である。そこから、小中の、例えば7年間という長期計画を策定して教室で使用させていきたい CRPs を抽出するとよいだろう。巻末の表現バンクはその1つの試みなので参考にしていただきたい。

「会話の組み立て」を意識したやり取り演習（8）

激励する
Encouraging

　AとBは、ペアで活動をしている。Bは、ワークシートに必要事項を記入しているが、まだ終っていない。焦らなくていいよ、とAが励ましている場面だ。

（Opening）
A: Are you finished?
B: No. Not yet. I'm so slow.
A: Don't worry. Take your time. ｛気にしないで。ゆっくりでいいよ。｝
B: Thank you. ｛ありがとう。｝
A: You're welcome.
（Closing）

　この場合においても、よい関係を維持するために相手の気遣いに感謝のコトバ（"Thank you."）を述べることを忘れてはいけない。

2.4 聞き手の果たす役割の重視

Keywords

聞き手の役割（Listenership）　協力的　沈黙の回避

発話順番の交替（Turn-taking）　移行適切場所（TRP）

聞き手の応答パターン　相づち（Backchannels）

　対話における聞き手の果たす役割は重要である。話し手が言いたいことを言うだけでは、対話は成立しない。聞き手が話し手の言うことがわかった上で、応答して初めて対話は成立するのである（上田, 1995）。

　著者が学生の頃、アメリカ留学中に下宿先の家族と車で旅行していたときの出来事である。まだ渡米して間もない頃で、アメリカ人の話す英語を聞き取るだけで当時は精一杯であった。助手席に座るホスト・ファーザーのジェリーが車窓から見える風景やこれから訪れる場所についてあれこれ盛んに説明してくれていた。私はそれを後部座席でうなずきながら聞いてはいたのだが、車の中ということもあって日本人特有の私の弱々しい反応では、それが彼には届いていなかったのである。

> Jerry: Goro, we are almost there. The lake we'll see soon is one of the most beautiful lakes in the States, probably, in the world. Some people say it is a jewel.
>
> Goro: Hmmm.
>
> Jerry: Goro, are you still with us? （五郎、聞いてるのかい？）
>
> Goro: Yes!

私の記憶では、確かに私は応答していた、つもりであった。しかし、ジェリーにはそれが協力的とはとらえられず、興味がないので特に反応はしない、などと彼は解釈したのかもしれない。少し大げさに、"Is that right? I didn't know that! I can't wait!" などと大きな声で反応しておけばよかったと今でも

後悔している。コミュニケーションにおいては聞き手の役割がいかに大きいか痛感した赤面エピソードである。

このように、対話が円滑に継続していくどうかは聞き手の応じ方次第だが、いつ、誰が発言をする権利をもつのかという点においても聞き手が果たす役割は大きい。例えば、不適切な時に発話を始めて相手の発話を遮ると相手を不愉快にさせる場合がある（マーティン・バイゲイト, 1995）。また逆に、発話を促す合図を話し手が送ってきたにもかかわらず、聞き手側だった者が発話を始めないとその場は沈黙に陥る。

発話は参加者が交替しながら進んでいくが、そのことを語用論や会話分析などの分野では 'turn-taking' と呼び、日本語では「発話順番の交替」（マーティン・バイゲイト, 1995, p. 73）「話者交替」「発話権」などと訳されている。ここでは「発話順番の交替」を採用する。発話順番は発話中どの場所で交替してもよいというわけではない。一定のルールがある。その最適な場所のことを「移行適切場所（transition relevance place: TRP）」（Levinson, 1983, p. 297）といい、以下の 3 つのルールがあるとされている。

(1)　話し手が次の話し手を指名すると話し手は話をやめ、指名された者は話し始めなくてはならない。

(2)　指名がない場合には誰でも話し始めることができる。最初に口を切った者が話し続ける権利を得る。

(3)　指名がなく誰も話し始めない場合には、最初の話し手が話し続けることができる。

また、先に述べたように指名がなくとも何らかの合図を話し相手が送ってくることもある。例えば、話し手がイントネーションを変えたり、テンポを下げたり、ゆっくり話し始めて話し方を変えたりすることもあれば、口をはっきり閉じるなどジェスチャーで合図したりすることもある（上田, 1995）。あるいは、視線をそらすこともあるだろう。

母語話者でさえ、発話順番の交替を適切に行うのは難しく、場合によって

は良好な人間関係を構築、維持できなくなったり、職を失ったりすることも
ある（マーティン・バイゲイト, 1995）。言語知識を身につけるのでさえも
苦労が多い外国語として英語を学ぶ私たちにとっては、大変厄介なことでは
ある。しかし、コミュニケーションを円滑に進めていくには重要なルールで
ある以上、ロールモデルとなる人たちの言動をよく観察し、英語による発話
の移行適切場所を意識的に探し出す努力をして、経験的、体験的に発話順番
の交替ルールを身につけていくことが重要である。

　また、私たち日本人は英語での会話をうまく継続していくのが苦手だと言
われるが、それはどうも日本人だけの問題ではなさそうである。問題の所在
はというと、そもそも会話というのは、以下のような「質問（発言）―回答（応
答）」の連続というような単純なものではないからである（Wingfield, 1972, p.
24）。

　　A: That was a very nice story.

　　B: Yes.

ウイングフィールド（Wingfield, 1972）によると、聞き手の B がこのよう
に応答するパターンは確かに存在するが、実際そのようなパターンは発話
のごく一部でしかないという。多くを占めるのは話し相手や他の参加者が、
'really, rather, somewhat, perhaps, I think, I feel' などのように変化に富んだ、
次につながる応答であったり、切り返し、言い返しなのである。例えば上の
対話例でいえば、

　　A: That was a very nice story.

　　B: Yes, I think so too.

のように、相手の発言に同調する言い返し "I think so too." を加えることで、
ぶっきらぼうに聞こえる応答を避けることができる。このようにすると、相
手に次の発話をうながし、結果として会話は弾むことになる。

以下は、英語会話でよく見られる、話し相手の発言に対する代表的な応答、切り返し、言い返しの例である [4]。Aが "He runs far too much."（彼は走りすぎだよ。）を発言した直後のBの応答である。

1)　同調する

　"Yes, I heard he does."（そう、私も聞いたよ。）

2)　異議を唱える

　"No, I don't think so."（いや、私はそうは思わないよ。）

3)　丁寧に同意する

　"Yes, he does."（そうだと思うよ。）

4)　丁寧に異論を唱える

　"Oh, no, I don't think he does."（いやいや、走りすぎとは思わないけどね。）

5)　強く同意を示す

　"Yes, indeed."（まったくそうだよ。）

6)　強く異論を唱える

　"Oh, no, I'm quite sure he doesn't."（いやいや、まったくそんなことはないと思うけどね。）

7)　発言の正確さに疑問を呈す

　"I've never thought he ran too much."（そんなに彼が走っているとは思いもしなかったよ。）

8)　全体、一部を繰り返してもらう

　"What did you say he did?"（彼が何をしたって？）

9)　驚きを示す

　"I'm surprised to hear you say that."（君がそう言うとは驚きだね。）

10)　無関心を示す

　"Does he?"（そう？）

11)　興味を示す

　"Does he really?"（彼、本当にそうなの？）

12) 発言が喚起する感情（同情、喜び、祝い、いや気、不安感）を表現する
"Is he all right?"（彼、だいじょうぶかな？）

どの表現も取るにたらない、ありふれた表現ではあるが、わが国のような
EFL 環境では、児童・生徒が教室外で耳にすることはほとんどないだろう。
相手に次の発話を促し、対話を円滑に続けていくには必要不可欠で大切な要
素である。しかし、いくら文法的な知識が身についていても、自然に身につ
く表現であるとは思えない。発話順番の交替のための移行適正場所の場合と
同様に、教室での学習やコミュニケーション活動の中でこれらの表現の機能、
使い方に注意を向け、意識的に学習していく機会がなければ、決して活用で
きる表現として身につくものではない。

　本節で見てきたように、積極的にコミュニケーションを図ろうとする態度
を育てる、というのは、話し手の貢献（speakership）だけをいうのではない。
聞き手の貢献（listenership）も極めて重要なのだ。教育現場でよく取り上げ
られる児童・生徒への注意事項の 'Smile' 'Eye Contact' 'Clear Voice' という
のは、どちらかと言えば、話し手の貢献についての注意事項である。したがっ
て、聞き手の貢献という点から言えば、相づち（backchannels）などを使用
して、「興味を示す（Show Interest）」「反応する（Make Reactions）」「注意
を向ける（Pay Attention）」なども聞き手が身につけるべき重要なコミュニ
ケーションスキルなのである。

「会話の組み立て」を意識したやり取り演習（9）

> 切り出し
> Opening

隣の友だちに質問したいことがある。しかし、その友だちは自分の課題に集中してもくもくと作業を続けている。そこで、その友だちの注意を引き、質問してもよいかどうかを切り出す場面である。

（Opening）
A: Can I ask you something?〔質問があるのですが。〕
B: Sure.〔いいよ。〕What is it?
A: Is this spelling OK?
B: Let's me see… I think it's correct.
A: Thank you.
B: No problem.
（Closing）

2.5 形式習得主義から目的達成主義へのパラダイムシフト

Keywords

語彙・形式の習得　文字通りの意味　機能的な意味
社会的な意味　授業のめあて　面子を脅かす行為(FTA)
目的達成のためのコミュニケーション活動

これまでの英語の授業では、語彙や形式の習得に重点が置かれてきた。例えば、公開授業でよく目にする「今日のめあて」にそれが明確に現われてい

る。先日参観した中学校 1 年生の授業の場合を例に引いてみよう。

　「今、していることが言えるようにしよう」

というのが「今日のめあて」として板書され、生徒にもこれを確認させ、授
業が展開していった。言うまでもなく、現在進行形（be + 〜 ing）の習得を
目指しているのが明確に見て取れる。
　では、次のようなやり取りを見てみよう。

　　A: Ryan-sensei, can you help me?
　　B: Sorry. I'm watching TV now.

コトバの意味には、以下の 3 通りがあると言われている（Littlewood, 1995）。

　　1)　文字通りの意味（literal meaning）
　　2)　機能的な意味（functional meaning）
　　3)　社会的な意味（social meaning）

文字通りの意味（literal meaning）というのは辞書的な意味とも言われるよ
うに、文中で使われている語句の、辞書に記載されている意味である。上の
例で言えば "I'm watching TV now." の文字通りの意味は、「私は今、テレビ
を見ています。」ということになる。しかし話者 B のこの発話の意図は、援
助の願い出に対する「拒否」、つまり、"No, I can't." と読み取らなければな
らない。これが 2 つ目の機能的な意味である。この発話の真意は、文字通
りの意味である「今、話者 B がしていること」を話者 A に伝えることではなく、
「今、テレビから目を話せないので、申し訳ないが、今は手伝えない。」とい
う意味なのである。
　また、援助の願い出に対して "No, I can't." と直接的に「拒否」を伝える
ことも当然可能ではある。しかし、それでは依頼してきた相手の「顔を潰す

（losing face）」ことにもなりかねない。このような行為は、1.3 節で述べた
ように「面子を脅かす行為（FTA: face threatening act）」と呼ばれる（Brown
& Levinson, 1987）。このようなやり取りをしていると、時には相手との人
間関係に亀裂が生じる事態に陥ることも考えられる。これが第 3 の社会的
な意味である。相手の顔を潰さないように願い出を断る表現を適切なコミュ
ニケーション場面で使えるようにするという授業目標を掲げる場合には、上
の「今日のめあて」は、次のように修正できるだろう。

　　めあて : 今手がはなせないことを伝えて、相手からの願い出を丁寧に断っ
　　てみよう！

　また、先日参観させてもらった中学校での英語授業のめあて（授業目標）
を検討してみよう。その授業のめあては、まさしく言語形式の習得を目指し
た「関係代名詞 who の使い方になれよう」であった。この授業では、そも
そも関係代名詞という表現方法は、実際のコミュニケーション場面において
どのような機能を果たすのかという視点が授業展開の背景として十分に研究
されていなかった。
　Sunshine English Course 3（2016）の Basic Dialogue に以下のやり取りが例
示されている（p. 66）。

　　A1: Look. I think I've met that girl before.
　　B1: Which girl are you talking about?
　　A2: The girl who has just walked away.
　　B2: That's Mary, Bill's sister.

添えられたイラストには 2 人の女性が描かれている。ひとりはベンチに座っ
て本を読んでいて、もうひとりは犬を連れて遠くの方に歩き去っている。女
性が 2 人いるために、'that girl' と言われても、どちらの女性を指している
か分からない。そのため、"Which girl are you talking about?" と B は A に問

うたのである。A 1 の "Look. I think I've met that girl before." という発話は、情報、説明が不十分なために、B にはぶっきらぼうに聞こえたり、最悪の場合には苛立ちを覚えたりすることさえあるかもしれない。

このように、関係代名詞という言語形式は、そもそも人やモノ、物事を他のそれと区別したり、修飾して詳しく説明、記述したりする機能をもつ。形容詞相当語句の 1 つとして認識されるのはそのためである。ただし、いわゆる 'red' 'white' などの形容詞とは異なり、限定・修飾する名詞（名詞句）の後方に置かれる。A は、歩き去る女性を指差して、'The girl' あるいは 'That girl' とでも表現できただろうが、'the girl' の後ろに 'who has just walked away' と修飾語句を添えることによって、B がターゲットの女性を迷わず特定できるのを助けているのである。

ついでに付言しておくと、関係代名詞の学習では、2 文を 1 文に書き換える練習をさせることがあるが、2 つの意味であまり推奨できない。まず、実際のコミュニケーション場面では、そのような言語操作をすることはまず考えられないからである。2 文で表現してもよいものを、なぜわざわざ 1 文に書き換える必要があるのか、と疑問にもつ中学生も少なくないはずである。単なる形式操作の学習は学習意欲も高まらない。第 2 に、そのような練習をさせると、下の (a) のように先行詞（関係代名詞が限定・修飾する名詞句）が文末にある場合は特に問題は生じないが、(c) のように先行詞が主語の位置にきている場合は関係詞節（who has a beautiful bag in her hand）を文中に埋め込まなければならないので負荷が大きく、混乱が生じることが多い。

a. I know a Japanese tennis player. He became very popular in the world.
b. I know a Japanese tennis player who became very popular in the world.
c. The girl is our English teacher. She has a beautiful bag in her hand.
d. The girl who has a beautiful bad in her hand is our English teacher.

このような練習をさせるよりも、関係代名詞がもつ本来の機能である「名詞句の限定・修飾」に意識をより集中させるため、まずは、ピクチャーカード

などを使って意味機能が明確になる場面を設けて、以下のように、関係詞節を使って名詞句を後方に拡張させる練習をさせるのがよいだろう。(e)(f)のように、名詞句に前置詞句が後続する表現に慣れていれば、なおのこと効果的である。また、名詞句を後方に敷衍して限定・修飾するということを視覚的に捉えさせるため、(j)(k)のように、名詞句は四角で囲み、関係詞節には矢印（→）を添えることもできる。

    e. the boy on the bench

    f. the lady in the car

    g. many people who …

    h. children who …

    i. the old man who …

    j. │one of my best friends│who …   ⟶

    k. │an aunt│who …   ⟶

このように、関係代名詞 'who' を含む関係詞節の機能というのは、「今言及した人物を詳しく説明すると」という限定・修飾的機能を担うものである。例えば、誰かが "Tomoe is one of my best friends …' と述べた場合、聞き手は、「話者には朋恵という友だちがいるんだ」程度の情報しか伝わらない。もし、その話し手はそれ以上コトバを何も継がなければ聞き手は朋恵という人がどういう人物なのか、と聞き返す場合もあるだろう。話し手が 'who is very good at English' などとより詳しく説明的に友だちのことを限定・修飾することによって聞き手に伝わる情報量がより多くなり、その友人という人物の輪郭がより明確になるのである。

　以上のことから、先ほどの中学校授業のめあてを検討するとすれば、例えば、

    めあて：関係代名詞 who の使い方になれよう。（形式習得主義）

        ⇩

    めあて：世の中には色々なタイプの人がいます。どの人のことを言って

いるのか、どんな人なのかが相手にうまく伝わるように説明してみよう。（目的達成主義）

というように、形式習得主義のめあてを目的達成主義のめあてにすることができるだろう。なお、実際の授業展開では、関係詞節など表現形式を単独で提示したり、それを使って言語活動させたりするのではなく、以下のようなコンテクストにおいてターゲットとなる表現形式を経験させることも大切である。

A: We need one more player. What shall we do?
B: Oh, I know the boy who is running over there.
A: Good. Can you ask him to join us?
B: Sure!

A: Please guess who he or she is. OK?
B: All right. Go ahead.
A: The student who loves rock music very much.
B: Ah, I got it. It's Satoshi!
A: That's right.

本節では、まず、コトバには3種類の意味があることを述べた。そして、小学校と中学校の2つの授業のめあての是非に関する考察を通して、教室で英語を教授、学習させる際には、単に表現形式を習得させることではなく、コトバの果たす言語行為上の機能や社会的な意味に焦点を当て、何らかの目標を達成する過程の中で当該の表現形式が果たす役割を経験させることの大切さを指摘した。文法事項や表現形式の習得よりもコンテクストに埋め込まれた言語経験を優先させる、これも今後の英語教育の充実のためには必要不可欠な大きなパラダイムシフトの1つと言えるだろう。

このように、コトバには文字通りの意味の他に、機能的な意味と社会的な

意味という、コミュニケーション場面で重要な意味をもつ働きがあるのである。言うまでもなく、正確な形式を身につけることは重要だが、たとえ正確な文をたくさん作り出すことができるとしても、話者の意図の解釈や人間関係の維持に重要な役割を果たすコトバの側面に無頓着ではコミュニケーション活動を円滑に行うことは到底できない。これからの英語教育では、目的達成のための機能的な意味と人間関係の構築・維持のための社会的な意味にも焦点をあてて、教室での学習活動やコミュニケーション活動を組み立てていくべきだろう。

「会話の組み立て」を意識した**やり取り演習（10）**

" 心配する
Worrying "

相手のことを心配したり、気遣ったりすることは、人間関係の維持にとって、とても大切なことだ。一方、気遣いのコトバをかけられた方は、相手の心配りに感謝し、体調等にそれほど大きな変調をきたしていない限り、相手を安心させるコトバを返すことが多い。

(Opening)
A: You don't look so good. Are you all right? 〔だいじょうぶですか。〕
B: I'm OK. Thank you. 〔だいじょうぶです。ありがとう。〕
A: That's good to hear.
(Closing)

2.6 情報伝達機能への偏重からの脱却

Keywords

> コトバの機能　道具的機能　調整的機能　相互交渉的機能
> 個人的機能　発見的機能　想像的機能　情報伝達機能
> インフォメーション・ギャップ活動　感想・評価・呼びかけ

コトバを身につけるというのは、ただ単に発音や語彙や文法などの形式を獲得するだけではない、と先に述べた。つまり話者の意図した意味あるいは機能をどのように相手に伝えるか、また逆に、相手が発した発話の意味や意図をどのように解釈し、それにどう応じるか、にかかわる能力も身につけなければならないのである。

ウォードハフ（Wardhaugh, 1985, p. 162）は次のように述べている。

"… conversation involves much more than just talking about this and that. It involves us in doing things, in getting others to do things, in eliciting information, in refusals, apologies, promises, and threats, and in a whole list of other activities. Conversation is not just talking; it is also doing. But to appreciate that doing we must be tuned in to the intent of others; we must learn to respond not just to the content of the words. Language offers us a wide range of options: we must learn to use them."（会話というのは、これやそれについて語る単なるおしゃべりではない。自ら行為をなしたり、他の人に行為をさせたり、情報を引き出したり、断ったり、謝罪したり、約束したり、脅したり、その他あれやこれやの活動に私たちを誘うものである。会話は、単なるおしゃべりではなく、行為でもあるのだ。けれど、その行為に気づくためには、人の意図に注意を向けなければならない。すなわち、コトバそのものが伝える内容（文字通りの意味）にだけ応じていてはいけないのである。コトバの選択肢は実に幅広い。それらをうまく使えるようになることが肝心なのである。）

例えば、「要請・依頼する Request」という行為の場合には、下の (a) "Clean the living room!"（居間を掃除しなさい。）のように、直接的な命令文を使って応じることはあるが、以下のように形式上（formally）は疑問文でも語用論上（pragmatically）は要請・依頼の機能をもつ表現の選択肢はたくさんある。

    a. Clean the living room.

    b. Have you done the laundry?

    c. Can you help me with my homework?

    d. I suppose you are going to the dishes.

    e. I shouldn't have to remind you to water the garden.

このように幅広い選択肢から適切なコトバを選択するのは容易なことではない。いつ、どこで、何に関して、誰と会話をしているか、などというコンテクストに応じて適切に表現を選択しなければならないからである。例えば、社会的に（socially）良好な人間関係を保ちたいという気持ちが働けば、聞き手が不快感を感じたり、困惑したりしないように、上の例で言えば、より婉曲的な (d) か (e) を選択することになるだろう。

　また、人には様々な欲求があり、コトバはそれを満たすために様々な機能を果たしながら使われる。母語を獲得する際には、人間の様々な発達的側面に呼応する形で言語も発達していく。ハリデー（Halliday, 1975）は、そのような幼児の母語習得においては、次の7つの機能を果たす目的で順に言語も発達していくとしている。

    (1)　道具的機能（Instrumental：'I want'）

    (2)　調整的機能（Regulatory：'Do as I tell you'）

    (3)　相互行為的機能（Interactional：'Me and you'）

    (4)　個人的機能（Personal：'Here I come'）

    (5)　発見的機能（Heuristic：'Tell me why'）

⑹　想像的機能（Imaginative：'Let's pretend'）

⑺　情報伝達的機能（Informative：'I've got something to tell you'）

このような機能順にそって言語も発達していくとすれば、注目したいのは、情報伝達的機能は一番最後にくるということである。

これまでのわが国の英語教育では、言語活動に必然性をもたせるために情報格差（インフォメーション・ギャップ）のある状況を創りだし、その差（ギャップ）を埋める活動を児童・生徒に与えてきた。すなわち、内容のある情報の伝達を主眼にした活動である。語彙や文法項目など、ある目標言語項目を習得させるには、当然考えられる活動ではあるが、ハリデーが示す（1）から（6）の機能をもとにした活動をあまり授業では取り入れてこなかったのではないかと著者は考えている。

例えば、(1) の「道具的機能」というのは、モノやサービスを手に入れたい、相手の希望を問う、など人間の基本的欲求である。英語教室では、

"Can I open the window?"（窓を開けてもいいですか？）

"May I use your pencil?"（鉛筆を借りてもいいですか？）

"Can I have a paper?"（一枚もらえますか？）

などが、教師や友だちに対する表現として考えられるだろう。また、(2)の「調整的機能」についても、例えば、命令を下したり、行動をうながしたり、誘ったりするといった相手の行動をコトバでコントロールすることは、母語の世界では当たり前に行われている。例えば英語では、

"Hurry up!"（急いで！）

"Speak more slowly, please."（もう少しゆっくり話してもらえますか。）

"Stop it!"（やめてください！）

"Let's get started."（始めましょう。）

などがあげられる。さらに、(3) の「相互行為的機能」は、人間関係を築く上では非常に重要である。あいさつを交したり、呼ばれた際に応答したりするなど、まわりの人たちとコトバで交流することは頻繁に行われる。例えば次のような表現である。

"How are you?"（こんにちは。）
"Yes?"（はい？）
"Congratulations!"（おめでとう！）
"Take it easy!"（気楽にどうぞ！）

また、(4) の「個人的機能」は、自己を意識して、自分の特徴や個性、興味関心、喜び、嫌悪感を表したり、撤回したりする機能をもつ表現である。例えば、

"I'm so happy."（すごくうれしいです。）
"I'm very interested in that."（とても興味があります。）
"It's disgusting."（いやですね。）
"I'm done."（終りました。）
"I don't like it!"（好きじゃありません。）

などが考えられるだろう。また、(5) の「発見的機能」について言えば、特に母語を習得中の子どもたちは、まわりの環境に注意を向け始め、モノの名前や機能、物事の理由などを問う機能を担う表現を身につけるようになる。英語教室においても次のような表現を児童・生徒が自発的に使えるようになってほしい。

"What's that?"（あれは何ですか？）
"What do you call this in English?"（これを英語で何と言いますか？）
"How do you use this?"（これはどうやって使うのですか？）

さらに成長すると幼児は自分の世界を作り始め、そこに自分を投影したり、仮想空間に自らを想像して登場させたりする表現を使用するようになるが、それが（6）の「想像的機能」表現である。小学校高学年の児童や中学生の知的発達段階にあった次のような表現（ごっこ遊びやロールプレイなど）を英語授業に取り入れていくことができるのではないだろうか。

"Let's pretend to be a dog."（犬になってみましょう。）
"I'll be Kumi's Mother this time."（今度は私が久美さんのお母さん役になります。）
"Let's make believe we are *ninja*."（忍者の振りをしてみましょう。）

実はハリデーは、幼児の言語発達という観点からすれば、当初はこの（6）までを想定していたようだ。なぜなら、最後の（7）の「情報伝達的機能」は、むしろ主として大人の言語行動で用いられる表現機能であると彼は判断していたからである。しかし、小学校高学年や中学生といえども、以下の英文のように彼らの知的発達段階からすれば、情報伝達機能を果たす言語表現はある程度は使用できるようになるだろう。

"There is a picture on the wall."（壁に絵があります。）
"I want to be a doctor."（私は医者になりたいと思っています。）
"My father plays the guitar very well."（父はギターがすごくうまいです。）

いずれにしてもここで重要なのは、（1）から（6）の言語機能を軽視し、（7）を主とする英語教育に邁進してきたこれまでの英語教育の方向性を再考すべきではないかということである。言語の諸機能とその発達過程に関するこのハリデーの考え方は、前述したように母語の発達過程を前提としたものではあるが、コトバと人間の欲求、コトバと機能の普遍的な関係を考えると、英語を第2言語として学習する過程にも適応できるものと考える。

　欲求や感情、個人的な感想・評価、行為遂行を促す呼びかけ、名称や機能

などの問と発見などは、人間が社会生活を送っていく上では欠かすことのできない基本的な心の活動である。これからの英語教室では、情報伝達活動の前段階でこのような機能を果たすことのできる英語表現を児童・生徒が身につけられるように意図的、計画的に指導していくべきではないだろうか。

「会話の組み立て」を意識したやり取り演習（11）

" 許可を求める
Getting permissions "

（Opening）
A: Can I go to the bathroom? ［トイレに行ってもいいですか。］
B: Sure. ［どうぞ。］ But what's wrong?
A: Well, my stomach is upset.
B: OK.
（Closing）

これ以外にも、教室で子どもたちが "Can I 〜?" を使って、友だちや教師に許可を求める場面は色々と考えられる。

"Can I have some water?"（水を飲んでもいいですか？）
"Can I sit here?"（ここに座ってもいいですか？）
"Can I have one?"（1つ［枚］もらってもいいですか？）
"Can I open the window?"（窓を開けてもいいですか？）
"Can I try it?"（私にやらせてくれませんか？）
"Can I see your card?"（あなたのカードを見せてもらっていいですか？）
"Can I use your pen?"（ペンを借りてもいいですか？）
"Can I put it here?"（ここに置いてもいいですか？）
"Can I make a choice?"（好きなものを取ってもいいですか？）
"Can I keep this?"（もらってもいいですか？）
"Can I change the order?"（順を変えてもいいですか？）
"Can I ask you a question?"（質問してもいいですか？）

注

1 このような観点から教室でコミュニケーション活動を行わせていけば児童・生徒の目が輝き、表現力、自己表現力も豊かになる。村端（1994, pp. 204-205, pp. 216-217, pp. 254-255）にも参考事例を紹介しているので参照されたい。

2 「プレハブ」というカタカナ語は、'prefabricated' を略したものである。

3 用法基盤文法（Usage-Based Grammar）では、'constructions' は「構文」と訳されることが多いが、'constructions' には「文」だけでなく、「形態素、語、句」などの言語項目も含まれるので、本書では「構築体」という用語を用いる。

4 Wingfield（1972, pp. 25-27)からの引用だが、発言やそれに対する応答の例は、児童・生徒のやりとりを想定して著者が一部改変した。

第3章

英語会話の構成と展開

3.1 ▶ 会話はどう運ぶのか

Keywords

会話の構成　切り出し　継続　幕引き　教科書の対話　対話の改良
教科書を教える　良好な人間関係　協力的な姿勢　交感的言語使用

　会話というのは空気のような存在である。至極あたりまえであるため、普
段は会話の構成やメカニズムに注意を向けることはあまりない(マーティン・
バイゲイト, 1995)。母語の場合は、意識しなくとも自然に身につくからだ。
しかし、接触経験が絶対的に少ない外国語、第2言語の学習の場合は普段
から会話の運び方を分析し、意識的に試したりしなければ、なかなか簡単に
は身につかない。たかが英語会話、されど英語会話なのである。

　会話というのは、取り立てて教えなくてもいずれ自然にできるようになる
もの、などと暗黙裡に考えられてきた（Richards, 1980; Thornbury & Slade,
2006)。すなわち、機械的な練習や必然性のある文脈での意味のある練習を
通して語彙（表現）や文法項目を1つ1つ身につけていけば、いずれ新奇
な文を無限に生成できるようになり、その結果、自ずと流暢に会話ができる
ようになる、という公知の事実のような見解である。

　しかし、近年の応用言語学の研究、とりわけ会話分析や談話分析、語用
論が明らかにしているのは、ことはそれほど単純ではないということだ
（Bygate, 1987; Richards, 1980; Schegloff & Sacks, 1973; Thornbury & Slade,
2006; Wardhaugh, 1985; Wong & Waring, 2010)。教室内という限られた学

習環境において英語を学習する場合、英語でやり取りできる力を身につけさせるには、ただ自由に会話する機会を与えていれば、それだけで流暢で協調的なやり取りができるようになるというものではない（Goh & Burns, 2012; Taylor & Wolfson, 1978）。例えば、一度始めた会話を終了させることさえも、そう簡単な話ではない（Wong & Waring, 2010）。会話は、ただ単に自然に終結しいくのではなく、参加者の意図的、意識的な努力で幕引きが行われるのである（Schegeloff & Sacks, 1973）。実際、会話の幕引きは性急すぎても時間をかけすぎても相手に歓迎されない（Levinson, 1983）。

　したがって、児童・生徒が英語でやり取りできるようになるためには、会話の組織・構成についての知識や、その組織・構成に合致した様式で英語を使用できるスキルを身につける必要がある。特に英語との日常的な接触が限られている EFL 環境にあっては、教師はそれらを体系的、計画的に教授すべきである（Goh & Burns, 2012; Wolfson, 1983）。

　検定教科書掲載の Program や Unit のすべてのセクションで、教材となる会話が以下のような 3 部構成で編まれているとは限らない。

1) 　切り出し（Opening）：どう会話を開くか
2) 　継続（Keeping it going）：どう会話を途切れさせないで継続させるか
3) 　幕引き（Closing）：どう会話を閉じるか

例えば、以下の中学校 2 年生の教科書で見られる対話はその好例だ（*Sunshine English Course 2*, 2011, Program 7）。この対話は、Program 冒頭のセクションで導入されている。

Yuki: I just finished reading this book.
　Li: What is it about?
Yuki: It's about Kawai Junichi. He's a junior high school teacher in Shizuoka. He wanted to be a teacher, but he lost his sight at fifteen. He

never gave up his dream. He studied very hard, and finally his dream
came true.

Li: How does he teach?

Yuki: Another teacher writes on the board for him.

この対話は、発話順番の交替が極端に厳格で不連続の印象を受ける。その上、相づちや語用標識（第3章3.3節を参照）が欠落している。このような不自然な点は、教科書の対話によく見られる特徴だ（Burns, 1998）。教科書という性質上、必要最低限の発話しか書き込まれていない。しかし、教科書の各セクションを1つの完結した談話として「教科書を」教えていれば、そこで使用されている語彙や表現、文型などは身につくが、どのように会話を始めるか、どう会話を続けるか、どう幕引きをするか、に関する知識もスキルも身につかない。通常の会話では "I just finished reading this book." などと、いきなり本題に入ることはまれである。さらに、Yuki が読んだ本についての説明を聞いた Li が、"That's an interesting story!" など、Yuki の説明に対しての感想を何も述べずに、"How does he teach?" とさらに質問を続けるのもどことなく不自然でぎこちない。2人の対話は次のセクションにつながっているので、もちろん Yuki の発話のような形で対話が完全に終結することはない。しかし、教師の本文の扱い方次第では、唐突に終る対話として生徒にインプットされてしまいかねない。

　以下の対話は、切り出し、継続、幕引きという英語会話の3部構成を意識して、先ほどの教科書の対話を改良したものである。下線部は、新たに加えた表現である。

Li: Hi, Yuki. How are you?

Yuki: Hello, Li. How are you?

Li: What's new today?

Yuki: I just finished reading this book.

Li: Oh, really? What is it about?

Yuki: It's about Kawai Junichi.

Li: Who's that?

Yuki: He's a junior high school teacher in Shizuoka.

Li: Oh, is he?

Yuki: Yes. He wanted to be a teacher, but he lost his sight at fifteen.

Li: Oh, no. That's too bad.

Yuki: Yeah, but he never gave up his dream. He studied very hard, and finally his dream came true.

Li: Great! But how does he teach?

Yuki: Another teacher writes on the board for him.

Li: I see. What a good story! Thank you, Yuki.

Yuki: You're welcome. Oh, I have to go. Nice talking to you.

Li: Nice talking to you too. See you.

Yuki: See you. Bye.

教科書に掲載の対話と比べると、より自然で人間味があり活き活きとした対話になってはいないだろうか。なお、念のために付言しておくが、著者は教科書を批判している訳ではない。教科書というのは、様々な制約の下で編まれている。あくまでも英語学習のための素材なのである。「教科書を」教えることの問題点を指摘したのはそのためである。教材というのは、授業のねらいにそって素材が様々な形に料理されることを念頭に、意図的に構造化されたものである。問題の本質は、それを理解した上で教師が教科書の材料をどのように扱うかにあるのである。

　本題に戻ろう。会話はどのように運ぶのか、という会話構成や基本ルールの認識をもって対話する経験をすることがなければ、いくら豊富な言語知識があろうとも、円滑な会話を展開することは難しい。それはちょうど、テニスボールを相手のコートに打ち返す技術は優れていても、サーブを相手のコートのどこに打つかをはじめとした、試合の始め方や点数の取り方などのテニスの基本ルールを知らなければ試合にはならないのと同じである。

会話分析という英語学、応用言語学の研究分野では、実際の会話録音など
から、どのように会話が進められているのか分析研究されてきた。そして会
話の構成にそって、参加者はそれぞれどのような役割を果たしながら、どの
ように発話順番が交替し、どのような言語表現を用いて会話を幕引きしてい
るのか、などに関して、すでに豊富な研究成果がある。本書は、それらを詳
しく解説することが目的ではないので、詳細についてはその分野の専門書
を参考にしていただきたい（Bygate, 1987; Malinowski, 1999 ［1926］; Sacks,
Schegloff & Jefferson, 1974; Schegloff & Sacks, 1973; Wardhaugh, 1985）。本
書では次節（3.2）で示す、英語会話はどのように展開するのか、という大
きな枠組み（3 部構成）を常に意識しながら、小中学校段階で実際に活用で
きる英語表現を随所に対話例の中で取り上げていく。

　最後に、本書では繰り返し触れていくが、会話が円滑に運ぶようにする上
で何よりも重要な点をあげておきたい。

　　1)　話し手と聞き手は、終始一貫して、お互いに良好な人間関係を構築、
　　　　維持し、心理的な距離を縮める努力をすること
　　2)　沈黙を避け、会話を途切れさせないで、会話が円滑に進むように話
　　　　し手と聞き手が協力的な姿勢・態度で会話に参加すること

当たり前のことだが、良好な人間関係や親近感がなければ会話は成立しない。
会話の切り出しで多く見られる、あいさつや天候、近況をはじめとする小さ
なコトバのやり取りは、「交感的言語使用（phatic communion）」（Malinowski,
1999 ［1926］）と呼ばれるが、決して情報伝達だけではない、コトバがもつ
重要な機能の 1 つである。

　本節冒頭で述べたように、普段目標言語の自然な対話に触れる機会に乏し
い外国語環境では、会話の構成や、このような話し手と聞き手の役割が反映
されるような協力的な対話教材を教師が意図的、計画的に授業の中に取り入
れていくことが求められる。

「会話の組み立て」を意識したやり取り演習（12）

> 注意する
> *Warning*

グループ活動を行っている場面である。ＢとＣが大きな声で話をしている。英雄が何か発言したがっているのをＡは察知して、２人を静かにさせる。

（Opening）
B & C: [talking loudly…]
　A: Be quiet, please.〔静かにしてくれますか。〕Hideo has something to say.
　B: Oh, OK.〔あ、はい。〕Hideo, go ahead.
Hideo: Shall I draw a picture?
　B: Oh, that's a good idea.
（Closing）

　Ａは、命令調に"Be quiet."と述べているが、'please'もそえている。相手にも面子があるので、直接的な言い方をさけ、丁寧さを出すという意味では、命令文の文頭か文末に'please'をそえるとよいだろう。以前、「'Please'が使えない日本人」という雑誌記事を読んだことがある。フライトアテンダントが書いたものだ。機内でサービスをする際、"What would like to drink?"とたずねると、多くの日本人が"Coffee.""Orange juice."と答えるので、あまりいい気持ちはしないと言う。こちら側に悪気はなくても、相手に多少なりとも不快な思いをさせることは避けたいものだ。

3.2 会話の切り出しと幕引きの前触れ表現

Keywords

前触れ表現（Pre-sequences）　切り出しの前触れ（Pre-opening）

幕引きの前触れ（Pre-closing）　話題の打ち切り　いとま乞い

　会話というのは、誰かが口火を切り、話し手と聞き手が協力して会話を継続させ、そして、どちらかが会話を幕引きするという基本構造からなっている（Sacks, Schegloff & Jefferson, 1974; Schegloff & Sacks, 1973; Wardhaugh, 1985; 村端・村端, 2017）。さらに、切り出しにしても幕引きにしても、突然無造作に始まったり、終ったりするものではない。会話の切り出し方や幕引きの進め方にもある程度決まったパターンがある。その際に重要なのは、いずれの場合にも、話し手と聞き手が良好な人間関係を維持しながら、お互いに協力的な姿勢を忘れないということである（Wardhaugh, 1985）。

　まず、会話の切り出しについて考えてみよう。会話を始める際は、いきなり本題に入ることは避け、あいさつコトバの他に、前置きのように会話を始める前に挟む短い表現を使用する。前触れ表現（pre-sequences）と呼ばれ（Levinson, 1983; Wardhaugh, 1985）、人間関係を壊さずに会話を円滑に始める機能をもつ表現である。具体例をいくつかあげてみよう。まずは会話を始める場面でよく使われる、切り出しの前触れ表現（pre-opening）である。

　　"Excuse me." （すみません。）

　　"Sorry to bother you." （よろしいですか。）

　　"Do you have a minute?" （ちょっとよろしいですか？）

　　"Do you need any help?" （何かお困りですか？）

　実際の対話で例示してみる。ＡとＢの２人は、教室で英語の勉強をしている。Ａは赤のペンを忘れたのでＢに借りようとしている場面である。

A: Excuse me. （すみません。）
B: Yes.
A: Do you have a red pen?
B: Yes. Here you are.
A: Thank you.
B: No problem.

以下は、コミュニケーション活動などに入る前によく使う前触れ表現である。

"Are you ready?"（始めていいですか。）
"Can I go first?"（私から始めていいですか。）
"Can I ask you something?"（質問があります。）

また、親しい人同士では、以下の例のように、状況に応じて様々な前触れ表現が使われる。

"Got a minute?"（ちょっといい。）
"What's the matter?"（どうしたの。）
"Guess what?"（ちょっと聞いて。）
"You'll never guess what."（ちょっと聞いて、信じられないよ。）
"Got a surprise for you!"（びっくりするよ。）
"Something strange ［peculiar, fascinating, interesting, etc.］ happened to-
　day."（今日変な ［変った、素敵な、おもしろいなど］ ことがあって。）
"I don't mean to interrupt but …"（お邪魔して悪いんだけど。）

　会話を幕引きする場合も唐突に「さようなら」を言って別れることはない。再会できたことの喜びや話ができたことへの感謝の気持ちを込め、再会を期して進行中の会話の幕引きをする。そのために、次のような表現(pre-closing)がよく使われる。かなり種類は多い。

"Well… [So]"（さて、じゃ、それで。）

"Okay, then."（さて、それじゃ。）

"All right."（じゃあ。）

"Okay, Tomomi."（じゃあ、トモミちゃん。）

"I'll talk to you later."（また後で話そうね。）

"Well, I'll be off."（さて、そろそろ失礼します。）

"I have to go."（もういかなきゃ。）

"I have to do my homework."（そろそろ宿題をしなければ。）

"Oh, I forgot something."（あ、忘れてた。）

"I mustn't keep you."（引き止めちゃ悪いね。）

"Well, back to class."（さて、授業に戻ります。）

"I must be going."（そろそろ行かなきゃ。）

"Sorry! [Please excuse me!] But, I'd better let you go."（ごめんなさい、そろそろあなたを解放した方がよさそうね。）

"I've got to go/run/do X."（そろそろいかなきゃ。）

"I'm sorry, but I have to go."（ごめんなさい、そろそろ行かなきゃ。）

"You should get back to class."（授業に戻った方がいいわよ。）

"Come back and we will talk again."（また来てね、また話しましょう。）

"It's been nice [good] talking to you."（お話しできてよかったわ。）

"It was nice meeting you."（お会いできてよかったわ。）

"Wait, I've just remembered something."（ちょっとまって、今思い出したことがあるの。）

"Ah! It's just occurred to me."（あら、思い出したわ。）

以下は、非常に短いながら、出会ってから別れるまでの対話例である。

A: Hi, Taro. How are you?

B: Hello, Mika. I'm OK. How are you?

A: I'm good. Nice to see you!
B: Yeah. How's everything going?
A: Fine with me. How about you?
B: Everything is OK. <u>Well, sorry, but I have to run to the next class.</u>（えっと、ごめん、次の授業にいかなきゃならないの。）
A: All right. Nice seeing you. Bye.
B: Nice seeing you too. Bye.

この例にみるように、Aの立場からみれば、Bが"Well, sorry, but I have to run to the next class."のような表現を使えば、それは会話の幕引きを暗示しているものと判断できる。したがって新しい話題を提供したり、会話を継続したりすることは避け、Aとしても再会・交わりができたことの喜びと感謝の気持ちを何らかのコトバで表す。例えば、"It's great seeing you again!" "Nice talking to you too!"などと言って、最後に"See you later." "Have a nice day!" "Good-bye!"などと述べて別れるのである。

「会話の組み立て」を意識したやり取り演習（13）

" 質問する
Asking questions "

　英語で何と言うか分からない時や、聞いたことはあるがなかなか単語や表現が思い出せないことがある。以下のように、日本語の語や表現を使って、英語で何と言うか尋ねることもコミュニケーションを維持するうえでは重要な方略だ。多少日本語がわかるALTなら問題なく対応してくれるだろう。

(Opening)
A: May I ask you a question?

```
B: Sure. Go ahead.
A: How do you say 'tenki' in English? 〔「天気」って英語でどう言うのですか。〕
B: It's 'weather.' 〔'Weather' です。〕
A: 'Weather.'
B: That's right.
A: I see. Thank you.
（Closing）
```

　また、目の前にあるものについては、"What's this?""How do you call this in English?"（これは英語で何と呼ぶのですか？）と尋ねてもよいし、場合によっては、対象のものに指差しながら、"In English, please." とだけ述べても十分に意図は伝わる。

3.3 ▶ 相づちと語用標識の機能

Keywords

> 相づち（Backchannels）　発話の重なり　割台詞
>
> 語用標識（Pragmatic markers）　発話意図　基本的標識
>
> コメント標識　談話構造標識　談話マネジメント標識

　相づち（backchannels）と語用標識（pragmatic markers）は、どの言語にも見られる言語表現で、最近になってようやく言語学、英語学の研究対象として表舞台に登場するようになってきた（Fraser, 2009; 内田, 1985; 松尾・廣瀬・西川, 2015）。これらの表現は、コトバによるコミュニケーションでは極めて重要な役割を担うものである。会話の流れを滑らかにし、話し手が自分の発話意図を伝える合図として機能するからである。

　相づちは、概念的な意味をもたないことや、話し手の内容表現の影に隠れてしまって研究の対象になりにくかった。その結果、これまでその研究自体が遅れていたこともあって（泉子・K・メイナード, 1993）、コミュニケーションを円滑にする重要な言語要素であるにも関わらず、教員養成課程のカリキュラムでもあまり取り上げられることがなかった。そのためか、これま

でのわが国の英語教育では、相づちと語用標識については体系的、計画的な指導がなされてこなかったように思う。

では具体的に、相づちや語用標識とはそれぞれどのような言語表現なのだろうか。まず英語の相づちを見ていこう。以下の下線部が相づちの例である。

S1: Our English teacher is very kind.
S2: Yeah, she is!

S1: I saw the movie last Sunday.
S2: Oh, really?

S1: This is the largest super market in this city.
S2: I see.

相づちは、相手の発話内容に同意や驚きを示したり、相手の発話に注意を払い、興味をもって聞き入ったりしている、などという聞き手の態度を示す表現である。日本人は、英語でやり取りする際、相手が発話している間は頸を縦に振って頻繁に頷く。相手の発話内容に肯定的であっても否定的であっても同じように頷き、上例のような言語表現を口にしないため、相手に、「この人は果たして自分の意見に賛成なのか、反対なのか。」「この人は自分の話をちゃんと聞いているのか。いや、どうも興味がなさそうだ。」などと思わぬ誤解を与えてしまうことがある。

"Yes." "Really?" など、このような言語表現としての相づちについては、「コミュニケーションを円滑にする」表現として学習指導要領でも具体例をあげて取り上げられている。どのような相づち表現があるかを知ることは大切だが、どのように相づちを打つかという点も無視できない重要なポイントである。というのは、英語対話では、「1度に1人の発話 "one person at a time"」という原則があり、誰かが発話している最中は、その人の発話が終結するまでは他の人は原則割り込んで発話してはいけない、という原則があるからで

ある。しかし日本語の場合は、"overlapping backchannels" といって、複数の対話参加者が同時に発話を重ねることは稀ではない。例えば次のように、

A: 昨日ね、　あの店にいったら、　　　ほんとよ〜
B:　　　　ふんふん　　　　　　いったの！うそ〜

A はまだ口火を切っただけで本題に入っていないにもかかわらず、B はしきりに相づちを打っている。A の発話が一定の区切りに到達していないのに B が発言している。このようなやり取りは決して特異なものではなく、日本語によるコミュニケーションに特徴的なものである。このような共同作業のような話し方を水谷（2015）は「共話」と呼んでいる。以下の歌舞伎の割台詞に見られるように、日本語では複数の参加者で 1 つの発話を作り上げるという特徴がある（Mizutani & Mizutani, 1987）。

役者 1：そろそろ
役者 2：時間ですから
役者 3：もう
役者 4：出かけましょう

英語での対話では、おそらくこのようなやり取りは、あり得ないだろう。中国語の場合は、このように相手の発話に相づちを重ねることにもっと敏感で、あまり頻繁に相づちを打つと、「少し黙って聞いてくれない！」などと話者に言われることもあるそうである。このように、どの言語にも相づち表現はあるものの、言語によって打ち方に差があるので注意を要する。
　次に語用標識の例を見てみよう。語用標識は話者が自分の発話意図を伝える際や談話に整合性をもたらすつなぎコトバとして使用される。英語の語用標識には、以下の下線部のような表現がある。

S1: Are you free this afternoon?

S2: Well, I have to finish my homework. ［不同意の切り出し］

S1: Here comes Akira with his lunch.
S2: Oh, I have to go. ［いとま乞いの切り出し］

S1: You did a good job, but ⋯.
S2: So, I'm a good student, huh? ［いらだちの表明］

上の 'huh' の例のように発話末に来る場合もあるが、発話の冒頭に来る場合が圧倒的に多い。また語用標識には、その機能別に多様な種類があり、現在いくつかの種類に分類整理されている（Fraser, 2009）。簡単に示すと以下のようになる。

- ◇ 基本的標識（話者の意図する伝達命題のタイプを示す機能："I promise that I will be there by fix."）
- ◇ コメント標識（伝達命題に対するコメントを示す機能："Unfortunately, it started to rain."）
- ◇ 談話構造標識（伝達命題と先行する談話との関係を示す機能："Mika is a good girl. But she doesn't like to play with friends."）
- ◇ 談話マネジメント標識（談話の組み立てを示す機能："In summary, he hasn't grown much as a person."）

コミュニケーションが行われている状況では、言語表現の文字通りの意味や概念的な意味だけではなく、話し手の発話意図を正しく理解することが求められる。そのような意図を示し、前後の文脈をつないで談話を組み立てる機能を果たすのが語用標識なのである。英語を外国語、第 2 言語として学ぶ児童・生徒は、受容場面でそれらが示す意味を適切に理解すると同時に、発話場面ではうまく使えるように練習することが求められる。

　近年、日常会話で多用される、このような語用標識（ah, but, oh, really,

anyway, now, by the way, you know, in other words, I mean, well, let me see, actually, in fact など）に用例と語用論的注記を示した辞書も登場している。『ウィズダム英和辞典』三省堂、第3版（2013年）もその1つである（なお、この辞書では語用標識ではなく「談話辞」という用語を採用している）。「会話のシグナル」という解説コラムを設け約100の語用標識の用法やニュアンスに関する解説を試みており、かつ、つなぎコトバとして使用されるこのような語用標識について、その用法や会話における働きについての全般的な解説を 'Really' の項の「会話の構造」(p. 1562) で示している。55行にわたる、かなり詳しい解説である。参考にしていただきたい。また序でながら、この「会話のシグナル」を担当執筆した松尾文子氏が第一編者となって編まれた、『英語談話標識用法辞典』（松尾・廣瀬・西川, 2015）には、43の基本語用標識についての更に詳しい用法解説があるので合わせて参考にしていただきたい。

「会話の組み立て」を意識したやり取り演習（14）

" 聞き返す
Asking back "

相手の発話内容の一部が聞き取れなかった場合には、聞き取れなかった部分を繰り返してもらうとよい。

（Opening）
A: Where did you go last Sunday?
B: I went to Fukuoka.
A: You went where?〔え、どこに行ったって？〕
B: To Fukuoka.〔福岡よ。〕
A: Oh, Fukuoka. I see.

（Closing）

"Pardon?""Sorry?""Say it again, please." などと聞き返すこともあるが、これ
らの表現は、どの部分が聞き取れなかったのか相手には伝わらない。したがって、
相手は発話全体をもう一度繰り返さなければならない。"I went to Fukuoka." に
対しては、"Who?" あるいは "Who went to Fukuoka?" や、"You did what?" など
と聞き返すこともあるだろう。
　日本人の場合、聞き返すのは失礼だと思ってか、多少聞き取れないことやはっ
きりしないことがあっても、ただうなずいてやり過ごすことが多い。しかし、
"What do you think?""How about you?" などと水を向けられると、たちどころに
かたまってしまう。外国語での会話の場合には、ためらわずに聞き返す勇気を
もつのもコミュニケーションを維持する上で重要だ。

3.4 ▶ 日英語会話での呼びかけ方の違い

Keywords

呼びかけ　日英の違い　冷淡な話し方　英語は日本語の4倍　機能と頻度の違い
共通点と相違点　挨拶　陳述　形式のルール

　プロローグで紹介した Kaoru と Arisa の対話を再度思い出して頂きたい。
あの対話にみられる次の5つの発話順番では、相手の名前を添えた発話構
成になっている。

　　1: Excuse me, Arisa.

　　2: Hi, Kaoru!

　　3: How about you, Kaoru?

　　4: Kaoru, your English is very good.

　　5: Thank you, Arisa.

英語の対話においては、発話の末尾（上記1、2、3、5の場合）や冒頭（4

の場合）で相手の名前（first name など）を添えて呼びかけること（vocatives）
は珍しいことではない（Carter & McCarthy, 2006）。バイバーら（Biber et
al, 1999）が述べているように、呼びかけが末尾にくる場合や 4 のように
冒頭にくる場合の他に、発話の途中にくる場合（"Shut the door, Junko, will
you?"）や名前が単独で使われる場合（"Tomio!"）もある。末尾にくる場合
が圧倒的に多く（70%）、あとのパターンは同程度（各 10%）であるという。
さらに、バイバーらは発話における呼びかけの機能を以下の 3 点にまとめ
ている。

1) 相手の注意を引く
2) 発話相手を特定する
3) 社会的関係を維持、強化する

　Arisa と Kaoru の対話でいえば、1 の発話は 1）の機能に、2 の発話は 3）
の機能に、3、4、5 の発話は 2）の機能にそれぞれ分類できるだろう。
　一方、日本語での会話ではどうだろうか。「やあ、武史君。久しぶりだね。」
というように、やはり日本語でも名前を呼びながら発話することがある。こ
のように、呼びかけは日英語に共通に見られる言語現象ではあるが、印象的
には英語の方が頻度は高いように思う。実際、日英語において違いはあるの
だろうか。
　水谷（1985）は、英語では相手の名前を発話に織り込むことによって尊
敬ないし親愛の情を表すと述べる一方で、日本語にはこのような使い方はな
いため、私たちが英語を話す場合に名前を呼ばないことが冷淡な話し方とい
う印象につながることがあると指摘している。しかし上で例示したように、
日本語にこのような名前を呼ぶ言い方がないわけではない。また水谷は、名
前がどのような場面で呼ばれ、どのような使い方があるのかについては全く
触れていない。そこで神谷（2000）はそのような課題に着目して、日英語
の会話における名前の呼び方の違いについての実証研究を行った。
　神谷が利用した資料は、日英語それぞれ 6 本の映画である。調査の結果、

呼びかけの例は英語の映画では 991 例が、日本語の映画では 240 例が見られた。英語での会話では、日本語の 4 倍以上多く使われていることがわかった。神谷はさらに、以下の 2 つの表（表 3.1 と表 3.2）に示すように、抽出した名前を呼ぶ表現がどのような文脈で使われているかを分類し、日英語における呼びかけ方の違いを比較した。

表 3.1　日英語における呼びかけ表現の分類と文脈（神谷, 2000）

分類	定　義
挨拶	・話し手が聞き手と接触を始めるための言語表現を伴った文脈 ・話し手が聞き手との接触を終えるための言語表現を伴った文脈 ・話し手が聞き手との接触を作るための言語表現を伴った文脈
依頼	・話し手の願望を聞き手に実現させるための言語表現を伴った文脈
質問	・話し手が必要とする情報を聞き手から得るための言語表現を伴った文脈 ・話し手の意図に対して聞き手との同意を求めるための言語表現を伴った文脈
謝罪	・話し手が関係した聞き手にとって不都合な事柄に対して許しを求めるための言語表現を伴った文脈
提案	・話し手が聞き手にとって都合のよいと判断する事柄を示すための言語表現
報告	・話し手が聞き手に事柄や出来事について説明するための言語表現を伴った文脈
感謝	・聞き手の行動が話し手にとって好都合であったことを喜ぶ言語表現を伴った文脈
陳述	・話し手が物事や聞き手の質問に対して意見を述べるための言語表現を伴った文脈

表 3.2　日英語における呼びかけ表現の例（神谷, 2000）

分類	英語の例	日本語の例
挨拶	Good morning, Tess.	吉岡さん、こんにちは。
依頼	Rusty, I want you to handle this case personally.	桜さん、遊びに来て。
質問	What's the story, Tess?	（一）ねえ、分かるでしょ寅さん。
謝罪	Come on, Tess. I'm sorry, I really am!	相原君、ごめんね。
提案	Tess, this is business. Let's bury the hatchet.	しんちゃん、お正月まで頑張ろう。
報告	Jack, there's something that I have to tell you.	吉岡さん、分かった。切れてたの 44 番。
感謝	Thank you, Katharine.	ありがとう、桜さん。
陳述	Jesus, Jonathan, that's crazy.	安永、ちょっと勝手すぎるんじゃねぇのか。

表 3.1 と表 3.2 をもとに、それぞれの使用頻度を分析した。表 3.3 はその結果である。多く使われる文脈を比較すると、英語では「陳述」（32.0%）が最も多く、次で「挨拶」（23.5%）である。一方、日本語では「質問」（24.6%）の文脈で使われるのが最も多く、次に多いのが英語と同様に「挨拶」（21.3%）である。英語の場合、「挨拶」と「陳述」を合わせると、55.5% と半数以上を占めている。一方、日本語の場合は「挨拶」「依頼」「質問」の 3 つの文脈に集中している（65.1%）。いずれも「挨拶」が上位を占めているのは興味深い。

表 3.3　日英語における呼名表現の頻度差（神谷, 2000）

分類	英語	日本語
挨拶	233（23.5%）	51（21.3%）
依頼	132（13.3%）	46（19.2%）
質問	144（14.5%）	59（24.6%）
謝罪	20（2.0%）	7（2.9%）
提案	19（1.9%）	17（2.9%）
報告	99（10.0%）	26（10.8%）
感謝	27（2.7%）	3（1.3%）
陳述	317（32.0%）	31（12.9%）
計	991（100%）	240（100%）

　このような相違点や共通点はあるが、注意しなければならないのは、英語と日本語での会話では、英語の場合の使用頻度は絶対数で 4 倍を超える点である。そういう絶対的頻度を考慮すれば、「陳述」文脈で使用される頻度の違いは重要である。英語は日本語の 10.2 倍（317 対 31）である。プロローグの Kaoru と Arisa の対話で言えば、"4: Kaoru, your English is very good." が「陳述」に分類できるだろうが、日本語の場合、目前の相手に対して「薫、君の英語上手ね。」と言わないこともないが、「君の英語上手ね。」あるいは「君の」さえも省略して「英語上手ね。」と言うことのほうがむしろ多いだろう。

　このように日英語には共通点はあるものの、日本語でのコミュニケーショ

ンスタイルに慣れている児童・生徒にとっては、相手の名前を呼ぶ絶対的頻度の高さと特定文脈での頻度の違いに戸惑うこともあるだろう。第1章1.4節で日本人のコミュニケーション力の課題について触れて、文法的な言語的能力だけではなく文法外のコミュニケーションルールも身につけるべきであると述べた。本節で取り上げたこのような呼びかけは、コミュニケーションを円滑に進めるための文法外のルールのうちの「形式のルール」の1つと考えられる。

「会話の組み立て」を意識したやり取り演習（15）

" 聞き返す
Asking back "

　日本語話者は、正確に聞き取れないことがあっても、聞き返すのは悪い、失礼かもしれない、などと考えて、頭を小さく縦にふって頷いてやり過ごすことがある。しかし、何の話をしているのかあいまいなままに話を進めていると、途中で話が続かない事態に陥ることもある。あいまいな点や正確に聞き取れないことがあれば、遠慮せずに聞き返すのは、悪いことでも、相手に迷惑をかけることでもない。もしろ、あいまいなまま話を続けることの方が問題になる場合があることに留意すべきだ。

(Opening)
A: Let's get started.
B: Okay.
A: What is your favorite food?
B: I like Yakitori.
A: You like what?〔え、何が好きだって？〕
B: Yakitori. I like Yakitori.〔焼き鳥よ。私は焼き鳥が好きなの。〕
A: Ah, 'Ya-ki-to-ri.' I see. I like it too.
(Closing)

第3章　英語会話の構成と展開　*107*

3.5 ▶ 間投詞 'Ah' と 'Oh' の語用論的機能

Keywords

> 間投詞'Ah'と'Oh'　語用論的機能　予期したこと(Expected news)
> 予期せぬこと(Unexpected news)　語用論的順接　語用論的逆接　心の機微

　日本語で言えば「ああ！」「あら！」など、感情を瞬間的に表現する間投詞と呼ばれる語が英語にもある。'Ah' と 'Oh' がその例だ。現在使用されている中学校の英語教科書には、それぞれ以下の使用例が載っている。

> "Ah, that's one of her hobbies." (*SSEC: Sunshine English Course 2*, 2016, p. 12)
> "Oh. I'm sorry." (*NCES: New Crown English Series 1*, 2016, p. 27)

そして、巻末の単語と熟語の意味等を記した附録資料には、いずれも「間投詞」として、次の記述が添えられている。

> 'Ah'　間　ああ（喜び・悲しみなどを表す発声）(*SSEC1*, p. 133)
> 'Oh'　間　おお！　まあ！　おや！　あら！；えーと。(*NCES1*, p. 156)

例として挙げられている日本語訳は多少異なるものの、'Ah' も 'Oh' も基本的には驚きや喜び、悲しみを表す発声である。
　では、これら2つの発声に異なる点はないのだろうか。先に挙げた 'Ah' が使われている文脈を見てみよう。

> A1: I saw your sister in the park this morning.
> B1: Oh, really? What was she doing?
> A2: She was playing tennis with her friends.

B2: <u>Ah</u>, that's one of her hobbies.

このやり取りにおける B2 の 'Ah' は、テニスは姉の趣味と知っているので、姉が友だちとテニスをしていることに特に驚きも違和感もなく、予期したこと（expected news）と解釈することができる。一方、B1 の 'Oh' はどうだろうか。この文脈からすれば、A が B の姉を公園で見かけたことは、B にとっては予期せぬこと（unexpected news）と解釈できる。

このように、'Ah' と 'Oh' は驚きなどを表現する間投詞でありながら、若干異なる意味を持ち談話の流れに色をつける機能がある。前者の 'Ah' は、「たった今受け取った（外的・内的）情報が話し手の頭の中でそれまで考えていたこととつながった、またその結果理解した、納得した、思い出した」（松尾・廣瀬・西川, 2015, p. 214）という話し手の心の動きを示している。一方、後者の 'Oh' は、「何か興味深い・重要なことがたった今話し手の頭の中に入った」（松尾・廣瀬・西川, 2015, p. 230）という話し手の心の動きで、「一般的な前提、予想、期待などと異なる新しい情報の結果」（内田, 1985, p. 9）生じる心の動きを表していると言える。レビンソン（Levinson、1983）もまた 'Oh' の談話機能について次のように述べている（p.129）。

"… [O]h as an utterance-initial particle is generally produced (at least in one distinctive usage) by one speaker just after another has announced some news. It is the conventional signal in English for indicating that news has been received and recognized, but in itself it has no propositional content that could be analysed truth-conditionally."（発話の最初にくる助詞としての Oh は一般的に（少なくとも 1 つの特徴的な使い方において）相手が何か新しいことを言った直後に話し手が発する。英語では、新情報を受け取り理解したということを知らせる慣習的な合図である。しかし、それ自身には真理条件的に分析されるような命題的な内容は含まれない。）

内田（1985）は、このように、これら2つの表現には語用論的機能の差異があることから、'Ah' を「語用論的順接」と、'Oh' を「語用論的逆接」と呼んで区別している。話し手の心の動きが予期していた方向に進んでいるのであれば「順行的語用標識（resultative pragmatic marker）」と、逆の内容であれば「逆行的語用標識（adversative pragmatic marker）」と呼ぶこともできる。

　いずれにしても、'Ah' と 'Oh' は談話構成の上で果たす役割は少なからず大きいと言える。したがって、もし 'Ah' を使用すべきところで 'Oh' を使ったとすれば、聞き手に異なった心の印象を与えることになる。たとえば、以下のやり取り（*SSEC3*, p. 54）で使われている 'Oh' が 'Ah' に置換えられた場合は、どのような話者の心の動きの変容が見えてくるだろうか。

A1: Who's that man?

B1: Which man do you mean?

A2: I mean the man reading a newspaper.

B2: Oh, he's my friend's father.

教科書の挿絵には、3人の男性が描かれている。仮にその3人をX氏、Y氏、Z氏として、携帯電話で話をしている男性をX氏、掲示板らしきものを見ている男性をY氏、そして椅子に座って新聞を呼んでいる男性をZ氏としよう。このやり取りからは、Aが知りたいのはZ氏であることがわかる。しかし、B2の 'Oh' という発声から、「新聞を呼んでいる男性」という意外な情報を与えられ、ZではなくXかYに視線を向けていたBの意外性を表している可能性や、BはAがZが誰かを知らないことに予期せぬ驚きを表している印象を受ける。

　一方、もしBがB2で、'Ah' と発したとしたらどうだろうか。この場合、Bが注目していたのはXでもYでもなく、新聞を読んでいるZであり、AとBの心にあった男性と一致したという印象が読み取れる。あるいは、AはXとYが誰かはわかっているが、Zのことは知らないだろうとBが思っていたとも読み取れる。

コミュニケーションというのは、単なる情報のやり取りではない。上の例で見たように、話し手と聞き手の間で繰り広げられる心の動きを読み取ったり、心の機微に触れたりする行為でもある。たかが 'Ah' と 'Oh'、されど 'Ah' と 'Oh' である。'Well' や 'Anyway' などと同様に、このような英語表現は、語用詞（pragmatic particle）、あるいは談話標識（discourse marker）、語用標識（pragmatic marker）と呼ばれている（第 3 章 3.3 節を参照）。英語のコミュニケーション能力を身につけさせることを目標としている英語教師は、これらの表現は単なる感情を表現する間投詞ではなく、発話者の意図や心のうちを読み解く言語的合図として重要な働きをすることを心に留めておく必要があるだろう（松尾・廣瀬・西川, 2015）。

「会話の組み立て」を意識したやり取り演習（16）

" 修復する
Repairing "

相手がコトバにつまり、コミュニケーションが停止してしまうことがある。以下は、何とか修復してコミュニケーションを継続しようとする場面だ。

(Opening)
A: What do you do in an emergency?
B: Huh… emercy?｛ん〜、emercy ？｝
A: Emergency. You know, a bad, very quick and dangerous situation.｛Emergency よ。えっと、良くないことが、突然起こる、危険な状況のことよ。｝
B: Oh, emergency! I see. Thank you.
(Closing)

この例は、他人による修復（other-repair）と呼ばれるが、以下の例のように、自分自身が自らの発言を修復する（self-repair）こともある（Levinson, 1983）。

例えば、

> A: I'm going to Tokyo next year. <u>I mean next week.</u>〔来年東京に行きます。いや、来週です。〕

の "I mean next week." がそれだ。

3.6 ▶ Yes-No 疑問文に対する応答のパターン

Keywords

> Yes-No 疑問文の応答　6 つの応答タイプ　英語母語話者の応答タイプ
>
> 直接的応答(Direct response)　間接的応答(Indirect response)
>
> 国内外の教科書における応答タイプ　Yes/No 以外の応答
>
> 誘導疑問文(Loaded question)

　コミュニケーション能力の習得には、対話の参加者相互のやり取りが重要な役割を果たす。中でも質問―応答のやり取りは言語学習を促進する効果的な言語活動の 1 つである。英語の疑問文は、'Who' 'What' 'Where' 'When' 'Why' 'How' の疑問詞（interrogative）で始まる「WH 疑問文」と Be 動詞や助動詞で始まる「Yes-No 疑問文」、そして 'Which' の疑問詞か、Be 動詞・助動詞で始まり、接続詞の 'or' で 2 つ以上の選択肢が後続する「選択疑問文（alternative question）」とに分類することができる。

　　○　WH 疑問文：
　　"Where does Goro come from?"

　　○　Yes-No 疑問文：
　　"Can you ride a bicycle?"

○　選択疑問文：

"Do you want a red or blue pen?"

"Which subject do you like better, English or math?"

なお、Yes-No 疑問文には、"John is studying Japanese very hard, isn't he?" などの付加疑問文（tag question）や "Don't you like ice-cream?" などの否定疑問文（negative question）、"You went to Fukuoka last Sunday, right?" "You want to go home already?" などのように、一見叙述文のように見えるが Yes/No 応答を誘導する誘導疑問文（loaded question）も含まれる。

リチャーズ（Richards, 1985）は、現代小説や演劇の書きコトバと、4 人の英語母語話者による普段の話しコトバ、そして広く使用されている 6 社の英語教科書に出現する Yes-No 疑問文に対する応答タイプを統語的特徴から分析した。その結果、例えば、"Are you British?" という Yes-No 疑問文に対して、以下のような応答タイプが確認された。

(A)　Yes/No. で答えるか、"Yes, please." "No, thank you." のように応答するタイプ

"Yes." "No."

(B)　Yes/No に動詞や助動詞を加えて応答するタイプ

"Yes, I am." "No, I'm not."

(C)　動詞や助動詞を加えず、まず Yes/No だけで応答して、さらに確認や支持、否定、肯定、コメントのための表現を加えて応答するタイプ

"Yes. From London."

(D)　Yes/No で答えないで動詞や助動詞を繰り返して応答するタイプ

"I am."

(E)　Yes/No と同義的な句や、Yes と No の中間に位置する慣習的プレハ
　　ブ表現で応答するタイプ
　　"Of course."

(F)　(D)(E)タイプと同じように Yes/No で答えないで、文脈から意味を推
　　測させる間接的な表現で応答するタイプ
　　"I was born in England."

ハリデーとハッサン（Halliday & Hasan, 1976）は、Yes/No を伴って応答す
る(A)から(C)タイプを直接的応答（direct response）と、Yes/No を伴わずに何
らかの含意、コメントあるいは補足的な内容を応答に込める(D)から(F)を間接
的応答（indirect response）と呼んだ。このリチャーズの調査で興味深い点は、
Yes-No 疑問文に対しては、Yes/No で直接的に応じる直接的応答の場合が意
外に少ないことだ。むしろ(E)と(F)タイプに分類される、Yes/No を使わずに
肯定、否定あるいはその中間の句・慣習的プレハブ表現で応答するタイプが
圧倒的に多くを占めている。書きコトバでは 60% が、話しコトバでは 50%
がこの 2 つのタイプの応答である。この 2 つのタイプに、"Yes. From Lon-
don." のように、動詞や助動詞を加えず、まず Yes/No だけで応答し、さらに
確認や支持、否定、肯定、コメントのための表現を加えて応答する(C)タイプ
を加えると、書きコトバでは約 80%、話しコトバでは実に 70% 超に及ぶこ
とがわかった。
　さらに、非常に意外なのは、"Yes, I am. / No, I'm not." のように、Yes/No
に動詞や助動詞を加えて応答する直接的応答の(B)タイプは、現代小説や演劇
では、わずか 3.8% にすぎず、話しコトバでも 11.2% でしかなかった。一方、
英語教科書の場合を見てみると、(C)タイプが、最も多い教科書では 100%、
少ない教科書でも 48% 超を占めていた。
　それでは、日本で使用されている中学校の英語教科書の実態はどうだろう
か。下の表および図は、英語母語話者の話しコトバと書きコトバに関するリ
チャーズ（Richards, 1985）の調査結果と、わが国で使用されていた 1990

年度版の 6 社の教科書（深沢, 1992）、1993 年度版の 7 社の教科書（村端・猪俣, 1995）、及び 2016 年度版の教科書 1 社（*New Horizon English Course 1*, 以下 *NHEC1*）における Yes-No 疑問文に対する応答のタイプを比較したものである（図 3.1 は表 3.4 をグラフ化したもの）。

表 3.4　自然な英語と英語教科書における Yes-No 疑問文の応答タイプ比較

（深沢（1992）と村端・猪俣（1995）及び著者による調査）

	(A)	(B)	(C)	(D)	(E)	(F)
英語母語話者 (Richards、1985)	12.2	6.3	19.9	5.6	19.4	36.6
1990 年度版 (6 社の 18 冊)	13.4	45.8	20.3	0.7	13.3	6.9
1993 年度版 (7 社の 21 冊)	20.4	35.9	12.8	0.0	15.8	11.5
2016 年度版 (A 社の 3 冊)	18.0	54.0	16.0	0.0	4.0	8.0

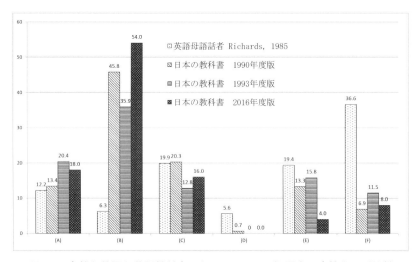

図 3.1　自然な英語と英語教科書における Yes-No 疑問文の応答タイプ比較

多少のばらつきはあるものの、日本の教科書で使われている Yes-No 疑問文

第 3 章　英語会話の構成と展開　*115*

に対する応答タイプの傾向は 1990 年から現在に至るまであまり大きな変
化は見られない。現在使用されている教科書は 1 社の 3 冊しか調査してい
ないので、偏りがあるかもしれないが、上の図から明らかなように "Yes, I
am." 式の（B）タイプが半数以上を占めている。一方英語母語話者の使用
頻度が比較的高い "Of course." などの慣習的プレハブ表現などが含まれる（E）
タイプは極端に少ない。

　もちろん、教科書というのは様々な制約のもと、様々な意図を持って人工
的に作られたものなので、英語母語話者の実際の言語使用とは異なる形で提
示されることは止むを得ない。しかし、少なくとも教科書を使用する教師側
には、実際の英語使用はどのように行われるのかに関する知識と経験は不可
欠だろう。児童・生徒の実態に応じて、時には意図的、計画的に実際の使用
実態に合わせた英語使用を経験させることも必要である。そんな場合に参考
になるのが、下表に示す表現例である。

表3.5　自然な英語におけるYes-No疑問文に対するYes-No以外の応答例(Richards, 1985)

(yes)				(no)
uh huh	mostly	maybe	not that I know	of course not
certainly	as usual	perhaps	not well	never
of course	rather	fairly	I don't think so	nothing
sure	I think so	sometimes	I don't believe so	not a bit
why not	I believe so	I don't know	not really	
terribly	I suppose so			
very	I expect so			
definitely				
plenty				
perfectly				

これらの表現は、（E）タイプとして高頻度で使用される句あるいは慣習的
プレハブ表現である。いずれも、（B）タイプに属する "Yes, I do." や "No,
I don't." よりも、聞き手の気持ちや態度、評価などを表現するのに適した表

現である。

　なお、先ほど触れた現在使用されている *NHEC1* に文脈から意味が推測で
きるような間接的な表現で応答する（F）タイプの興味深い例があるので紹
介する。光太少年が、毎週土曜日に指導してもらっているサッカーコーチの
パウロからパウロの家族写真を見せてもらっている場面である。

> Paulo: This is a picture of my home in Brazil.
> 　Kota: Who's this girl?
> Paulo: She's Maria, my daughter. She likes soccer.
> 　Kota: She's very cute. How old is she? Is she in junior high school?
> Paulo: Well, this picture is old. She's twenty-seven years old now.
> 　Kota: Really!

文脈から読み解けば、光太の "Is she in junior high school?" という質問に
（B）タイプで答えるとすれば、"No, she isn't." となる。パウロの "Well, this
picture is old." という応答は、質問に直接的に応答していないが、推論を働
かせて "She has grown up since then. So she is not in junior high school now."
という推意を導くことができる。リチャーズ（Richards, 1985）の調査結果
では、文脈から意味を推測する間接的な表現の（F）タイプの割合は 36.6%
である。このことからも明らかなように、実際のコミュニケーション場面に
おいては、このような推意を働かせて応答する割合は高い。英語教科書には
限界がある。英語教室内で展開する教師と児童・生徒、児童・生徒同士のや
り取りの中で、このような応答形式を即興的に使用できるように日々の言語
活動の内容に工夫を凝らしていきたいものである。

　なお、Yes-No 疑問文について興味深い現象を 1 つ付言しておきたい。発
話者は、‘Yes’ か ‘No’ か、という正反対の応答のどちらが対話者から返って
くるかわからないという、いわば不確定的な心の状態でいつも Yes-No 疑問
文を発しているわけではない。いずれか一方の応答を意図的に誘導して発
する場合もあることに注意したい。例えば、以下の例を見てみよう（Leech,

Cruickshank, & Ivanič（2001, p. 610）を一部改変）。

(a) Have you learned how to ski?
(b) Have you learned how to ski already?
(c) Have you learned how to ski yet?

(a)については、通常の Yes-No 疑問文で、Yes/No のいずれかの応答が返ってくるはずである。換言すれば、発話者は、肯定、否定のどちらの応答が相手から返ってくるかは期待しない、あるいは予期できない場合である。しかし、(b)については、相手のスキーの上達ぶりを見て「もう滑れるようになったんだね！」という意味を含む疑問文で、相手から "Yes, I have." などという肯定的な応答を誘導（期待）する場合の疑問文である。一方、(c)については、逆に、転んでばかりいる相手を見て「まだ滑れないのかい！」という意味を含む疑問文となり、相手から "No, I haven't." などという否定的な応答を誘導（期待）する疑問文である。このように、(b)(c)の疑問文は、外見（統語的形式の）上では Yes-No 疑問文ではあるが、Yes/No のいずれか一方の応答を想定して発せられるので、誘導疑問文（loaded question）として通常の Yes-No 疑問文と区別する研究者もいる（Leech, Cruickshank, & Ivanič, 2001）。

「会話の組み立て」を意識したやり取り演習（17）

" 確認をする
Confirming "

意見を求められて、意見表明はしたが、それが果たして的を射たものかどうか不安に思い確認したいときがある。そんなとき、発話の末尾に "Right?" とそえると、相手にそのことが伝わり、相手はそれに応じて何らかの反応をしてく

れる。

（Opening）
A: What do you think about it?
B: Well, she wants to change people through music, right? 〔彼女はヒトを音楽で変えたいと思っていると私は思うんだけど、そうだよね？〕
A: I think so, too. 〔私もそう思うわ。〕
B: Good.
（Closing）

3.7 コード・ミキシングとトランスランゲジングの役割

Keywords

コトバの切り替え　コード・ミキシング　コミュニケーション方略
コード・ミキシングが起こる状況　複数言語を知る人の言語行為
アイデンティティ　トランスランゲジング（超越語用行為）　スキル統合型活動

　ある5年生の外国語活動の提案授業を参観していたときである。"A: What color do you like? B: I like green." という英語対話を通して「友だちのことをもっと知ろう」というのが本時のねらいであった。T1 であるクラス担任教師は、'color' の部分にバリエーションをもたせて、児童の表現の幅を広げようとして小学校5年生に次のように問いかけた。

T1: 友だちのことで、color や animal など以外でたずねてみたいものはありますか？
S1: えっと、楽器！
T1: あ〜、楽器ね。N 先生に「楽器」って英語で何というか聞いてみようか。
Ss: How do you say 'gakki' in English? ［子ども達は、すでにこの表現を身に付けていた！すばらしい］

ALT: Musical instrument.

T1: ん？じゃあ、N先生の後についていってみようか。

ALT: Musical instrument.

Ss: Mu…ins….

T1: ちょっと難しいかな？じゃあ、もう一度。

ALT: M-u-s-i-c-a-l I-n-s-t-r-u-m-e-n-t.

Ss: M-u-s-i-cl I-n-s-t-u-m-e-n---

と、やり取りは続いた。どんな楽器が好きかを友だちに聞いてみたい内容ではあるが、それに対応する英語が難しい状況が起こったのだ。このように言いたいことはあるが英語表現が難しい場合は、どうしたらよいか。それは、無理をせず、つまり、子どもたちにとってなじみが無く、発音が難しい英語表現は避けて、例えば次のように言っても良いのではないか。

"What *gakki* do you like?"

英語の文に日本語の単語（楽器 'gakki'）を混ぜて（ミックスして）コトバを使用させ、あえてなじみのない難しい表現（musical instrument）を避けて対話させるのもコミュニケーションを円滑にする意味で1つの重要な手だてである。

　日本の英語教室のように、母語が共通であれば母語を活用しない手はない（Cook, 2008）。また、単語がわからないからといって何も言わなければコミュニケーションは止まってしまう。このようなコード・ミキシングは、何とかコミュニケーションを続けようとする態度を育成する意味でも、英語を習得させること、英語によるコミュニケーション能力の育成を図ること、これらの2つの意味でも重要である。ただし、日本文の使用を認めるのではなく、英語の文に単語レベルでの日本語使用を認める程度にとどめておくのが無難だろう。

　このようなコトバの切り替えはどのような場合に起こるのだろうか。クッ

ク（Cook, 2008）によれば、以下の 8 つの状況下でコトバの切り替えが起こるとされている。

1) 他の人の発話を報告する場合
2) コトバをはさむ場合
3) 特定の情報を際立たせる場合
4) 一方の言語に適した話題に切り替える場合
5) 話者の社会的な立場を変える場合
6) 話題を修正する場合
7) ある一人の人物に限定して話を向ける場合
8) 一方の言語の形式を知らない場合

このように、コード・ミキシングは様々な状況で起こる言語現象で、複数の言語を共有している集団では稀に起こる現象ではなく、普通の言語行為なのである。したがって、クック（Cook, 2008）は、それは決して悪いことと認識すべきでないとしている。

　コード・ミキシングの教育効果自体を問題にしたものではないが、第 2 言語の談話で果たす役割に注目した興味深い研究があるので紹介しておきたい。オゲイン（Ogane, 1997）は、初級レベルの英語ユーザで 45 歳〜 69 歳の日本人女性 5 名の参加者が、どのような場面でコード・ミキシングをするかを観察した。以下が実際に観察されたコード・ミキシングの例である。

Fumi: Matterhorn. But eh［え］I can I can get to the, I could ne［ね］, I could get to the uh eh［え］town …

T: I wore the earrings that I bought at the bazaar yesterday.
Maki: Maa! (Oh!)［まあ！］[laughs] Many earrings you bought.

Emi: Finish ga［が］October 14. (We finish on October 14.)

Maki: Anoo［あの〜］my lend was very long time. Thank you very much.
（I have borrowed this a very long time.）

Remi: How was your mother? Walk uh nani［何］she took for a walk, uh
took walk?

　これらの例をみると、何とか英語で円滑にコミュニケーションを図ろうとして時間を稼いだり、相手に助けを求めたり、話を続けようと努力したりしていることが窺える。オゲイン（Ogane, 1997）は、第2言語ユーザはコード・ミキシングを通して日本語母語話者としてのアイデンティティと第2言語ユーザとしてのアイデンティティを同時に示そうとしているのではないかと述べている。このようなケースは先ほどのクック（Cook, 2008）の使用状況の分類にはないので、9)「母語話者と第2言語ユーザのアイデンティティを同時に示そうとする場合」として、新たにリストに加えることもできるだろう。
　なお、用語について付言しておくと、オゲイン（Ogane, 1997）は、上記のような言語行為をコード・ミキシングではなく、コード・スイッチングと呼んでいる。特に注意書きがない場合、これら2つの専門用語は区別をせずに交互に使われることがあるが、著者は日本語あるいは英語の文中に他言語の語句が挿入される場合をコード・ミキシング（例えば、"What tere-bi-bangumi do you like?"「勉強すればするほどコンフューズ（confuse）するよね。」など）、文単位で別の言語で表現される場合をコード・スイッチング（例えば、"It's raining! Ashita wa harerukana［明日は晴れるかな］?）として区別している。そのため、上記の例ではすべて英語の文中に日本語の語句が挿入されているのでコード・ミキシングとした。
　また、近年、応用言語学やバイリンガル研究の領域において、コード・スイッチングやコード・ミキシングを超えた概念として、トランスランゲジング（translanguaging「超越語用行為」（著者訳））という用語が広く使われ始めた。ガルシア（García, 2009, p. 45）は、

[T]ranslanguagings are *multiple discursive practices* in which bilinguals engage in order to make sense of *their bilingual worlds.*（トランスランゲジングというのは、2言語話者が<u>2言語で生きる世界</u>で意味をなすために行う、<u>多様で広範囲にわたる語用行為</u>である。（強調は原著者））

と定義している。このトランスランゲジングという用語は、本節で紹介してきたコード・ミキシングあるいはコード・スイッチングという用語よりも、より積極的で、創造的、動的な意味で用いられている。すなわち、コード・ミキシングあるいはコード・スイッチングというのは、第2言語の発達が十分ではないために生じるコミュニケーション上の困難さを乗り越える場合に行う、どちらかと言えば消極的で「欠陥をカバーする」語用行為と見ることができる。一方、トランスランゲジング（超越語用行為）というのは、マルチコンピテントユーザ（複合言語ユーザ）が有する複合的言語知識・スキル（記号システム semiotic systems）や複合的認知（認知システム cognitive systems）というユニークで豊かな言語・認知リソース（第1章 1.5 節を参照）を、境界を超越してコミュニケーションを最大限効率的に行う行為という、より積極的で「成功に導く」語用行為を意味していると言える（Li Wei, 2016）。

　したがって、本節冒頭で紹介した "What 'gakki' do you like?" という表現が、日本語と英語の両言語の知識を境界線なく有効に活用してコミュニケーションを効率的に行う語用行為であるとすれば、「コード・ミキシング」というよりも、むしろ積極的な意味での「トランスランゲジング」とした方が良いだろう。その方が、コミュニケーションに対してより積極的な姿勢を示すことができ、たとえ文の一部は日本語の語句であっても、コミュニケーション目的で「コトバが使える人間」と自身を認め、それが子どもたちの自信へとつながる可能性があるからである。

　先日参観した小学5年生の英語活動では、担任教師は、極力英語で授業を進める努力をしていたが、"Today's 'meate［めあて］' is this." と発して今日

の学習目標を子どもたちと共に確認する場面があった。授業後、その教師は、思わず日本語を使ってしまったとしきりに反省していたが、まったく自然なやり取りであったこと、子どもたちとのコミュニケーション上は何の支障もなかったことを考えれば、両言語を効率的に使用したという意味では、トランスランゲジングの好例と言えるだろう。また、別の小学5年生の英語活動では、絵本の読み聞かせをする場面があった。担任教師のナレーションと絵本にすっかりひきつけられたある男子児童は、「月」が現われると思わず"It's 'otsuki-sama'!"と教師の説明を先取りして叫んだのである。その児童の活き活きとした表情を見ると、'moon'という英語がわからないので'otsuki-sama'を使って埋め合わせしたとは思えない。これも積極的で創造的な語用行為であり、トランスランゲジングと見て良いだろう。

「会話の組み立て」を意識した やり取り演習（18）

> 意見を求める
> Asking for opinions

New Horizon English Course 2（2011 検定版），Unit 4 に以下のやり取りがある。Sakura がアメリカでホームステイをはじめた翌朝の、ホストマザーである Mrs. Baker と Sakura のやり取りである。

Mrs. Baker: Sakura, did you sleep well?
Sakura: Yes, thank you.
Mrs. Baker: Well, make your bed and come downstairs.
Sakura: <u>Make my bed?</u>

Sakura の下線部の発話の解釈について、中学生の A（Tomomi）と B（Masato）が意見交換をしている場面だ。

（Opening）
A: OK, let's talk about it. Who goes first?
B: I do!
A: Tell me your opinion, Masato.
B: I think Sakura was surprised because she has never made a bed. What do you think, Tomomi?
A: Well, I like your opinion, but I think she didn't understand the true meaning of 'make your bed'. It means something like 'set your bed' or 'fix your bed'. Don't you think so?
B: That's a good point. I agree.
（Closing）

　中学校の英語授業では、教科書本文の発話や陳述の解釈についてペアやグループで議論する活動が増えてくる。読む活動を中心に、話す（やり取り・発表）・聞く活動も取り入れたスキル統合型の活動を行っていくためには、意見を求めたり（'Tell me your opinion, Masato.' 'What do you think, Tomomi?'）、意見を述べたり（'I think …'）、同意したり（'I like your opinion.' 'That's a good point.' 'I agree.'）する慣習的プレハブ表現をうまく使えることが肝要だ。

第4章

英語が使える児童・生徒を育てるために

4.1 前向きな英語表現を使ったコミュニケーション活動

Keywords

察し合い　達し合い　ほめコトバ(Compliments)　受け入れ
前向きな英語表現(Positive English)　ほめコトバの表現パターン　英語ユーザ

　日本語文化では、昔から「察し合い」「以心伝心」「言わぬが花」など、コトバを多く使わない態度が重要視され、全部を言わなくても気持ちは通じるとされている。聞く側は「一を聞いて十を知る」というコミュニケーションスタイルである。コトバであれこれ伝えるよりは、状況から相手の意向や意図を「察する」心が大事にされてきたのだ。したがって、ある事柄に対して誰かが意見を述べた場合でも、「なぜ？」などとは問い返さず、その意見の背景や理由を察しようとする。もし、問い返したとすれば、「いちいちそんなこと聞くなよ。わかるだろう、ぼくが言いたいこと！」などと呆れ顔で言い返されることもある。

　しかし、日本語文化の中では通じるそのようなコミュニケーションスタイルが異文化を背景とする人たちとの英語でのやり取りで通じるとは限らない。むしろ、思ったことをきちんとコトバで説明しなければ理解してもらえない場面が多い。著者は、このような文化を「達し合い」の文化と呼んでいる。いくら心で思っていてもコトバで伝達しなければ相手にはこちらの考えや意図が伝わらない文化もあるのである。

英語の世界では、良好な人間関係を構築するため、特に出会いの場面や相手に何か目立つものがあれば、遠慮なくほめコトバ（compliments）を発する（木村, 2007）。また、以下の対話例が示すように、ほめコトバをかけられると、それを素直に受け入れ相手に礼を述べたり、何らかのコメントを返したりする。

A: Hideo, your T-shirt is very nice.
B: Thank you, Mr. Sato. This is a gift from my mother.
A: Is it?
B: Yes. I like the design.
A: Yeah, it is very nice.

英語の 'compliments' というのは、単なる「お世辞」や「冷やかし」のコトバではなく、人間関係づくりには重要な役割を果たす言語表現である。相手のよい部分を心からほめたり、相手が何かうまくいかないことがあって落ち込んでいる時には励ましたり、慰めたり、相手が何かを頑張った場合には、成功や成果を賞賛したり、努力をねぎらったりすることで、より良好な関係を築くことができる。教室英語コミュニケーション能力（第 2 章 2.1 節および第 4 章 4.6 節を参照）の下位要素でいえば、良好な人間関係を築くための言語能力に相当する。

では、英語のほめコトバには、どのような形式的特徴が見られるのか。ほめコトバ約 700 を集めて分析してみると、興味深いパターンが観察された（Wolfson, 1984）。以下の 9 つのパターンが実に全体の 96.6% を占めていたのだ。頻度の高い順にあげると次のようになる。

1) 名詞＋ {is/looks} ＋（really）＋形容詞 （53.0%）
   （例："Your sweater is really nice."）

2) I ＋（really）＋ {like/love} ＋名詞 （16.1%）

（例：“I like your car.”）

3) 代名詞＋ is (really) ＋ (a) ＋形容詞＋名詞 （14.9%）
（例：“That's a good question.”）

4) You ＋動詞＋ (a) ＋ (really) ＋形容詞＋名詞 （3.3%）
（例：“You did a great job.”）

5) You ＋動詞＋名詞＋ (really) ＋副詞 （2.7%）
（例：“You sang that song really well.”）

6) You have ＋ (a) ＋ (really) ＋形容詞＋名詞 （2.4%）
（例：“You have a beautiful living room.”）

7) What ＋ (a) ＋形容詞＋名詞！ （1.6%）
（例：“What a pretty skirt!”）

8) 形容詞＋名詞！ （1.6%）
（例：“Nice shot!”）

9) Isn't ＋名詞＋形容詞！ （1.0%）
（例：“Isn't that ring pretty!”）

　1)と2)と3)の上位 3 つのパターンで 84.0% を占めていることがわかる。どれも比較的簡単な表現である。これらは第 2 章 2.3 節で取り上げた慣習的プレハブ表現（CRPs）の一種と見ることもできる。
　もちろん、以下のような一語や句で表現することも立派なほめコトバである（木村, 2007, pp. 118-119）。

Very good!　とてもいいですね！

Great! / Nice!　いいですね！

Terrific!　すごい！

Fantastic!　すばらしい！

Wonderful!　すばらしい！

Excellent!　とてもいい！

Super!　最高！

Fabulous!　すてき！

Magnificent!　すばらしい！

Marvelous!　すばらしい！

Awesome!　すごい！

Brilliant!　すばらしい！

　また、上の1)のパターン（名詞＋ {is/looks} ＋（really）＋形容詞）で相手の外見をほめる場合には様々な形容詞が使われるが、相手が男性か女性かによって、それほど厳密ではないものの使える形容詞に多少差があることに注意したい。表 4.1 は、外見をほめる形容詞の使い分けとして木村（2007）が示しているものである。

　興味深いのは、'cute' は日本でも英語圏でも主に若い人に対して使うが、英語圏では、それがほめコトバにならないこともあるという。また、'handsome' は、きりっとした顔立ちをしている様子を表す場合は女性にも使われることもあり、'lovely' については、性格がいいという意味で男性に使われることもあるが、容姿には使われないという。

　最後に、ほめコトバに関する、日本語文化と英語文化とのずれについて見てみよう。日本語でのコミュニケーションでは、次の対話例のように相手の誘いに対して断る場合、もちろん丁寧に断ることがない訳ではないが、特に親しい友だちからの誘いの場合はストレートに応じることは珍しいことではない。

表 4.1　外見をほめる形容詞の使い分け（木村（2007）, p. 136 の表にもとづく）

形容詞	男性に向けて	女性に向けて
attractive 魅力的な	○	○
beautiful 美しい、きれいな	×	○
charming すてきな	○	○
classy 洗練されている	○	○
cool かっこいい	○	○
cute かわいい	△	△
dandy かっこいい	○	×
dapper かっこいい、きまっている	○	○
elegant 優雅な	○	○
good-looking 容姿がいい	○	○
gorgeous きらびやかな	○	○
handsome ハンサムな	○	△
lovely すてきな	×	○
nice すてきな	○	○
pretty きれいな	×	○
sophisticated 洗練されている	○	○
splendid すてきな	○	○
stunning とてもすてきな	×	○
stylish かっこいい、きまっている	○	○

注：○は、使われている、×は、あまり使われていない、△は、限定された状況で使われていることを示す。

S1: 今度の日曜日に映画観にいかない？

S2: ごめん。日曜日は無理。

英語文化では、たとえ誘いを断るにしても、まずは誘ってくれたことに対する感謝を述べ、断る理由を明確に説明することが多い。このようなやり取りも、いわば良好な人間関係を築き維持するためには大切である。1つ例をあげてみよう。

S1: Would you like to go see a movie next Sunday?

S2: Well, thank you for asking me. I'm sorry, but I can't because we're visiting grandparents on Sunday.
S1: All right. Have a nice weekend.
S2: You too. Thank you.

学校英語が目指すのが、英語コミュニケーション能力を備えた英語ユーザの育成であり、その英語ユーザが実社会で活躍するためには、この節で触れたような英語文化特有のコミュニケーションスタイルを身につけねばなるまい。日本的な「察し合い」のコミュニケーションスタイルから脱却して、前向きで建設的な英語（positive English）による表現を基本にした「達し合い」文化に適合できる児童・生徒を育成したいものである。

「会話の組み立て」を意識した**やり取り演習（19）**

❝ 話題を提供する

Introducing a new topic ❞

何かうれしいことや相手にぜひ伝えたいことがある場合に、以下のように、相手の注意を引いて話題を提供することがある。

(Opening)
A: You know what?｛ねえ、ねえ。｝
B: What?｛何？｝
A: I got a new bike!
B: Oh, did you? How nice! Do you like it?
A: Of course. I love it.
(Closing)

"You know what?" と同様に、相手の注意を引いて話題を提供する表現には以

第4章 英語が使える児童・生徒を育てるために　*131*

> 下の例もある。
> "You don't believe this!"
> "Guess what?"
> "You know something?"
> "I tell you what."

4.2 あいさつ表現"How are you?"の応答として"I'm hungry."は適切か

Keywords

> あいさつ　"How are you?"　"I'm hungry."　児童・生徒の奇怪な反応
>
> 『Hi, friends!』　大学生の反応　語用上の誤り

　児童・生徒の使う英語で最近どうも気になってしかたがない表現がある。公開授業前の教室に入ると"Hello. How are you?"と近くの児童・生徒に声をかけることがよくあるが、"I'm tired."とか"I'm hungry."あるいは"I'm sleepy. And you?"などと返ってくるのが実に多いのだ。筆者とはほとんどの場合初対面の児童・生徒が、である。英語で応じてくれるのはうれしいが、どうも妙な感じがする。

　もちろん相手の体調や気分を気遣って、「調子はどうですか？」という文字通りの意味での"How are you?"に応じるのであれば"I'm tired.""I'm sleepy."などはまったく問題はない。しかし、あいさつとしての"Hello. How are you?"に対して、"I'm sleepy.""I'm hungry."などと応じるのは、適切な表現とは言いがたい。かつて文科省教科調査官を務めた新里（2008, p. 2）も、小学校教員が不自然な英語を教えているとして、以下のように注意を促している。

　　たとえば、"How are you?"という表現がある。これが普通の挨拶であれば、"Fine, thank you. And you?"で応答すべきだろう。これに"I'm sleepy."とか"I'm hungry."と答えさせるのは不自然である。一人ひとり

の子どもの体調を聞いている場面ではないからである。先生方の中には、子どもたちが自分の体調や気分によってそれぞれ違った表現を選択して応答することが自己表現の機会になると考えている方々が多くいる。しかし、挨拶は挨拶であって、それに対して "I'm tired." と返答されたら、普通は面食らってしまう。つまり、この答え方は挨拶としては不自然なのだ。

このように、"How are you?" という表現は、一般的に言えば、相手の健康状態に関心のあることを伝えるために使用されるのではないため、多くの場合、健康状態を詳しく説明してほしいとは考えていない（Applegate, 1975; Barraja-Rohan, 1997; LoCastro, 2003）。

そのため、このように唐突に "I'm sleepy." などと応じられると、最悪の場合、否定的な感情や含意を相手に与えてしまいかねない。こんな逸話もある。大学の英語の授業で英語母語話者の教師が "How are you?" と教室である学生に声をかけたところ、その学生は "I'm sleepy." と応じた。するとそのネイティブ教師はものすごい剣幕で "Get out!" と学生を叱ったそうだ。このような応答の仕方は、ある意味では「あなたとはあまり話をしたくはない」「何となくやる気がしない」などを暗示する表現として相手に悪印象を与えてしまいかねない。この場合は大学の授業での応答なので、その教師は学生の応答を「あなたの授業はあまり受けたくない」という意味に取ってしまったのかもしれない。

たかだかそんなあいさつくらいと思う人もいるかもしれない。しかし、このような語用の適切さに関わる問題は、上の大学生の場合のように、時として相手に不快な印象を与えてしまう危険性がある。日本語なまりの英語や多少文法ミスのある英語よりも、ことはより深刻であると著者は考える。もちろん、著者が言いたいのは、日本人は英語母語話者並みの、完璧で正しい英語を使えるようにならなければならない、ということではない（そもそも、そんな目標を立てても到底到達できるものではないが）。あいさつというのは、出会えたこと、再会できたことの喜びを相互に伝え合い、相互の存在を

認めて人間関係を築き、維持するために重要な役割を果たすものだ。そのため、特に出会ったときのあいさつでは相手に奇異な印象を与えてしまってはならない。

そもそも、あいさつコトバとしての "How are you?"（ごきげんいかがですか。）は、"How are you?" で応じる英語母語話者が少なくないことからもわかるように、見かけは疑問文の形をしているが、相手から何らかの答えを期待して発する問いではない（Richards, 1980）。病院に電話をして診察の予約をする際に、病院関係者の "How are you today?" という文字通りのまじめな質問に対しても "Fine." などと無意識的に応答することもあるくらいだ（Applegate, 1975）

日本語のあいさつにしてもそうである。「おでかけですか？」とあいさつしながらも、実際に相手がどこに行くのか詳しく知りたいわけではない。返答は「はい、ちょっとそこまで」「はい、いろいろ用事があって」と答えれば十分だ。大切なのはコトバを交すことであり、どこに行くのかを問題にしているわけではないのである。

小学校英語の成果を探るため、中学校入学時の中学 1 年生 279 名に英語コミュニケーション能力を測るテストを実施し、その結果を報告した論文（高橋・柳, 2015）がある。そのテストには、ALT が録音した 7 つの質問に英語かカタカナで書いて答える問題が含まれている。質問の 1 つに "Hello. How are you?" がある。採点者は、

1) コミュニケーションを図る内容について、英語でほぼ書けている（5 点）
2) コミュニケーションを図る内容について、英語とカタカナで書けている（4 点）
3) コミュニケーションを図る内容について、カタカナで書けている（3 点）
4) カタカナで、答えている（2 点）
5) 無回答。誤答。（1 点）

6) 答え方の方法が違っている（0点）

という基準で評価している。全体の平均点は3.23点であったが、ここで特筆すべきことは、その平均点ではなく論文中に取り上げられている生徒の実際の回答例（解答用紙の画像）だ。1つは "I'm hungry." で、もう1つが「アイム　タイアァド。エンド　ユー」（"I'm tired. And you?"）である。これら2つの回答に対して採点者は満点の「5点」とカタカナで書いた場合の「4点」をそれぞれ与えている。つまり採点者は、これらいずれの応答も "Hello. How are you?" に対する応答としては適切なものと判断しているのである。

そもそもなぜ児童・生徒はこのような応答をするのだろうか。また、この採点者に見るように、なぜこのような応答を妥当なものとしてしまうのか。その原因を探ってみた。その結果わかったことは、文部科学省が全国の小学校に配布した資料とその扱い方に原因があるように思えてならない。その資料というのが『英語ノート』とその後継資料の『Hi, friends!』である。そこでは、あいさつコトバとしての "How are you?" と体調や様子をたずねる "How are you?" を混同しかねない構成となっている。例えば、『Hi, friends! 1』のLesson 2 I'm happy. の冒頭には、「だれがそんな様子か、線で結ぼう」という聞き取りのタスクがある。Sakura、Ai、Taku、Hikaru の4人のイラスト（全員笑顔）があり、その下に様々な表情（hungry、happy、sleepy、great、tired、sad）をしたマンガ風のイラストが6つ用意されている。英語音を聞いて、だれがどんな様子か線で結ぶタスクである。

次の課題は「Let's sing 'Hello Song'」である。この歌の歌詞では、"Hello, how are you?" "I'm good." "I'm good, thank you." "And you?" とあり、英語でのあいさつの一般的なやりとりが含まれている。

しかし、次ページの学習課題では、「ジェスチャーをつけてあいさつしよう。友だちはどんな様子か、友だちの名前を書こう。」という活動が用意されており、友だち同士で "How are you?" "I'm hungry." のようなやり取りを想定したタスクになっている。このような流れで活動を続ければ、あいさつと体調をたずねる表現を区別できずに、"How are you?" とコトバを向けられると、

"I'm sleepy." と応じる児童・生徒がいても不思議ではない。この資料を実際に使用して小学校英語を実践している現場の教師に聞いてみたが、予想通り、あまり使用場面を意識せずに "How are you?" を指導、また教師自身も使用しているということであった。

そこで著者は、児童・生徒たちの奇怪な応答の原因の 1 つがこの『英語ノート』『Hi, friends!』にある可能性を確認するため、それらの資料を使用したことのない世代の大学 1 年生 38 名に対して "Hello. How are you?" にどう応じるかをアンケート調査を実施した。その結果、"I'm sleepy." "I'm tired." と応じた学生も確かにそれぞれ 1 名いたが、約 9 割（89.5%）の学生は "I'm fine. Thank you. And you?" "I'm good. And you?" などと一般的な回答を選んだのだ。"I'm fine. Thank you. And you?" という応答が現在どの程度実際の英語で使用されているかは定かではないが、それらは少なくとも肯定的な応答である。したがって、相手に対して社会的にネガティブな不快感を与えることはないだろう。

この調査結果（数字）から言えることは、『英語ノート』『Hi, friends!』以前の世代の日本人の英語でのあいさつには大きな問題は見られず、奇妙な英語が広まっている要因の 1 つは『英語ノート』『Hi, friends!』である可能性は極めて高いと言わざるを得ない。もちろん、この因果関係の結論を出す前に、これらの資料を使用した世代についても本格的に調査をしてみる必要はあるものの、子どもたちが直に触れる資料でのあいさつ表現の扱い方については早急に再検討すべきである。

誤解のないよう付言しておくと、英語母語話者の語用スタイルあるいは語用のルールが正しく、私たちの日本文化特有の控えめな言動に代表される語用が問題だと言っているのではない。また、英語を学習している以上、日本文化特有の表現方式を捨てて英語母語話者のようにならなければならないなどと言っているのでもない。大切なのは、まず、教師も児童・生徒も文化によって語用の仕方に違いがあることを認識した上で、目標言語文化の標準的な語用ルールを 1 つの選択肢として身につける努力をすることである。語用ルールの違いを知らずに、無意図的ながらも相手に不愉快な思いをさせたり、戸

惑いを与えたりするような語用の「誤用」を冒すことは避けたい。その背景にあるのは、文法上の誤りを冒した場合、それは第2言語ユーザとしての言語能力の不十分さを示しているだけだが、語用の誤りを冒した場合、それは人間としてのあり方を不正確に反映してしまうことである（Thomas, 1983）。つまり、語用レベルの誤りは、コミュニケーション上、相手に大きな誤解を与えてしまう危険性があるのである。

　これまでのわが国の英語教育では、英語の形式的指導に重点をおき、機能的な意味や社会的な意味にあまり注意を払ってこなかったように思う。本節で検討してきたように、英語を使用する際には、"How are you?" を「ごきげんいかがですか。」のように単に辞書的な意味で言語表現を解釈してもコミュニケーションが成立しない場合が少なからずあるのだ。言語形式を習得するというのは、辞書の項目や表現を単に記憶することではなく、その形式を相手に応じて、適切な場面で、適切な表現を使用できることでなくてはならない。これからの英語教育では、この語用的側面をもっと重視していく必要があるだろう。

　そのためには、児童・生徒には、ただ単に話す機会を与えるだけでなく、会話というものはどのように展開するのか、参加者は会話でのコトバのやり取りをどのようにうまくやり遂げるのか、についても学ぶ機会を用意しなければならない（Barraja-Rohan, 1997, 2011）。

「会話の組み立て」を意識したやり取り演習（20）

　　　　　　　66 助言（援助）を求める
　　　　　　　　　Asking for help 99

ペアで当てっこクイズ（推理ゲーム）をしている場面である。

第4章　英語が使える児童・生徒を育てるために　*137*

〈Opening〉
A: OK. Let's play a guessing game.
B: All right. Let's begin. It's a vegetable.
A: Hum … Can you give me another hint? 〔もう１つヒントをもらえないです
　　か。〕
B: Uh-huh. The color is red. 〔その色は赤です。〕
A: Let me see. It's 'tomato', isn't it?
B: Bingo!
〈Closing〉

4.3 ▶ 信号コミュニケーション・モデルの限界

Keywords

信号モデル　信号化と解読　推論モデル　推論(Inference)　協調の原理

認知モデル　認知言語学　視点　焦点　枠組み　比喩

　英語教育の目的の１つは、児童・生徒に英語によるコミュニケーション
能力を身につけさせることである。しかしながら、そもそもコミュニケーショ
ンとは一体何なのだろうか。なぜ、人は相手のコトバを理解できるのか。コ
ミュニケーションというのは、どのようなメカニズムとプロセスで行われる
のか。コミュニケーションを中心に据えた英語教育を展開していくためには、
今一度コミュニケーションとは何かの原点に立ち返って考えてみる必要があ
りそうだ。本節では、人の営みとしてのコミュニケーションの３つのモデ
ルを振り返ってみたいと思う。

　まず最初のモデルは、シャノンとウィーバー（Shannon & Weaver, 1949）
を代表とする「信号コミュニケーション・モデル（Code-Communication
Model）」と呼ばれるモデルである。このモデルを図に示すと、下図のよう
になる。まず、メッセージの送り手が、相手に伝えたい事柄を信号化（encode）
し、それが相手の耳に達すれば、相手はそれを解読（decode）するというメ

カニズムである。この場合、送り手と受け手のプロセスは対称的で、同じ条件、文脈で信号化、信号解読が行われる。このモデルの限界は、送り手とまったく同じ情報が受け手に伝わることを前提としていることである。非常にわかりやすいモデルながら、われわれが生活する社会や文脈を考えた場合、その前提には無理があるのである。例えば、送り手が"I'm hungry."と言ったとしよう。

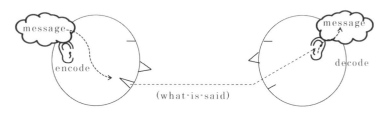

図 4.1　信号コミュニケーション・モデル（Code-Communication Model）

このモデルにしたがってコミュニケーションを考えると、受け手には、送り手が空腹である事実は伝わるが、状況によって異なる解釈はけっして伝わらない。もしかすると、「もう話を打ち切って食事に行きたい」と伝えたいのかもしれない。食事に誘っているのかもしれないし、一緒に勉強することを断っているのかもしれない。しかし、一体何を言いたいのか、このコミュニケーション・モデルのように発信された信号をただ解読するだけではわからない。したがって、送り手と受け手が、空腹かどうかに関する情報だけを問題にしていたとすればコミュニケーションは成立する。しかし、それ以上のことは伝わらない。

では、次の母親と女の子のやり取りを考えてみよう。

　　Mother: Where have you been?
　　Daughter: It's very cold outside.

母親の「どこに行っていたの？」との問いかけに対し、女の子の発話は「外

はとても寒い。」という事実を述べているだけである。それを母親が文字通りの意味で解読したとしても、このやり取りの一貫性は保たれない。このようなコミュニケーションは日常生活ではめずらしいことではない。

そこで、哲学者のグライス（Grice, 1989［1967］）は、コミュニケーションにおいては、受け手の推論（inference）がメッセージの理解に重要な働きをし、その推論が人のコミュニケーション活動の鍵であると主張した。特に「言われたこと（what-is-said）」を出発点として、「言われていないこと（what-is-not-said）」「含意されていること（what-is-implicated）」を導くメカニズムを協調の原理（Co-operative Principles）で説明しようとした（詳しくは次節を参照）。下図は、そのメカニズムを示したもので、推論コミュニケーション・モデルと名付けよう。

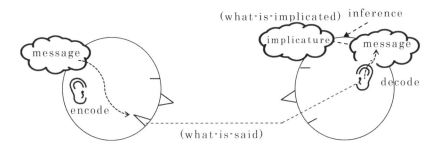

図 4.2　推論コミュニケーション・モデル（Inference-Communication Model）

先ほどの、母親と女の子のやり取りでは女の子はどこに行っていたのかという母親が求めている情報を十分に応えていないばかりか、質問に無関係な屋外の状況について述べている。ここで推論を働かせ、普段の女の子の態度から母親は「ははあ、どこに行っていたのか言いたくないのね。ということは、またあそこに行っていたのね。あそこは危ないので行っちゃだめよと何度も言っているのに、この子ったら。」などと女の子の心内を読み取ろうとするかもしれない。あるいは、家族で出かけようとしている状況でのやり取りであれば、「あら、外はどうか確認してくれたのね。ありがとう！」と母親は

了解するかもしれない。

　しかし、単なる「推論」だけでは信号の意味が伝わらないこともある。人間のコミュニケーション場面におけるコトバの意味理解は、複雑な認知活動の反映として考えられるようになってきている。つまりコトバの意味は静的なものではなく、人の認知活動による事態把握や語用論的な側面に依存するという考え方である。コトバの問題を言語だけの問題として狭く閉じ込めないで、事柄に対する人間の捉え方や態度と結びつけて考えていこうとするものだ（西村・矢野, 2013）。認知言語学と呼ばれる研究領域の基盤を成す考え方で、この考え方にもとづいて作成した第3のモデルを見て頂きたい。これを著者は認知コミュニケーション・モデルと名付けた。人の認知と言語表現の間には密接な関係があり、コトバの理解には視点（perspective）、焦点（highlighting）、枠組み（framing）、比喩（metaphor）などの、人間がもつ一般的認知能力が複雑に関わって、意味の解釈（construal）が導き出される。したがって、受け取ったメッセージの信号と「解釈される内容（what-is-construed）」は異なることもある。送り手と受け手の処理プロセスは必ずしも対称的ではないとする点では第2のモデルと共通する。

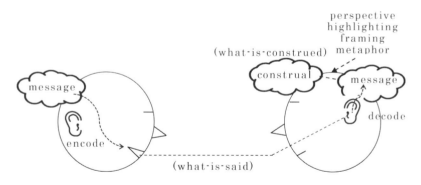

図 4.3　認知コミュニケーション・モデル（Cognition-Communication Model）

　例えば、以下の2つの英文 1a, 1b の意味を検討してみよう（Lee, 2001）。主語が異なり、使用されている動詞も異なっているが、表現される事態は同

第4章　英語が使える児童・生徒を育てるために　*141*

じである。いわば、同じ事態について 'John' の視点から述べたものか、'Mary' の視点から述べたものかの違いだ。能動態の文（"Nanako hit Goro."）を受動態の文（"Goro was hit by Nanako."）に変換したようなものである。

　　1a: John bought the car from Mary.
　　1b: Mary sold the car to John.

では、この 2 つの英文に 'for a good price' という句が付いた次の 2a, 2b の意味はどうか。

　　2a: John bought the car from Mary for a good price.
　　2b: Mary sold the car to John for a good price.

私たちの一般的な知識を働かせれば、2a の場合は「思ったより安い値段で買えた」という意味に、2b は、「思ったより高い値段で売れた」という反対の意味に解釈できる。「良い値段」というコトバは、どこに視点（perspective）が置かれているかによって意味が異なってくるのである。
　また別の側面における意味の理解に関して、以下のように代名詞の解釈を見て頂きたい。次節でも触れるが、上の例文のように込み入った英文でなくても代名詞の指示内容の解釈の際も人の認知が深く関わることがある。例えば、次の英文を検討してみよう。

　　Peel six potatoes. Then slice them[1] and put them[2] in cold salted water.

英文中の them[1]、them[2] が具体的に指すものは何だろうか。Them[1] が指すものは、単に先行する 'six potatoes' と解釈しては必ずしも正確ではない。つまり、ここで 'slice' するジャガイモは、もとのジャガイモとは状態が異なることに注意する必要があるのだ。すなわち、them[1] はすでに皮が剥かれた（peeled）ジャガイモなのである。同様に、them[2] は皮が剥かれ（peeled）、かつスライ

スされた（sliced）ジャガイモを指している。この例のように、代名詞というのは名詞というコトバを指すのではなく、それが指示する具体的な事柄や人、事態などを指すことを忘れてはならない（Thornbury, 2005）。

さらに、コトバの意味を理解するには、社会的な要因が作用する場合もある。例えば、以下の話を見てみよう（Hofmann & Kageyama（1986, p. 11）を一部改変）。

One day, John went shopping with his[1] mother. On the way their[2] car was hit by a truck and his[3] mother was killed on the spot. He[4] was seriously injured and taken to the hospital in an ambulance. One of the nurses[5] in the emergency room was startled and cried, "Oh, my God, this is my son[6]!"

（ある日、ジョンはお母さんと買い物に出かけた。途中で二人が乗った車はトラックにぶつけられ、母親はその場で死亡した。彼は大けがをおって救急車で病院に運ばれた。救急医療室にいた看護師の一人は驚いて叫んだ。「なんてこと！うちの子だ！」

先ほどのジャガイモのところで検討したように、まずは、代名詞あるいは指示に関連する語句を検討してみよう。His[1] は、お母さんと買い物に出かけた John を指している。では、their car[2] はどうか。Their は、この話の登場人物である John と彼の母親を指していることはわかるが、注意したいのは、their car を 'John and his mother's car' と解釈することである。何かぎこちなく感じる。Their car を言い換えるとすれば、'the car John and his mother rides in' くらいになるだろう。次の his[3] と He[4] はともに John を指しているが、これは問題ないだろう。では、the nurses[5] はどうだろうか。Nurse という語は初出であるにもかかわらず定冠詞の the が付いている。この定冠詞は、the hospital という先行語と語彙的に結束した語であることを示している。病院には看護師はつきものだからである。

さて、問題は最後の my son[6] である。どう解釈したらよいだろうか。実は、この話のポイントはこの表現にある。事故で母親は現場で亡くなっている。

とすれば、"Oh, my God, this is my son!" と叫んだ看護師と John の関係はどうなるのか。死亡したはずの母親が病院で働いているはずがない。以前の日本のように看護師が「看護婦」と呼ばれていた時代には、看護師は女性であった。そのような社会では、「うちの子」と叫ぶ看護師は母親にちがいないと思って読んでしまうだろう。

　種明かしをすれば、その看護師は John の母親ではなく父親なのだ。父親であればストーリーに矛盾はない。キャビンアテンダントは女性であるとか、タクシーの運転手は男性であるとか、特定の職業といずれかの性別とが不可分な社会においては、このように「なーんだ」という意外なオチが成立する。このように、コトバの解釈には、社会文化的な要因が影を落とすこともあるのである。

「会話の組み立て」を意識した**やり取り演習（21）**

" 　　理解状況を伝える

　　Expressing understandings "

　コミュニケーション場面において大切なことの１つは、お互いに相手の発言をどの程度理解しているかを把握することだ。そういう意味では、あいまいな部分があれば、どこが理解できなかったか、どこが聞き取れなかったか、を相手に伝えることが重要である。

（Opening）
B: I'm going to show you two examples.
A: What did you say? You spoke too fast. I couldn't catch the last part.｛最後の部分が聞き取れなかったのですが。｝
B: 'Two examples.'
A: 'Two samples'?
B: No, 'T-w-o e-x-a-m-p-l-e-s.'

A: Ah, 'two examples.'
B: That's right.
A: I got it. Thank you.
B: My pleasure.
（Closing）

情報構造から言えば、「末尾重点の原理 'end-weight principle'」といって、句や文の末尾に情報価値のある新情報がくることが多い（Thornbury, 2005）。この例のように、最後の部分がもし聞き取れず、その理解状況を相手に伝えなかったとしたならば、コミュニケーションの継続に大きな問題が生じかねない。

4.4 話し手（書き手）の意味・意図の解釈力

Keywords

話し手の意味・意図　解釈力　結束性(Cohesion)　整合性(Coherence)　指示
代名詞　指示語　前方照応　後方照応　外部照応　文字通りの意味　語用標識
協調の原理(Co-operative Principles)　推意(Implicature)

　コミュニケーションにおいては、話し手（書き手）の発話（文章）が「誘い」なのか、単なる「情報提供」なのか、「断り」なのか、「受諾」なのかなど、相手の意味や意図を的確にとらえないと対話をうまく進めることはできない。

　コトバの理解には、結束性（cohesion）と整合性（coherence）という語用論の研究対象である言語現象が深くかかわっている。前者の結束性というのは、まとまりのある談話（発話や文章）における語や表現のつながり、指示関係のことで、後者の整合性というのは、談話における意味的つながりのことである。

　まず、英語の結束性について見てみよう。ハリデーとハッサン（Halliday & Hasan, 1976）によれば、英語の結束性を担う言語的手段には以下の5種があるという。

1) 指示（reference）
2) 代用（substitution）
3) 省略（ellipsis）
4) 接続語（conjunction）
5) 語彙の連関（lexical chain）

1) の指示には、代名詞（pronoun）や指示語（demonstrative）などが含まれる。いずれも、"Masato loves chocolate. But he doesn't like ice cream." の Masato ← he の関係のように、具体的に指示する語句（先行詞）が前方にある場合と "When she came home, Mary found a letter on the table." の she → Mary の関係のように、指すものが後方にある場合、そして 'Look at that.' の that →∅の関係のように、前方にも後方にも文脈上に具体的に指す語句はなくて文脈外に具体的に指すモノ（人）がある場合、の3つが考えられる。それぞれ専門用語では前方照応（anaphora）、後方照応（cataphora）、外部照応（exophora）と呼ばれる。

2) の代用の例としては、"This T-shirt is too small. I want a bigger one." の 'one' がそれである。3) の省略は、"Seiya loves apples; Tomoe pears." のように、2つ目の文で繰り返しとなる 'loves' の省略がそれである。4) の接続語については、'and, but, or, so' などが使われる。最後の5) の語彙の連関については、'child → boy' のように言い換えたり、'hospital → nurse, doctor, emergency room' など、談話の中で関連する語句同士が様々な点でつながってもいたりする。

さて、指示に分類されている代名詞の指示する具体物、人物について注意すべき点がある。以下の英文に登場する She, Her という代名詞に注目していただきたい。

A child was born on August 26, 1910, in Macedonia. She[1] was named Agnes.

In 1929, she[2] went to India. She[3] taught geography and history at St.

Mary's High School in Kolkata.

In 1931, she[4] made up her[5] mind to become a nun and took the name Teresa. Her[6] life began to change when she[7] was thirty-six years old. She[8] decided to help the poor by living among them.

（1910 年 8 月 26 日、マケドニアである子供が生まれました。彼女[1] はアグネスと名付けられました。

1929 年に彼女[2] はインドに行きました。彼女[3] はコルカタの聖マリア高校で地理と歴史を教えました。

1931 年に、彼女[4] は修道女になる決心をし、テレサという名前を授かりました。彼女[7] が 36 歳の時、彼女[6] の人生は変わり始めました。彼女[8] は貧しい人たちと共に暮らして彼らを助けることにしたのです。）

Sunshine English Course 3, 2015, Program 9-1 を一部改変

「彼女は」「彼女の」と日本語で置き換えることは可能だが、それでは一人の女性が成長する様子は見えてこない。まず、She[1] は 'The child' と解釈できるが、she[2] と She[3] はどうだろうか。18、19 歳になった Agnes を 'The child' と解釈するのは不自然である。また、'She[3] taught …' となっているので、教師をしていることがわかる。そして、そのことは 'she[4]' 'her[5]' を 'the teacher' 'the teacher's' と解釈するのを可能にするのだ。さらに、'Her[6]' にいたっては、修道女になり改名した 'Teresa' を指すのだ。このように、たかが代名詞であっても、話の展開によってこのように指す内容に変容が伴う。同様のことは前節の six potatoes の話でも述べたので思い出して頂きたい。

また、次のような例もある（上田, 1995, pp. 73-74）。

Wash and core six cooking apples. Put them into a fireproof dish. （リンゴ 6 個を洗って芯を取って下さい。それらを耐熱皿に入れて下さい。）

この発話中の them が指すものについて考えてみよう。おそらく、「それら」とは先行文の 'six cooking apples' を指す、という答えが返ってきそうだ。

果たしてそうだろうか。耐火性の皿にのせるリンゴは、最初に出てきたリンゴとは姿が変わっているはずである。洗って芯が抜き取られたもので、英語で表現するとすれば 'the washed and cored cooking apples' なのだ。このように、意味を理解したり、指示しているモノ、指示関係を特定したりするには聞き手や読み手の深い解釈が求められる。

　次に整合性について見てみよう。コトバによるコミュニケーションでは文字通りの意味の解釈では、意味を理解したことにならない場面が多くある。発話されたこと、書かれたことを手がかりに、談話の流れに関連づけて、発話されていないことや書かれていないことを推論により導かなければならない意味もある。例えば次のやり取りを見てみよう。

A: I made *butajiru* or *tonjiru* for the students from Australia.
B: Oh, did you? How did they like it?
A: Well, they liked it very much. But I made a big mistake.
B: What do you mean by that?

Aの2つ目の発話の意味は何だろうか。Bにしてみれば、オーストラリアからの留学生がAの作った豚汁を気に入って食べたといっているのに、なぜ、下線の "But I made a big mistake." なのかと疑問に思うところである。どうにもその真意を図りかねて、"What do you mean by that?" と止むなく聞き返すことになった場面だ。実は、Aは留学生に豚汁の食べ方を教えていなかったのである。そのため、器に口をつけてスープを飲む習慣のない留学生たちは、豚汁の具だけを食べて汁はまったく飲まなかったのである。

　さて、もう1つの例を見てみよう（Sperber & Wilson, 1995 ［1986］, p. 86）。

A: Would you like some coffee?（コーヒーはいかがですか？）
B: Coffee would keep me awake.（コーヒーを飲むと目が冴えるんだ。）

Bの発話は、2つの意味に解釈することができる。まず、「コーヒーを飲むと目が冴えて眠れなくなる」という前提があれば、「結構です」という否定の意味に解釈できる。一方、「コーヒーは眠気覚ましになる」という前提があればどうか。この場合は、「頂きます」という申し出を受け入れる意味に解釈できる。いずれにしても、2人が共有している個人情報やそのときの状況によってAはBの発話の意味、意図を解釈することになる。

なお、次の例文にあるように、3.3節と3.5節で紹介した語用標識 (pragmatic markers) があれば大方の意味は推測できる場合もある。意味の解釈における語用標識が果たす役割は軽視できない。

> B: Well, coffee would keep me awake.（う〜ん、コーヒーを飲むと目が冴えて眠れなくなるから結構です）（断り）
>
> B: Ah, coffee would keep me awake.（ああ、コーヒーを飲むと目が冴えて眠気覚ましになるので頂きます）（応諾）

それでもなお意味が不確実の場合には、話し手の意図を再度確認することになるだろう。

英語教室で次のようなやり取りがあったとしよう。任意のペアで課題を解決していくタスクが与えられた。美里は、S2 の淳の下線の意味をどう解釈し、どのような発話をするだろうか。

> S1: Hi, Jun. Can I work with you?
>
> S2: Hi, Misato. You always speak English very fast.

2人が普段から普通の人間関係であれば、

> S1: All right. I'll try to slow down.
>
> S2: Thank you. Now, let's get started.
>
> S1: Yes, let's. What topic shall we choose?

などと続くだろう。しかし、もし仮に美里の英語のレベルについていくのは無理かもしれないと淳が考えていれば、淳の意図は、「悪いけど別の人をさがしてくれないだろうか」という解釈も可能だろう。

　意味というのは、いくつかの層を形成している。最下位層には文字通りの意味、あるいは辞書的意味である。「文の意味 (sentence-meaning)」(Levinson, 1983, p. 17) と言われることもある。実際のコミュニケーション場面では、本節で見てきた対話例のように、文字通りの意味を超えたレベルの意味が存在する。聞き手に何らかの行動を促す機能をもつこともあるので、この層の意味は、コトバの機能的な意味と呼ばれる。「話し手の意味 (speaker-meaning)」(同上) と呼ばれることもある。

　哲学者のグライス (Grice, 1989 [1967]) は、私たちのコトバによるコミュニケーションでは、コトバで実際に表現されたこと (what-is-said) を出発点として、実際には表現されていないこと (what-is-not-said) の意味、すなわち話者の意味や意図を推論して捉えている場面が多々あることに着目した。そしてそのメカニズムを次の4つの公理からなる「協調の原理 (Co-operative Principles)」で説明しようと試みた。

1)　量の公理 (Maxim of Quantity)
　　話者の提供する情報は必要以上でも必要以下でもないと聴者は期待する。
2)　質の公理 (Maxim of Quality)
　　話者の言うことは真正のことであると聴者は期待する。
3)　関連性の公理 (Maxim of Relevance)
　　話者の言うことは対話のどの段階においても、当座のニーズに適ったものであると聴者は期待する。
4)　様態の公理 (Maxim of Manner)
　　話者の言うことは明確で、話す速度も程々であると聴者は期待する。

このように、会話というのは聴者の期待を話者が裏切らないように発話するという、話者と聴者の協調の上に成り立っている。しかし、実際は、話者が4つの公理のいずれかに反する言動を意図的、あるいは無意識的に行う場合が多い。そこに話者の特別な意味、グライスの言う「推意（implicature）」が生じるとしたのである。公理に違反するということは、話者と聴者の協調関係がくずれるという印象をもつが、公理の違反から推意が生まれることも話者と聴者の了解事項であるとすれば、両者の協調関係は保たれていると考えられる。

　さらに、丁寧さや礼儀、マナーなどにかかわる社会的意味という層もある。次の対話例を見てみよう（Thomas, 1983, p. 93）。

　　A: Is this coffee sugared?（このコーヒー砂糖入ってる？）
　　B: I don't think so. Does it taste as if it is?（入ってないと思うけど。砂糖
　　　が入ってるような味がするの？）

このやり取りは、朝食時の夫婦の会話で、夫であるAの発話の意図が、「また砂糖入れるのを忘れてるよ。」という不満の表明で、謝罪を引き出し、砂糖をもってきてもらおうというものであったとしたら、妻のBの応答はAにはどのように受け止められるだろうか。妻の応答は、夫にとってはけっして愉快な応答ではなく、Bの不機嫌さがひしひしと伝わってくる応答である。

　また、コトバの使い方は文化によって異なる側面がある。例えば、日本の文化では人に何かをほめられた場合、控えめなつつましい態度で応じることが美とされる。そのような態度は、特に家族などウチの人間に関する事柄について顕著に現れる（Matsuura, 2004）。例えば、「やあ、お宅の息子さん、アメリカの大学院で勉強しているんだってね。すごいですねぇ。」などと知人に自分の子についてほめコトバをかけられると、大抵は「いやあ、たいしたことないですよ。彼の英語はまだまだだし、無名の大学ですから。」などと謙遜するだろう。しかし、このような謙遜スタイルを次のような英語対話に持ち込んだとしたら、ほめた側はどのように思うだろうか。

A1: I heard your son is now a graduate student in America. That's wonderful! (息子さんはアメリカの大学院に行ってるんだってね。すごいじゃないか。)

B1: Well, no, that is nothing. His English is not so good yet and the university where he is studying is not a famous one. (いやいや、そんなことないよ。あの子の英語はまだまだだし、そんなに有名な大学に行っているわけじゃないしね。)

おそらく、Aは戸惑い、どう反応してよいかわからず沈黙が続き会話がそれ以上進まず途切れてしまうかもしれない。Aが期待していたのは、次のように、Bがほめられたことを受け入れ、礼を述べ、何らかの前向きなコメントをすることである。

B2: Thank you. Yes, he's been doing his best at college in America. Actually he got straight A's in the last semester. (ありがとう。そうなんですよ。アメリカの大学でなかなか頑張ってますよ。先学期の成績はオールA だったんですよ)

ほめた人がアメリカ人で、親しい仲であれば、B1 のような否定的な受け答えに対して

A2: Oh, come on! Why do you say that? You should be proud of your son. He's doing great. Don't you really think so? (おいおい、何言ってるんだ。自慢の息子さんじゃないか。すごいよ。本当にそう思わないのかい？)

などと強い口調で詰め寄ってくるかもしれない。

　もう1つ、先にあげた「推意（implicature）」が鍵になる次のショート・ストー

リーを見てみよう。最近引っ越してきた若いカップルの行動についての老夫婦のやり取りを描写したものである（Hill, 1980, p. 30）。

Mr. and Mrs. Smith married thirty years ago, and they have lived in the same house since then. Mr. Smith goes to work at eight o'clock every morning, and he gets home at half past seven every evening from Monday to Friday.

There are quite a lot of houses in their street, and most of the neighbours are nice. But the old lady in the house opposite Mr. and Mrs. Smith died, and after a few weeks a young man and woman came to live in it.

Mrs. Smith watched them for a few days from her window and then she said to her husband. 'Bill, the man in that house opposite always kisses his wife when he leaves in the morning and he kisses her again when he comes home in the evening. Why don't you do that too?[1]'

'Well,' Mr. Smith answered, 'I don't know her very well yet.[2]'

（スミス夫妻は 30 年前に結婚し、それ以来ずっと同じ家に住んでいる。月曜日から金曜日まで、スミス氏は毎朝 8 時に仕事に行き、夕方 7 時半に帰ってくる。

彼らが住んでいる通りには結構たくさん家があって、たいてい気のいい人たちばかりだ。しかし、向かいの家に住んでいた夫人が亡くなり、数週間後に若い男女がその家に住むようになった。

スミス夫人は数日間窓からその男女を見ていたのだが、その後夫にこう言った。「ビル、あの向かいの家の若い人はね、朝出かける時にいつも奥さんにキスするの。そして夕方帰って来るとまたキスするのよ。あなたもそうしたらどうかしら？」

するとスミス氏はこう答えた。「う～ん、わしは彼女のことをまだあまり知らんのじゃよ」）

グライスの協調の原理にしたがえば、Mrs. Smith の "Why don't you do that

too?" に対する Mr. Smith の "Well, I don't know her very well yet." という応答は、関連性の点で十分ではない。グライスの協調の原理から逸脱している。しかし、明らかに Mrs. Smith への返答である。そこで推測を働かせなければならないのだが、状況から Mr. Smith の発話の意味は、"How can I kiss the young woman?"（わしがあの若い女性にキスすることはできないよ。）ということになるだろう。つまり、Mr. Smith は、Mrs. Smith の質問を、"Why don't you kiss the young woman too when leaving home and coming home?"（出かけるときと帰った時、あなたもあの若い女の人にキスしてはどうかしら。）と解釈した、あるいは解釈した振りをしたものと考えられる。常識的には Mrs. Smith の発話の意図は "Why don't you kiss your wife (me) too when leaving home and coming home?"（仕事に行くときと帰る時あなたの妻である私にも同じようにキスをしてみたら？）と催促したのだろう。そうでないとこの話をする意味がないからである。一方の Mr. Smith は、キスの催促の意味で解釈はしたものの、「そうする気はない」という直接的な回答を避け、あえて冗談をよそおって下線2のように述べたのかもしれない。

　落語や漫才、お笑いなどでは、このように「協調の原理」から逸脱することで意味の曖昧さを生じさせ、参加者間で繰り広げられるこの種のずれを仕掛けとして笑いを取ることが多い。

「会話の組み立て」を意識した**やり取り演習（22）**

" 理由をたずねる
Asking for reasons "

英語でのコミュニケーション活動では、ある判断や陳述、意見などに対して、内容はともかく、とにかくその理由を求められることが多い。理由をそえて物事を説明したり、時には相手に理由を尋ねたりすることに慣れておかなければ

ならない。

> (Opening)
> A: So let's find the answer to the question: 'Why do they study at school only half a day?'
> B: All right. Can I go first?
> A: Sure.
> B: I think the school is too far from their homes.
> A: That's a good point, but I have a different idea.
> B: What is it?
> A: The school can't have many classes, I think.
> B: Why do you think so? 〔どうしてそう思うのですか。〕
> A: Well, because she said 'we don't have enough teachers.' 〔えっと、彼女が 'we don't have enough teachers' と言っているからです。〕 Some students come in the morning, and others in the afternoon. That way the teachers can teach all of them.
> B: That's interesting.
> (Closing)

4.5 意味解釈における「発話されたこと（what-is-said）」の限界性と重要な役割[1]

Keywords

> 発話されたこと(What-is-said)　言語的非決定性　意味解釈プロセス
> 発話されていないこと(What-is-not-said)　表意　連意　推意
> 充填(Saturation)　自由強化(Free enrichment)
> 暫定的概念形成(Ad hoc concept formation)　発生論者の第2言語発達観

　ミラー（Miller, 1974, p. 15）は、コミュニケーション場面において誤解などの問題が起きるのは、多くの場合、人が「発話されたこと（what-is-said）」の中に含まれる語や文法を理解できないからでも、発話そのものを聞き取ることができないからでもないとして次のように述べている。

Most of our misunderstandings of other people are not due to any inability to hear them, or to parse their sentences, or to understand their words. Such problems do occur, of course. But far more important source of difficulty in communication is that we so often fail to understand *a speaker's intentions*.（他の人との間で起こる誤解の多くは、聞き取りがうまくできないからでも、文の要素を分析できないからでも、語の意味が理解できないからでもない。もちろん、そのような問題が起こることは確かだ。しかし、コミュニケーションの場においてはるかに重要となる原因は、発話者の意図を理解し損なうことである。）

　コミュニケーション場面においては、発話者の意図の読み取りは、音韻論や形態論、語彙論、統語論など、広い意味での文法が関与して創りだされる言語的意味の解釈よりも重要だと述べているのである。極論を言えば、コトバによるコミュニケーション場面においてさえ、「発話されたこと（what-is-said）」の言語的意味が担う役割は非常に限られたもので、それほど大きくはない、あるいは、「発話されたこと（what-is-said）」の言語的意味は、コミュニケーション参加者が最終的に引き出す意味の「手がかり」となっているに過ぎない（東森・吉村, 2006）、などという言説につながることさえある。いわゆる「言語的非決定性（linguistic underdeterminacy）」議論である。

　伝えられる社会的な意味あるいは話者の意図・真意というのは、コンテクストや実世界に関する知識、推論などの非言語的要素にもとづき、「発話者はおそらくこう言いたかったのだろう」のように事後的な説明[2]として処理される場合があることは否定できない（Grice, 1989/67; Huang, 2014; Sperber & Wilson, 1986; Thomas, 1995）。つまり、表出言語が意味のすべてを決定するものではないとする「言語的非決定性」の言説は必ずしも誤った考え方ではない。

　しかしながら、言語によるコミュニケーションにおいて意味解釈に果たす、「発話されたこと（what-is-said）」の役割は、ほんとうにそれほど限定的な

のであろうか。また、「発話されていないこと（what-is-not-said）」の意味的
な根拠を、「発話されたこと（what-is-said）」自体に求め、そこで実際に使
用された語彙統語的形式から体系的に形式・意味を符号化するような認知プ
ロセスを予測的に説明することはできないのだろうか。

　本節では、非言語的なコンテクストに依拠する推論が発話の意味解釈に果
たす役割を認めつつも、1）言語によるコミュニケーションにおいては、実際
の発話、言語的表象（what-is-said）の役割を過小評価すべきではない、2）
事後的、その場限りの暫定的な説明によらず、表出された言語形式から、体
系的、予測的に説明できる意味現象は少なくない、という 2 つの観点から、
意味解釈プロセスを極端にコンテクスト依存視する言語的非決定性議論を批
判的に再検討してみたいと思う。

　4.4 節で取り上げた以下の例をもう一度見てみよう。

(1)　A: Would you like some coffee?
　　　B: Coffee would keep me awake.

確かに、B の発話はコンテクストによって、「今コーヒーは飲みたくな
い」という「断り」の意味にも、「コーヒーをください」という「受け入
れ」の意味にも取れるだろう。つまり、人間には、「発話されたこと（what-
is-said）」を出発点として推論（inference）を働かせて「含意されていること
（what-is-implicated）」を創る能力、別の言い方をすれば、他人の心を読む認
知能力（mind-reading capacity）があり、この能力がコミュニケーション活
動に重要な役割を果たしている（Tomasello, 2003; Wilson & Sperber, 2012）。
しかし、以下の例文を検討してみよう（Carston, 2000, p. 26）。

(2)　a. I haven't eaten lunch.
　　　b. I haven't eaten frogs' legs.

(2a) の意味は、例えば、これから出かけようと誘ってきた友人に向けて

発する場合、「今日はまだ昼食をとっていない」と取るのが普通だろう。し
かし、この発話には、[since when?] の答えとなる「今日（today）」などの
ような表現はない。（2b）においても、それは同様である。しかし、（2b）の
場合は、[since when?] の答えとなる内容は、（2a）の場合とは明らかに異
なり、「生まれてこのかた」とするのが普通である。このような意味の解釈
は、何らかの推論が働いているのは共通であっても、（1）で例示した意味解
釈とは明らかに異なる。すなわち、（1）の場合は、非言語的なコンテクスト
に依存して導かれた意味であって、一方、（2）の場合は、「発話されたこと
（what-is-said）」の意味から独立したものではなく、それを出発点として言
語的に連なり発展的に導かれた意味と考えられる。この 2 つの意味は明確
に区別されるべきであり、後者の意味は、「現在完了形」「動詞 'eat' ＋ 名詞
'lunch/frogs' legs」という語彙統語的な言語構造の相互作用が動機となって
創りだされたものである。

　このように、コトバのやり取り場面において、「発話されたこと（what-is-
said）」を出発点として推論（inference）を働かせて「含意されていること
（what-is-implicated）」を創造すると同時に、（2）の例文で示したように、聞
き手の期待や要求に十分応えたものにするためには、「発話されたこと」自
体に直接的に推論を働かせて、何らかの言語情報（表現）を補完しなけれ
ば意味が完成しないケースが数多く存在する（Carston, 2002, 2004, 2006;
Clark, 2013; Levinson, 2000; Sperber & Wilson, 1986/1995; Wilson & Sper-
ber, 2012）。ウィルソンとスパーバー（Wilson and Sperber, 1993, p. 6）のこ
とばを借りれば、「言語（符号）化されないが言語的に伝えられる（'linguis-
tically communicated without being linguistically encoded'）」意味があるので
ある。

　また、（3a）も（3b）も文法に適っていることは言うまでもないが、'be-
cause' 節の意味の相違は、主節である 'Bill demoted Mickey'、「ビルはミッ
キーを降格させた」という字義通りの意味にずれを生じさせている（Back,
1994）。

(3)　a. Bill demoted Mickey because he made the blunder.

　　 b. Bill demoted Mickey because he was still needed.

つまり、(3a) は、「ビルは、ミッキーがへまをやらかしたので、【ロンではなく】ミッキーを降格させた」のような意味に解釈できる。一方、(3b) は、「ビルは、ミッキーがまだ必要なので、【解雇するのではなく】降格させた」と解釈することが可能である。つまり、(3a) の主節は、'Bill demoted Mickey rather than Ron' と、(3b) の主節は、'Bill demoted Mickey rather than fire him' というように意味を拡張して捉えることができる。「降格させた」という事実(字義的な意味) は同じであっても、その理由として表出された言語表現の字義的意味が異なれば、表出されたそれぞれの理由に動機づけられて働く推論によって語用レベルで意味にずれが生じる例として大変興味深い。

　このような例文を通してみれば、コトバによるコミュニケーション場面において、言語（符号）化されたこと（what-is-encoded）、つまり、「発話されたこと（what-is-said）」が参加者の意味の解釈に果たす役割は再検討される必要があるのではないか。すなわち、「発話されたこと（what-is-said）」の言語的意味は、コミュニケーション参加者が最終的に引き出す意味の単なる「手がかり」となっているに過ぎないとすれば、結果として、上記の例文で見たような意味のずれを軽視するあまり、「角を矯めて牛を殺す（'Throw the baby out with the bath water.'）」ことになってしまいかねないからである。

　語用論的推論（pragmatic inference）は、人の心の働きにより「発話されたこと（what-is-said）」と与えられたコンテクストから「発話者の意図」を導きだすことだけに働く心的プロセスではなく、上の例文 (2) (3) で見たように、「発話されたこと（what-is-said）」自体に直接的、体系的に機能して発話者が実際の発話で表現している命題（proposition）を導きだす認知プロセスとしても大きな役割を果たしていると言える。本節で検討するのは、「発話されたこと（what-is-said）」の字義的な意味と「発話者の意図（speaker's intention）」の中間に位置づけられる、このような後者の認知プロセスから導かれる意味である。

第 4 章　英語が使える児童・生徒を育てるために　*159*

　まず、具体的な議論に入る前に、「意味」に関連する用語を整理しておかなければならない。これまで、言語学（語用論）者は、様々な概念を分析、説明するために様々な専門用語を用いてきた。しかも、同一専門用語を別の概念を表すために使用する場合があったり、同一概念を表すために別の専門用語を使用することも珍しいことではなかった。

　次の例文を検討してみよう。次期大統領の候補を話題に対話している Peter と Mary の (4) のやり取りにおける、Mary の 'He is too young.' は何を意味しているのか[3]。

(4)　Peter: I recommend Billy.
　　　Mary: He is too young.

(5)　a. Billy is too young.
　　　b. Billy is too young for the president.
　　　c. I don't recommend Billy. / I don't agree with you.

　まず、(5a) の意味は、'He' で示されている人物は、'She' でも 'They' でもないので、Peter と Mary の 2 人が共通に認識している「1 人の男性」、具体的には 'Bill' を指すなど、(4) の Mary の発話の辞書的な意味、あるいは意味論的な意味、字義的な意味として解釈できる「意味」である。(5a) の 'too young' という句は、[for what?] で問われる内容（'for the president'）が付与されなければ、それ自体は真理値を持たないことから、(5b) は、(5a) とは異なるタイプの意味と解釈できる。このように、'for the president' が認知的、語用論的に充填されて解釈されるのは、すでに言語的コンテクストとして 2 人が共有しているという前提があるため、あえてそれに言及しなくてもよいからである。もし仮に、この言語的に実現された前提がなかったとしたら、そもそも 2 人の対話は成立しない。そして、(5c) のいずれかの意味が、Mary の発話の意図であり、彼女が真に伝えたい意味と解釈できる。

　この (5) の例が示すように、本節では、意味には 3 タイプがあると想定して、(5a) の意味を「表意」、(5b) の意味を「連意」[4]、(5c) の意味を「推意」

と呼び、以降、用語の混乱を避けるため、この3タイプの意味を以下の定義に照らして使用していくことにする。

○表意

　まず、表意とは、「発話されたこと（what-is-said）」自体を世界知識などの非言語的コンテクストなどに依存せずに（context-independent）語彙論と統語論と意味論の観点から創造される意味を指す。これまで、「辞書的な意味」や「字義的な意味」、「意味論的意味」、「表意」、「明意」、「基礎表意」（Wilson & Sperber, 1993）など、様々な名称で呼ばれてきた。"What does X mean?"の 'What' と 'X' を対象とする意味である。

○連意

　連意とは、「発話されたこと（what-is-said）」、語彙統語的構造（morpho-syntactic constructions）自体をリソースとして、状況や世界知識などの非言語的コンテクストには多く依存しないが[5]、主として言語的なコンテクスト（linguistically context-dependent）に必然的に（伴って）連なって創造される意味（what-is-entailed）を指す[6]。これまで、「含意」「明意」あるいは「表意」と呼ばれることが多かったが、それらの用語は、次の3)の「推意」や、上述1)の「表意」と区別しにくく、混乱を招くこともあるため、著者はこの意味を「連意」と新たに名付けた。バック（Back, 2006）も、同様の理由から、この種の意味を、スパーバーらのいう 'explicature' や 'implicature' と区別して 'impliciture' という語を用いている。「連意」が1)の「表意」と決定的に異なるのは、「連意」は「発話されたこと（what-is-said）」自体には表現されていないが、発話されたことに随伴、発展して創りだされる意味という点である。また、3)の「推意」と「連意」が大きく異なるのは、「推意」が「発話されたこと（what-is-said）」の意味（表意）とは独立したものである一方、「連意」は「発話されたこと（what-is-said）」の意味（表意）とは独立せず、その言語表現から、さらに発展させたものと想定することである（長谷川, 2006）。また、もう一つ重要な点は、「連意」の語用論的プロセスは、

ケースバイケースでの判断が求められる「推意」の場合とは異なり、ある程度の規則性（regularity）、再現性（recurrence）、体系性（systematicity）のある論理的推論（logical inference）によって支えられている点である（Levinson, 2000）。"What does X in what is said entail?" の 'What' と 'X in what is said' を対象とする意味である。

○推意

　推意とは、「発話されたこと（what-is-said）」と「連意されたこと（what-is-entailed）」をベースに、世界知識などの非言語的コンテクストにも依存して（non-linguistically context-dependent）創造される意味（what-is-implicated）を指す。日本語では、「発話者の意味」「意図的意味」「含意」または「推意」などと、英語では 'implicature' と一般的に呼ばれている。"What do you mean by X?" の 'What' と 'you' と 'X' を対象とする意味である。

　カーストン（Carston, 2006）は、本節でいうところの「連意」に貢献するプロセスとして、脱曖昧化（disambiguation）、充填（saturation）、自由強化（free enrichment）、そして暫定的概念形成（ad hoc concept formation）の4タイプをあげている。本節では、この枠組みにもとづいて、表意と推意の中間に位置づけられ、表出言語に依存して解釈される連意の語用論的事例を検討していくことにする。ただし、これら4タイプのうち、脱曖昧化（曖昧な語句の意味の特定）と充填の一部（指示の付与）については、元来、グライス（Grice, 1986［1967］）も、これらを「発話されたこと（what-is-said）」の範疇に属するものとして扱っている対象であって、他の「連意」を導く語用論プロセスとは質的に異なる。そのため、それらは前節で定義した「表意」に分類すべきものと考え、以下の考察からは除外することとした。

○充填（saturation）

　この語用論プロセスは、言語的に何らかの語彙統語的要素を充填して意味を完成しなければ（linguistically mandated completion）「発話されたこと（what-is-said）」が、コミュニケーション上、内容のあるものとはなら

ない場合に機能するものである（Carston, 2006）。このプロセスは、「充填（saturation）」と呼ばれ、言語的な観点から、話者の意図や文脈に関連させる価値をもつ何らかの言語的表象で強制的に充填しなければならない。前述したように、コミュニケーション参加者が、充填されるべき内容を諒解しているときのみ、そのような言語表現が可能となる。以下の例を検討してみよう（Carston, 2006, p. 5）。

⑹　a. Paracetamol is better.　　［than what?］
　　b. It's the same.　　　　　 ［as what?］
　　c. He is too young.　　　　 ［for what?］
　　d. It's hot enough.　　　　 ［for what?］
　　e. I like Sally's shoes.　　　［shoes in what relation to Sally?］

文末の［　］で示した質問の回答に相当する言語情報が与えられなければ、それぞれの発話は、意味的に完結せず、したがって、真理価値をもたない。(6a-e) においては、それぞれの英文中にある、'better', 'same', 'too [adj.]', '[adj.] enough', 'someone's [noun]' という語彙統語的項目が、それぞれの意味を補う充填的な言語的要素を要求する。バック（Back, 2006）は、この語用論的プロセスを[7]、「完結」（completion）と呼び、次のような例を示している[8]。

⑺　a. We've finished.　　［what?］
　　b. It's raining.　　　 ［where?］

このように、［　］の内容で示す追加的な言語情報が何らかの形で与えられなければ、発話は意味的に完結しない。文脈としてすでにそのような情報が与えられているからこそ、このような表現が成立するとも考えられる。もし、聞き手が (7a) の "We've finished." という発話の背景にある文脈が理解できてないとすれば、普通、即座に "Finished what?" と聞き返す場面である。他

にも、以下のような例が見られる[9]。

(8) a. There is enough beer in the fridge.　　　[enough beer for whom?]
　　 d. Yan works too hard.　　　　　　　　　　[for what?]
　　 e. Chomsky's minimalist program is less promising.　[than what?]
　　 f. Sperber and Wilson's notion of explicature is different.

[from what?]

このように、比較表現が関わることが多いが、比較対象が文脈上明らかな場合は、必要以上に述べるのを避けるという心理が働くものと思われる。
　(9a-d) のように、比較構文「A＋比較級＋than＋B」の 'than' 以下が見当たらない例も（江川, 1977）、ここで言う語用論的充填のタイプとみることができるだろう。江川（1977）が述べているように、'than' 以下が見当たらないのは、文脈上、'than' 以下を言及する必要がない、すなわち、それは自明のこととして省略されるからである（江川, 1977, pp. 164-165）。

(9) a. Tom is clever, but Bob is much cleverer.
　　 b. She looks better in Japanese clothes.
　　 c. You will live longer if you don't worry.
　　 d. Housing was expensive when we came, but the situation is better
　　　 now.
　　 e. There must be less complicated ways of convincing him.
　　 d. To me it seems quite plain that he did not steal it. I've hardly felt
　　　 more sure of anything.

このような比較構文は、伝統的英文法の枠組みでは、含意比較級（implicit comparative）、あるいは絶対比較級（absolute comparative）と呼ばれてきた（Quirk et al., 1985）。元来比較の意味を内包した語彙の 'senior, junior, superior, inferior, major, miner' などの他にも、一般形容詞の場合の 'an older man, the better hotels, finer restaurants, the higher classes, the lower classes, the upper reaches of a river, higher education, a shorter road, the lower animals' などの慣用的表現にも数多く類例が見られる [10]。また、以下のような、日常的によく使われる表現に含まれることもある。

(10) a. Could you drive more slowly?
b. Do you have a smaller one?

(10a) の場合であれば、'than you're doing [driving] now' を、(10b) の場合であれば、'than this one [cap]' を、それぞれの表出された言語表現 (what-is-said) に充填して意味解釈が行われる。

○自由強化 (free enrichment)
　これまでは、何らかの言語的要素を充填することによって意味が完結する、あるいは、実際に発話されない部分は、参加者にとっては言語的に自明な内容であるため、敢えて明言する必要のない場合の語用論プロセスについて検討した。ここでは、「発話されたこと (what-is-said)」の真理価値が、当たり前の内容であったり、曖昧であったり、一般的すぎる場合に機能する自由強化という語用論プロセスについて検討する。まず、以下の例を見てみよう (Carston, 2006, pp. 7-8)。

(11) a. She has a brain. [a high-functioning brain]
b. It's going to take time for these wounds to heal. [considerable time]

例えば、上の (11a) の英文が伝えている内容は、当たり前で、真理価値は低い。人には誰にでも脳はあるからである。(11a) が伝えたいこと、その真意は、当該女性は、1) 頭の回転がはやい、2) 研究職に適格な候補者である、ということである [11]。カーストン (Carston, 2006) は、(11a) の英文で強化プロセスが必須なのは、現実に、脳の一部を摘出する人があるからである

としている。また、(11b) の英文においては、傷が治癒するには一定の時間を要すことは当たり前で、敢えて「時間を要す」と表現するというのは、かなり時間がかかる見通しであることを示唆していると解釈することができる。

　グライス（Grice, 1989［1967］）は、ここで議論している「連意」に該当する例として、不定冠詞を伴う名詞句を挙げている[12]。

(12)　a. John is meeting a woman this evening.
　　　b. Mary went into a house yesterday and found a tortoise inside the
　　　　front door.

(12a) の 'a woman' は、通常、John の妻や母親、姉妹以外の女性を意味しており、(12b) の 'a house' の場合も、Mary の自宅以外の家を指すのが普通である。もし仮に、(12b) の 'a house' が、Mary の自宅であると後にわかったとすれば、聞き手は大いに驚くことになるであろう。というのは、この言語的コンテクストにおいては、不定冠詞を伴う 'a house' が、通常、Mary の自宅をさしているとは聞き手はとらないからである。

　(12) の例は、自分と深く関わる人・モノ、あるいは自分の所有するモノ以外の人・モノを指している。しかし、次の (13) の不定冠詞の使用例のように（Birner, 2013, p. 79）、(12) の例とは正反対に、不定冠詞を伴う名詞句が、自分と深く関わる人・モノ、あるいは自分の所有するモノを指す場合もある。

(13)　I broke a fingernail.

「（自分以外の）誰かの爪」という言語表現がない限り、単に、'a fingernail' と言えば、'I' で付与される人物の「自分の手の親指以外の指の爪のうちの一つ」という意味に解釈される。この例は、ホーン（Horn, 1984）が「R-implicature」と呼ぶタイプの連意の例と考えられる。

　以下の例を見てみよう。

⑭　a. I need a drink.

　　b. I need an alcoholic drink.

ホーン（Horn, 1984）は、このような例を「R-implicature」と命名分類して「上限（upper-bounding）の原則」にもとづいて「下限（lower-bounding）」の意味（著者の言う「連意」）を導くものとしている。つまり、(14a) では、字義的には「自分には飲み物が必要だ」であるが、(14b) に示すように 'a drink' は 'an alcoholic drink' を指すことが多い。また、自由強化のプロセスは、次のような例にも見られる（Carston, 2002, p. 199）。

⑮　a. Every medicine bottle is kept on the top shelf. ［on the top shelf of John's house］

　　b. Sam went to a local bar. ［a bar local to Sam's office］

　さらに、以下の例に見られるように、換喩（メトニミー（metonymy））もこの種の語用論プロセスに範疇化できると考える[13]。

⑯　a. The hotel was full of suits. 　　［directors in suits］

　　b. The ham sandwich is sitting at table 20. ［the guest who ordered a ham sandwich］

(16a) の 'suits' は、洋服姿の「重役たち」を、(16b) の 'The ham sandwich' は、「ハムサンドを注文した人」を、それぞれ指している。さらに、次のような例も見られる（東森・吉村, 2003, p. 37）。

⑰　a. Sue got a PhD and became a lecturer. 　　［then］

　　b. Mary left Paul and he became clinically depressed. ［as a result］

　　c. She took out her gun, went into the garden and killed her father. ［with the gun, in the garden］

第 4 章　英語が使える児童・生徒を育てるために　*167*

 d. I'll give you £10 if you mow the lawn.　［and only if］

 e. John has four children.［exactly］

（17a）と（17b）の 'and' は、それぞれの言語的な文脈から、「それから」（時間的な順序）と「その結果として」（帰結）という異なった意味に解釈される。また、（17c）は、「彼女は、自分の銃を取り出し、庭に出て、【その庭の中で】父親を【その銃で】殺した」というように、【　】で示される意味を字義通りの意味に連動させて解釈される。一方、（17d）は、「〜の場合だけ」（絶対条件）という意味に、（17e）は、ジョンには、それ以下でも、それ以上でもない、「4」人という厳密な数を示していると解釈される。

 これまでの例から明らかなように、バック（Back, 2006）が「拡張」（expansion）としている語用論的プロセスは、ここで言う自由強化に分類するのが適当と考える [14]。

 ⒅ a. No one likes my spaghetti Bolognese.［in my family］

  b. She screamed at him and he left the room.［as a result］

  c. Mary and Sue climbed the mountain.［together］

  d. There are 150 students in the class.［approximately］

  e. I haven't eaten slugs.［ever］

 連意を導く例は、他にも数多く見られる（Carston 2002, 2006; Levinson, 2000）。例えば、「言われる可能性はあったが実際には言われなかったこと」（what might have been said but wasn't）で、意味を補完する場合である。例えば、次の英文に見るように、'Some of my best friends' は、'Not all of my best friends' を連意している。レビンソン（Levinson, 2000）が、「量の合意（Q-implicature）」と呼んでいる言語表現である。

 ⒆ a. Some of my best friends are linguists.

  b. Not all of my best friends are linguists.

また、次の例では、(20a)「言われたこと（what-is-said）」が普通ではない形で表現されていることに対しても、(20b)のような、意味の強化が生じている。

(20) a. The outlaw caused the sheriff to die.

b. By some unusual means, e.g. spiking his gun, half cutting his stirrup-leather, poisoning his aperitif.

(21) a. John came in and the man laughed.

b. *The man* denotes someone other than *he* would have.

(22) a. She went to *the* school/church/university/bed/hospital/sea/town.

b. She went to *the place* but not necessarily to do the associated stereotypical activity.

(22)の例では、'the school'と表現したとしたら、それは、「勉強をするための学校という場所にいく」という意味ではなく、「何か特別な目的で学校という建物、場所にいく」という意味に解釈されなければならない。これは、レビンソン（Levinson, 2000）が、「様態の含意（M-implicature）」と呼んでいる語用論プロセスである。

さらに、ホーン（Horn, 1984）は、「発話されたこと（what-is-said）」が直接的に推論につながる2つの語用論的プロセスを挙げている（Birner, 2013, pp. 78-82）。

(23) a. I love most of Beatles songs.

b. I don't love all Beatles songs.

c. Janet likes Sylvester.

d. Janet does not love Sylvester.

e. Steve will register for biology or chemistry.

f. Steve will not register for both biology and chemistry.

g. Mary's jacket is light red.

h. Mary's jacket is not pink.
⒁　a. John was able to fix the broken hinge.
　　　b. John fixed the broken hinge.

ホーン（Horn, 1984）は、(23) の例を「Q-implicature」と命名、分類して「下
限（lower-bounding）の原則」にもとづいて「上限（upper-bounding）」の
連意を導くもの、(24) の例を「R-implicature」として「上限（upper-bounding)
の原則」にもとづいて「下限」の連意を導くものと、それぞれを説明している。
例えば、(23a) の場合であれば、「ビートルズの曲は、大方好きだが、すべ
てが好きな訳ではない【上限】」という「発話した以上のことはない」とい
う連意を導き、一方、(24a) の場合であれば、「ジョンは、壊れていた蝶番
を直すことができた」という意味は、「直した【下限】」という「発話の内容・
結果は明らかなため、それ以上は言う必要はない」という連意を導くのである。

○暫定的概念形成（ad hoc concept formation）
　さて、連意を導く語用論的プロセスのもう一つのタイプに、暫定的概念形
成（ad hoc concept formation）がある。この語用論的プロセスは、特に、語
彙レベルにおいて、暫定的、一時的に通常の辞書的意味を狭めたり、緩めた
り、時には強めたりする語用論プロセスである。以下の、O. J. Simpson の
殺人事件公判での目撃者の証言を見てみよう。弁護人が、殺人にいたった状
況での被告人 O. J. Simpson の心理状態を目撃者に問うた際に、目撃者が発
した証言である（Carston, 2006, p. 11）。

⒂　　He was upset but he wasn't upset.

表面的には、内部矛盾をはらんだ奇妙な発言である。しかし、'upset' という
語の概念については、2 通りの解釈が可能である。後者の 'upset' は、前者
のそれよりも、はるかに強い、否定的な不快感を暗示し、「彼は、妻を殺害
するほど不快感をもっていた訳ではない」ことを伝えようとしたものである。

これは、符号化されている概念の一時的な「制限」あるいは「強化」の例と考えられる（Carston, 2006）。

また、実際の言語表現が表す概念よりも、「拡大」あるいは「緩和」するケースもある。例えば、以下の例は、ステーキ専門レストランでのある客の発言としよう。

⒄　The steak is raw.

（26）の 'raw' が実際に意味しているのは、その語自体の字義通りの意味「火を通していない生の状態」ではなく、おそらく、発話者が思っていたほど焼き方が十分ではなかった状態であり、字義通りの意味を暫定的に「拡大」あるいは「緩和」させたと考えられる。さらに、次の例を見てみよう（長谷川, 2006, p. 136）。

⒇　a. I have a temperature.
　　b. He has a square face.

（27a）は、意味が制限されている例で、単に体温があるということではなく、普通、何らかの病気のために熱があることを意味している。一方、（27b）は、意味が一時的に拡張されている例で、厳密な意味での「正方形の顔」を意味しているのではなく、「正方形にいくらか近い」程度の解釈を受けるのが自然である。

以上、本節では、「連意」が創造される例を数多く引きながら、「発話されたこと（what-is-said）」自体に直接動機付けられて導かれる意味について検討してきた。この節の目的が、言語的非決定性議論を再検討するためであり、「連意」という新たな用語で語用論的現象を網羅的、包括的に議論することではなかった。そのため、見落としている事例や議論が十分になされていない部分があった可能性がある。しかし、「表意」と「推意」の中間に「連意」を想定することによって、「発話されたこと（what-is-said）」の果たす役割

を再認識する動機づけが得られ、これまで軽視されがちだった、言語自体が意味理解に果たす役割に今一度光が当てられるものと著者は確信している。

　本節のねらいは、言語によるコミュニケーションにおいて、「発話されたこと（what-is-said）」は、発話者の意味の実現にはそれほど大きな役割を担うことはない、とする過度の言語的非決定性議論を批判的に再検討することであった。人間の重要な認知活動の一つである推論というのは、「発話されたこと（what-is-said）」を手がかりとして、実際には「話されていないこと（what-is-not-said）」に心を致し、コンテクストや世界知識などの力を借りて発話者の意図を導きだすために働く重要な認知プロセスである。しかし、この認知プロセスは、「発話されたこと（what-is-said）」、つまり、表出言語表現自体に直接的、体系的に機能して、発話者が実際の発話で表現している命題（proposition）を導きだすために働く重要な認知プロセスでもあるのである。本節では、それを裏付ける具体例をタイプ別に示しながら、このことを主張してきた。最後に、ここで議論してきた言語的非決定性の批判的再検討が、わが国の外国語（英語）教育に与える示唆を考えてみたい。

　まず、外国語での情報処理能力は、母語の場合より、一定の限界があることが知られている（二谷, 1984; 高野, 2002）。したがって、母語の場合と比べると、外国語によるやり取りの場合では、「表意」の解釈においてさえ相当の認知的負荷を強いられる。したがって、外国語教育にあっては、言語（符号）化された情報を出発点として、まず、その「表意」と、そこでは明示的に言語化されていないが、見込み的に導くことのできる意味、つまり、本節で議論してきた「連意」を処理し、最終的なゴールとしての「推意」の解釈へとつなげられる力を身につけさせることが大切で、これら外国語学習の重要な一部を構成するものと考える。

　中学校検定教科書に見られる以下の対話を検討してみよう（*Sunshine English Course 3*, 2012, p. 93）。本節で議論してきた充填（saturation）と自由強化（free enrichment）の語用論プロセスが働く例である。

⑵9　Takeshi: Right! We need to recycle more. We throw away many things, but we can recycle some of them.

Lisa: In my country, we recycle many things.

この対話の意味解釈で重要なポイントとなるのは、'more' と 'many things'
（Takeshi と Lisa 双方の発話にある表現）と 'some of them' である。つまり、
それぞれの語句の意味は、文脈から以下のように連意的に解釈され得る。

more：今よりもっと多く［than we do now］

many things：すべてではないがかなり多くのモノ［not all of the things but many］

some of them：すべてではないがいくつかのモノ［not all of them but some］

例えば、'more' の連意（充填）を引き出す教師の働きかけの例として、次
のような生徒との間でのやりとりが考えられる。

Teacher: Does Takeshi think we don't recycle any things in Japan now?

Student: No, he doesn't. He doesn't think so.

Teacher: OK, but how do you know that? Can you find any word or phrase for a hint in the story?

Student: Yes, he said "more". So I think he wants to say, "We need to recycle more ［things］ *than we do now*."

Teacher: Great! You found a very important word. Do you all agree with the idea? Good.

Takeshi knows that we recycle things in Japan now, but he is not happy about its number/portion/amount. Right? And he thinks we need to recycle more ［things］ *than we do now*.

このやり取り例では、教師は、教科書の原文に見られる語彙統語的要素の中

から 'more' という語彙に着目させ、そこから、実際には表現されていないが表現された可能性のある語彙統語表現の '[things] than we do now' を引き出す働きかけをしている。教師と生徒との間で、この種のやり取りができる可能性をもつ例は、教科書中のテクストを精査すれば数多く見つかるはずである。生徒の発達段階や英語力の実態に応じながら、単なる「表意」的な意味の解釈にとどまらず、ここで例示したように、生徒が表出された言語情報を手がかりに「連意」に到達できる働きかけ、すなわち、テクスト内にある（言語表現上の）証拠（evidence）を見つけさせるための英語でのやり取りを普段の教室実践に取り入れていくことが重要である。

　教室におけるこのような、「言語による言語についてのやり取り（metalanguage interaction）」は、現今の代表的な第 2 言語発達観の一つである「発生論者の第 2 言語発達観（emergenist views of second language development）」（Ellis & Larsen-Freeman, 2006）にも通じるところがある。すなわち、言語発達が進むのは、第 2 言語ユーザが言語特性自体に意識的に注意を向けながら、意味のあるコンテクストで言葉をやり取りしたり、フィードバックしたりすることによる（Palincsar & Schleppegrell, 2013）、という言語発達観である。第 2 言語ユーザは、コミュニケーション参加者が選択する言語表現によって構成され、その結果、意味が創造されるテクストにおいて、コトバというものが、どのような働きをしているかを理解する必要がある。その手がかりを生徒に気づかせて意味理解過程の道筋をつけるのが教師の重要な役割である。

　第 2 に、わが国の英語教育がおかれている状況のように、教室外での言語接触が極端に限定的な EFL 環境にあっては、教室での系統だった体系的な教育が何よりも重要である。また、英語での実践的コミュニケーション能力の育成が学校英語（外国語）教育の目標に掲げられて久しいが、少ない言語情報から推論（inference）を働かせて話者あるいは書き手の意図を処理する日本人学生の能力は、英語力の高低を決定づける重要な要因の一つであると指摘する研究は少なくない（青木, 2008）。そういう意味では、本節で議論してきたような「連意」を導くプロセス、すなわち、表出された言語表現

を意味的に充填したり、強化したり、緩和したりする認知プロセスは、推意の場合と異なり、ある程度の体系性、規則性、再現性をもっているため、計画的、体系的に指導することが可能である。

　語用論（linguistic pragmatics）の射程である社会的意味の創造プロセスは、人間のコミュニケーション活動において重要な役割を果たし、少ない情報、明示的に述べられない情報から話し手・書き手の意味や意図を読み取る能力は、コミュニケーション能力の中核をなすと言っても過言ではない（Backman, 1990; Cohen, 2012; Sperber & Wilson, 1986）。また、外国語教育の現場では、このような認知能力を高めていく手だてを考えていく必要がある。しかし、一方で、人の認知と意味と言語との関係を扱う言語（語用論）研究は大きな発展を見せているが、残念ながら、そのような理論研究と教育実践の間には大きなギャップがあると言わざるを得ない（Cohen, 2012）。今後は、このような理論と実践のギャップを橋渡しするため、本節で議論してきたような言語非決定性議論を含め、理論研究の成果をどのように教育現場に応用していくか、さらに研究を進めていく必要があるだろう。

「会話の組み立て」を意識したやり取り演習（23）

意見を述べる
Expressing opinions

　中学校の英語授業では、教科書本文の内容について、書かれている具体的な内容や推論を働かせて読み取った内容、感想、意見について教師と生徒や生徒同士で交流する場面が多くなるだろう。
　以下のやり取りでは、Ken の意見について、Tomoe が言い換えてあげて他のグループ構成員に伝えるという場面である。

（Opening）

第 4 章　英語が使える児童・生徒を育てるために　*175*

Haruka: OK. Let's talk about Junko. What do you think, Ken?
　　Ken: Well, she wants to do it too.
Haruka: Excuse me. She wants what? What do you mean?
Tomoe: I think Ken means Junko wants to join the club too.〔Ken は、Junko もまたその部活に入りたいと思っている、と言いたいのだと私は思うよ。〕
Haruka: I see. I was thinking the same thing.〔なるほど。ぼくも同じことを考えていました。〕
Tomoe: Right, Ken?
　　Ken: Yeah, exactly! Thank you, Tomoe.
Tomoe: Of course!
（Closing）

先日参観した中学 3 年生の英語の授業では、以下のような表現を含む「What do you think?」というハンドアウトを使って、読んだ内容についての感想などを生徒がスムーズに述べることができるように指導を継続的に行っていた。

I think that it is underlined upsetting because ....
I found it interesting because ....
I feel sad because the elephants died.
I find it clever because ....

ハンドアウトの上部には、上の各下線部で使える以下の形容詞を絵付きで紹介していた。

interesting, bad, brave, amazing, scary, sad, upsetting, crazy, surprising, good, funny, disgusting, loving, foolish, wonderful, evil, terrible, respectful, selfish, kind, great, clever, curious, boring, cowardly

中学校段階では教科書には登場してこないようなものも含まれてはいるが、自分の気持ちを表現したいという中学生の素直な気持ちに寄り添おうとする教師の姿勢が見て取れる実践である。

注
1　本節は、村端（2015）を加筆修正したものである。
2　レビンソン（Levinson, 2000, pp. 367-368）は、このような説明を 'post hoc accounts/explanations' と呼んでいる。

3　内田（2011, p. 23）の例文にもとづき一部改変した。
4　本節で議論する意味を明確にするために著者が造語した用語である。
5　ただし、意味の解釈というのが人の認知活動である以上、語彙統語的構造の分析、解釈は、コンテクストにまったく依存しないということは考えにくいだろう。
6　内田他訳（1999）では、その「まえがき」で、「・・・entail(ment) は、logical implication（論理的含意）と区別するため『伴立（する）』を採用した」（p. viii）と述べ、「伴立」という用語を使用している。これは、'entail' という動詞の辞書的な意味が「必然的に伴う」ということから「伴立」という語を採用したものと考えられる。しかし、「表意」や「推意」と同様の語形成としての「伴立意」という語は使用していない。そのため、本節では、'entail' のニュアンスを持ち、かつ、「表意」や「推意」と語形成的に合致する「連意」という用語を採用することとした。
7　バック（Back, 2006）は、このプロセスから創りだされる意味を 'impliciture' と名付け、言外から推論を働かせて導く 'implicature' と区別している。
8　カーストン（Carston, 2002, p. 170）にもとづく。
9　同上、p. 199; Huang, 2014, p.276.（8 a）の［　］は著者。
10　これらの例は、クワーク他（Quirk et al., 1985, pp. 466-467）及び高梨（1970, p. 313）にもとづいた。
11　1)頭の回転がはやい、という意味が、ここで言う「連意」で、2)研究職に適格な候補者である（推薦）、という意味が話者の発話意図を表す「推意」と分析、解釈できるだろう。
12　例文は、グライス（Grice, 1989［1967］, pp. 37-38）にもとづき一部改変した。
13　（16）の例文及び解説は、長谷川（2006, p. 118, p. 121）にもとづく。
14　例文は、Carston（2002, p. 170）にもとづく。

4.6 ▶ 教室で求められる英語コミュニケーション能力

Keywords

コミュニケーション能力　教室コミュニケーション能力
良好な人間関係を築き維持する　学習ルールやマナーを守る
内容学習を実現する

今、わが国英語教育に求められる課題の１つは、コミュニケーション能

力（Communicative Competence、以後 CC）の再概念化であると著者は考える。CC という概念は、第 2 言語ユーザのニーズや第 2 言語教育が展開する文脈によって異なる意味をもち、状況依存的であると言われている（Yorio, 1980; 村端・村端, 2016）。そうであるとすれば、教室以外での英語との接触や使用が限定的なわが国英語教育にとっての CC というのは、教室というコンテクストに適合した CC でなければならない。

　教室というのは 1 つの独立した社会である。だとすれば、そこで求められる CC は、その社会的状況に合致したものでなければならない。すなわちそれは Classroom Communicative Competence（CCC、Wilkinson（1982），Johnson（1995），村端・村端（1997））と呼ばれるコミュニケーション能力である。つまり英語の授業が行われる教室内で、英語を使ってどのように学習目標を達成するか、に関わる能力である。わが国のように、英語を生活言語としないために教室外での第 2 言語使用経験が極めて限定的な EFL 環境においては、授業そのものを第 2 言語で社会的相互行為が行われる小社会に変えていかなければならない。これまでのわが国の英語教育は、教室内の現実社会ではなく、むしろ教室外の仮想社会で求められる理論上の CC の育成を想定して進められてきたことに問題がある（Murahata & Murahata, 2017）。

　CC が「ある特定の言語コミュニティにおいて適切にコミュニケーションを行うために求められる能力」と仮に定義されるとすれば、理論的には教室というユニークな社会においても、「誰と、いつ、どこで、何を、どのような表現で話すか」など、その状況に応じた適切な語用を可能にする CCC が求められるはずである（Johnson, 1995; 村端・村端, 2017）。CCC は、第 2 言語ユーザの授業への積極的な参加を促し、第 2 言語習得につながる機会を増やし、最終的には教室内外で機能する第 2 言語での CC の発達に大きく寄与するものとジョンソン（Johnson, 1995）は述べている。EFL 環境で英語を学ぶわが国の第 2 言語にとって、このように英語教室における CC を再概念化することがより現実的で教育的にも意義が大きいと考えなければならない。

では、CCC とは具体的にどのような概念として捉えたらよいのか。著者は、教室という特有の社会では、良好な人間関係の構築と維持するための能力、学習ルールやマナーを遵守するための能力、そして（教科）内容学習を進めるための能力、という3つの下位要素を仮定する。教室というのは、参加者である児童・生徒と教師、児童・生徒同士の人間的な信頼と協調的活動という基礎の上に、教室で期待されるマナーや暗黙のルールにしたがい、英語の知識やスキルを身につける場だからである。

　児童・生徒が英語ということばを自発的に使用して、心や情報や意見の交流を図ったり、英語学習自体を実現したりするには、次の3つの目的（様々なコトバの機能）を達成するための英語コミュニケーション能力が必要である（資料1の「言語機能に対応した慣習的プレハブ英語表現バンク（隣接応答ペア）」を参照）。

　　1)　良好な人間関係を築き維持する
　　　　【あいさつする、同情する、心配する、感激する、など】
　　2)　学習ルールやマナーを守る
　　　　【切り出す、応じる、行動を促す、許可を求める、注意する、など】
　　3)　内容学習を実現する
　　　　【知らせる、質問する、確認する、意見を求める、話題を提供する、など】

　まず、教室にはたくさんの人間がいる。それらの人たちと「英語」でコミュニケーション活動を行うためには、何を置いても、良好な人間関係を築き上げ、維持していく必要がある（Classroom Communicative Competence for *Building and Keeping Good Interpersonal Relationships*）。良好な人間関係のないところではコミュニケーション活動は決して成立しないからである。日本語と英語とでは人間関係の構築方法が異なる。「察し」に頼る日本語文化と「言語化（達し）」を重視する英語文化の違いがもたらす、コトバの使い方の違いと言ってもよい。その違いを踏まえた上でどのような英語を使えば良いかを学ぶ必要があろう。巻末資料2「児童・生徒のための教室活用慣習的プレ

ハブ英語表現バンク」の「良好な人間関係を築き維持する」欄には、このような能力を児童・生徒に身につけさせるための慣習的プレハブ表現を例示してある。

　次に、教室には、教室という独特の生活環境を維持していくための様々な規律がある（Classroom Communicative Competence for *Keeping Classroom Rules and Discipline*）。それらを守っていくための英語コミュニケーション能力も必要である。教師と児童・生徒、児童・生徒同士での様々なやり取りが考えられる。

　第3に、「内容 contents」を学習するために必要な内容学習のための英語コミュニケーション能力（Classroom Communicative Competence for *Learning Academic Contents*）が求められる。この能力は、児童・生徒が限られた英語の知識やスキルを前提にしながらも、教室で英語という言語そのものについて、また、異文化についての知識理解などを学習するために必要な能力である。

　プロローグで述べたように、教室では、教師の質問に答えるだけが児童・生徒の学習ではないはずである。わからないところがある場合は、それを生徒・児童自らが教師に英語で質問して、回答を求めることもあるだろう。しかし、著者が以前大学生を対象にアンケート調査をしたところ、予想通り英語での質問経験のある学生は非常に少なかった。その理由をたずねると、「質問することに慣れていない。」「何と聞いていいかわからない。」というのがほとんどであった（Murahata & Murahata, 1997）。一方、授業で質問をすることは、積極的に授業に参加する意味で重要である、という意識をもつ学生がほとんであった。このことは、教室での英語コミュニケーション能力を身につけることがいかに重要であるかを物語っている。

　また、児童・生徒は、学習課題を与えられたら、それを解決するため、ペアやグループ単位で児童・生徒同士で英語を使って協働作業をしたり、話し合ったりする場面もでてくる。その際、話し合いはどう始めるか、どう進めるか、結果をどうまとめるか、などに関する表現知識やスキルが身についていなければ、児童・生徒たちはただ沈黙するのみで学習は進まない。

以上、著者が考える3つの英語コミュニケーション能力について概説してきたが、下図が示すように、これら3つの能力はそれぞれ独立したものではない。

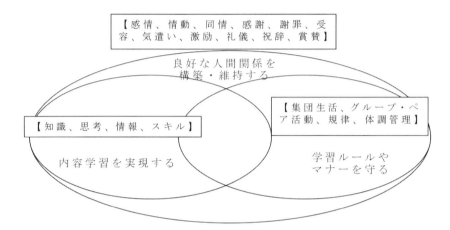

図4.4　教室英語コミュニケーション能力の構成要素

図4.4が示しているように、まず、「良好な人間関係の構築・維持」がCCCの前提要素となり、いずれの学習段階にも広く機能する要素である。また、中央部に位置する2つの要素は、必ずしも相互排他的ではなく、いずれかの要素に分類する必要のない表現も含まれる。学習ルールやマナーを守ることで、良好な人間関係は構築・維持され、共に学ぶという快適な雰囲気があるからこそ内容学習を実現することもできるのである。

巻末資料2の「児童・生徒のための教室活用慣習的プレハブ英語表現バンク」に、それぞれの具体例を示したので参考にしていただきたい。また、資料1の「言語機能（Functions）に対応した慣習的プレハブ英語表現バンク」のように、表現を機能別に整理して教室で活用していくことも考えられるだろう。これらの言語能力を身につけさせていく際には、それぞれを1つずつ段階的に学習させていくものではない。可能なものは小学校段階から螺旋的に取り扱っていき、義務教育修了段階までにはこれら3つの能力がしっ

かり機能するよう指導していくのが望まれる。

「会話の組み立て」を意識したやり取り演習（24）

" 提案する
Proposing "

ペアで話をする場合と異なり、2人以上のグループで話をする場合は、誰かが口火を切らないとお互いに顔を見合うだけで話が進まないことがある。そんな場合、以下のように指導性を発揮して話を進めるのはどうだろうか。

(Opening)
A: Do you understand the question?
B, C & D: Sure.
C: Mr. Minami asked us to think of the reason why Aung San Suu Kyi won the Nobel Peace Prize.
D: Right.
A: OK. <u>Why don't we exchange opinions?</u>〔意見を交換しましょうか。〕
B: <u>OK, yes, let's.</u>〔了解です。そうしましょう。〕
A: C, could you tell us your opinion?
C: All right. I think she worked for her country. She was a leader of a democracy movement. She was locked up in her house but never gave up.
B: Very good, C. I agree.
(Closing)

4.7 内容シラバスと過程シラバスで英語が使える能力を育てる

Keywords

| やり取りする能力 会話能力 足場かけ 内容シラバス 正確さ |
| 複雑さ 過程シラバス 流暢さ 組織性 話者交替 |
| 全体的構成 隣接応答ペア 慣習的プレハブ表現 |

　本節では、やり取りする能力を会話力、あるいは対話力とほぼ同義的に使用するが、セルス—マルシア（Celce-Murcia, 2007）やゴウとバーンズ（Goh & Burns, 2012）らの定義をもとにした作業定義のもとに話を進める。すなわち、やり取りする能力とは、社会的な文脈の中で他の参加者とともに協力、協調の精神をもって沈黙や発言の重なりを最小限にする努力をしながら会話が1つの全体的なまとまりとして組織されるように調整しつつ、言語的に正確で社会語用論的にも適切なコトバのやり取りができる能力である。以下では、このようなインタラクション能力を育てるための過程（非線的循環）シラバスについて具体的に検討していくこととする。

　わが国英語教育の実態をみれば、近年の言語習得や語用の理論的発展、実証研究、教室実践に基づいて、シラバス、すなわち、教授・学習の内容の在り方そのものを見直す必要があるのではないだろうか。ブリーン（Breen, 1987）は、外国語の教室における2つのシラバスを区別した。1つはわが国のように教科書使用を前提とし、言語形式や言語機能を中心に据えたシラバスで内容シラバス（content syllabus）とし、もう1つは教室において第2言語ユーザが学習に参加し、内容学習を実際的に実現させるためのシラバスで過程シラバス（process syllabus）と名付けた。ブリーンは、後者の重要性を指摘した上で、2つを統合する必要性を強調している。前者は、教科書をベースとして「今日は一般動詞の疑問文と否定文とこれらの語句、明日はWH疑問文とこれらの語句」というブロック積み上げ式シラバスで、教授・学習の内容が教科書の方々に散在する（上田, 1995）という意味では散在的シラバスとも言えるだろう。

内容シラバスでは、正確でより複雑な文を組み立てられる力は確かに育つだろう。しかし、計画されたものをただ単に積み上げただけでは英語が使えるようにはならない。それは、まるで足場かけ（scaffolding）の無い状態で家を立てるようなもので、ブロックをいくら積み上げても、崩れ落ちたり形が歪んだりして当初の設計図どおりに家は建たないのと同様である。下図は建設中の建物の周りを足場かけしている状態を示している。英語学習では、非線的に循環しながら知識・スキルを向上させ、すべての学習時間に循環的に活用される足場かけが必要なのである。過程シラバスに支えられながら「線的主流シラバス」の学習内容を積み上げていくという2つのシラバスが統合された状態を、この図は示している（村端・村端, 2017）。

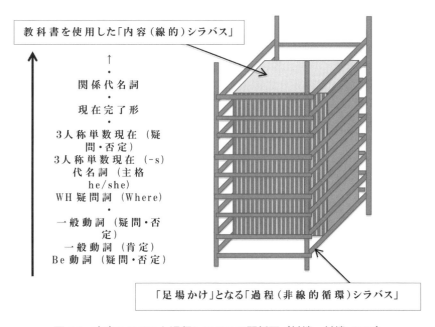

図 4.5　内容シラバスと過程シラバスの関係図（村端・村端, 2017）

例えば、会話の切り出し方や進め方、幕引きの仕方がわからなければ、たとえ様々な表現をたくさん知っていたとしても流暢で（fluent）よく整った

（well-organized）会話は組み立てられない（Wolfson, 1983）。この点が正に
これまでのわが国の英語教育に欠けていた部分であると著者は捉えている。
もちろん、この足場かけとなる過程シラバスだけでは、英語が使える英語ユー
ザは育たない。わが国のような EFL 環境では、教科書使用を基本とし、正
確さ（accuracy）と複雑さ（sophistication）を養う内容シラバスと、毎時間
の内容学習を非線的,循環的に支え、流暢さ（fluency）と組織性（organization）
を育てる過程シラバスが統合されてはじめて、児童・生徒は、英語が使える
力を身につけるのである。

　文法や語彙の知識に加えて、それを運用するための操作や運用ができるた
めの認知スキルが求められ、それが内容的主流の学習を足場かけとして支え
進めるための過程的シラバス、内容学習や教室での活動を支えるための足場
かけシラバス（scaffolding syllabus）なのである。その支えがあってはじめて、
英語でのコミュニケーションを実践する能力が育つのである。

　会話分析や語用論など、応用言語学関連の研究で明らかにされているのは、
語彙を習得し、無限に文を生成できる文法力があれば会話ができるというわ
けではないということだ。これを再度強調したい。特定の状況下で誰が何を
どのように発話するか、その発話は他の参加者の「言ったこと」や「言わな
かったこと」とどのように関係しているかなどの社会語用論的な知識やスキ
ルが必要なのである（Wardhaugh, 1985）。

　また、会話の基本単位は、文法に基づいて生成される文ではなく、むしろ
文脈依存的に一塊として使用される句、節などの慣習的プレハブ表現であ
るという研究知見が多く示されている（Nattinger & DeCarrico, 1992; Paw-
ley & Syder, 1983; Sacks, Schegloff & Jefferson, 1974; Wood, 2010; Wong &
Warning, 2010; Wray & Perkins, 2000）。そして、会話は、一連の文で無秩序
的に構成されているのではなく、参加者相互の協力と協調のもとに、原則的
な手続や期待によって秩序性のある形で組織的に構成されている（Goh &
Burns, 2012; Levinson, 1983; Richards, 1980; Schegloff & Sacks, 1973; Sacks,
Schegloff & Jefferson, 1974; Thornbury & Slade, 2006; Wardhaugh, 1985）。

　このような会話の特徴を出発点として、ソーンベリーとスレイド（Thornbury & Slade, 2006) の用語を採用し、グローバル組織（global organizations）とローカル組織（local organizations）に分類して、英語が使える能力を育てるための「非線的循環シラバス」の具体的な内容を更に検討していくこととする（村端・村端, 2017）。

まず、グローバル組織というのは、会話全体の組織や構成にかかわる特徴で、発話順番の交替（turn-takings）と全体的構成（the overall composition）が含まれる。ローカル組織というのは、協力・協調関係の上で、円滑に会話を展開する際の特徴を言い、これには慣習的プレハブ表現と隣接応答ペア（adjacency pairs）が含まれる。以下、それぞれの特徴について述べていくが、それらは、あくまでも代表的な特徴であって各組織に含まれるすべての特徴を網羅するものではない。

英語での会話の構成を考える場合、沈黙の時間と発言の重なりを最小限にするための発話順番の交替の調整が極めて重要である（Sacks, Schegloff & Jefferson, 1974）。発話順番の交替においては、特に、どのタイミングで交替するか、つまり、各発話の単位と場所についての認識を持つことは特に重要な課題である。サックス、シェグロフとジェファーソン（Sacks, Schegloff & Jefferson, 1974）によれば、各発話は、最小の言語的、意味的ユニット（TCU: turn-constructional units）で構成され、語彙、句、節、文のいずれかがその単位となっているとされる。そして、各ユニットの完了場所が発話順番の交替の場、すなわち「移行適切場所（TRP: transition relevance place）」となるのである。レビンソン（Levinson, 1983）によれば、TRPとなるのは、質問（"How about you?"）、名指しによる質問や要求など（"What do you think about it, Nanako?"）、付加疑問（"Satoshi loves Mexican foods, doesn't he?"）、下降イントネーション（"I went to Australia last year."）、短時間の沈黙（"Well, …"）、理解チェック（"You mean tomorrow?"）であるという。

また、会話分析の端緒を開いたとされるシェグロフとサックス（Schegloff & Sacks, 1973）とサックス、シェグロフとジェファーソン（Sacks, Schegloff & Jefferson, 1974）は、英語での発話順番の交替の様々なメカニズムをあげているが、中でも特に重要と思われるのは、1）一度に1人が発話するのが

一般的であること、2）話者交替が繰り返し起こること、3）複数の話者が同時に話すこと（overlap）はあるが短時間であること、そして、4）発話順番の交替の移行では通常、沈黙（gap）は起こらないこと、この4点である。

　注意を要するのは、発話順番の交替のメカニズムは、言語によって違いが見られることである。例えば、英語の場合、サックスらが述べているように、発話の重複はあっても短いうえ発話順番の交替の移行では重複がない。ところが日本語でのインタラクションの場合は、発話の重複が比較的多く、歌舞伎の割台詞のように複数人で交替しながら1文を完成させるような発話も見られる（Mizutani & Mizutani, 1987）。このような会話における発話順番の交替の特徴やメカニズムについては、非線的循環シラバスの内容として、日本語・英語における差異も含めて、日々の実践において繰り返し体験的に学習させていくことが必要である。

　また、会話は前触れなしに唐突に始まり、前触れなしに幕が下りるわけでも、いつまでもだらだらと続くものでもない。シェグロフとサックス（Schegloff & Sacks, 1973）やレビンソン（Levinson, 1983）、サックス、シェグロフとジェファーソン（Sacks, Schegloff & Jefferson, 1974）、ウォードハフ（Wardhaugh, 1985）、ソーンベリーとスレイド（Thornbury & Slade, 2006）などが示しているように、会話は、一般的に切り出し（opening）―継続（sustaining）―幕引き（closing）という全体的構成で成立していることが多く、しかも切り出しと幕引きでは、前触れが先行する。会話の主要部となる「継続」では、相づち（backchannels）や応答（rejoinders）などが多用される。

　英語授業で見かけることのある、"A: Where did you go last Sunday? B: I went shopping." のように2人が向き合い唐突に対話する、尋問型対話は決して自然な対話とは言えない。たとえこのやり取りが本時の目標（線的主流シラバスの内容）であったとしても、言語活動がこのようなやり取りのみの練習に終始していては、うまく流れる会話を構成する力は身につかない。以下に示すように、対話の前後に前触れを含めた切り出しと幕引きを即興的に加えられるように、日頃から繰り返し学習指導していくことが必要である。

Yui: Hello, Ken. Can you be my partner? [pre-opening]

Ken: Hi, Yui. Sure.

Yui: OK. Let's get started. [opening]

Ken: Yes, let's.

Yui: Where did you go last Sunday?

Ken: I went shopping.

Yui: Oh, you did? That's nice. [sustaining]

Ken: Thank you. How about you, Yui?

Yui: Well, I played tennis with my mother.

Ken: Really? Great.

Yui: Okay. Thank you, Ken. [pre-closing]

Ken: You're welcome. Well done, Yui.

Yui: Thank you. Bye. [closing]

Ken: Bye.

　会話においては、文法に基づいて一から生成される文が使われることはもちろんあるが、出会いや別れのあいさつをはじめ、前節の対話例にも見られるような、"Let's get started." "Thank you." "You're welcome." などの慣習的プレハブ表現が数多く使われる。

　慣習的プレハブ表現は、意味的にも機能的にも限定的でわかりやすく、形式と意味・機能のマッピングが容易である（Nattinger & DeCarrico, 1992）。また、まるごと記憶されるので発話の際にも理解の際にも認知処理の効率がよく、処理が速く行われるという利点もある（Conklin & Schmitt, 2008）。そのため、文法的な知識がまだ十分ではない英語ユーザにとっては会話を円滑に進めるには不可欠な知識・スキルなのである（Nattinger & DeCarrico, 1992; Pawley & Syder, 1983）。

　会話というのは、挨拶—挨拶（"How are you?" — "I'm OK. How are you?"）、質問—応答（"Who goes first?" — "I do!"）のように、対を成す発

話で構成されるのも大きな特徴だ（Levinson, 1983; Schegloff & Sacks, 1973; Thornbury & Slade, 2006）。シェグロフとサックス（Schegloff & Sacks, 1973）は、このような発話対を「'adjacency pairs' 隣接応答ペア」と呼んだ。その後の会話分析研究においても、隣接応答ペアは会話を組織していく上では極めて重要な要素であるとされている（Thornbury & Slade, 2006）。

　隣接応答ペアには、2つの発話で構成されていること、その2つの発話は文字通り隣接していること、それぞれの発話は別の参加者によること、そして、会話にインタラクション性（interactivity）を与えること、などの特徴がある（Thornbury & Slade, 2006）。英語教室でのやり取りを想定した場合、上例以外にも以下のような隣接応答ペアが考えられる。

依頼―承諾　Could you read it for me?　—　Sure. No problem.
願出―許可　Can I have some water?　—　Go ahead.
申出―受諾　May I help you?　—　Oh, thank you.
願出―否認　Can I go to the bathroom?　—　Well, you can't go now.
謝罪―受容　I'm sorry. I'm late.　—　Oh, no problem.
苦情―謝罪　Stop talking, please.　—　Oh, I'm sorry.

　線的本流シラバスの基軸となる教科書は、様々な制約のもとで人工的に作成されている。そのため自然な会話に見られる、前節で検討したグローバル組織とローカル組織の特徴を欠いている対話文も見られる（Thornbury, 2005）。下の対話文は、*Sunshine English Course 2*, Program 9-1（2016）をもとに下線部以外は著者が表現を加えて改変したものである（下線部が教科書の表現）。教科書の代替としてこの改変された対話文を本時の教材として生徒に提示することもできる。また、本節で主張してきた非線的循環シラバスを通して児童・生徒が会話組織の特徴を循環的に学習経験していれば、生徒自らに即興的に対話を改変させて発展的な言語活動を仕組むことも可能だろう。対話開始の前触れや切り出し・継続・幕引きの表現、慣習的プレハブ表現、隣接応答ペアなどに関する知識を総動員させれば、対話はより活き活き

としたものになるだろう。

Sam: Hi, Momoko, Takeshi. How are you?
Momoko & Takeshi: Hi, Sam. How are you?
Sam: Can I ask you a question?
Momoko: Sure. What is it?
Sam: What are you going to do for our video project?
Momoko: Ah, that's a good question. I'm going to speak about the chorus contest.
Takeshi: Oh, are you? That's nice.
Sam: How about you, Takeshi?
Takeshi: I'm going to introduce our soft tennis team.
Sam: Soft tennis?
Takeshi: Yes. Look at this. We use this kind of ball.
Sam: Is this a soft tennis ball?
Takeshi: Yes, it is!
Sam: Wow! It's softer than a normal tennis ball.
Takeshi: That's right. Japanese people invented soft tennis many years ago.
Sam: Really? That's interesting.
Momoko: Excuse me. I have to run to class.
Sam: Okay. Nice talking to you, Momoko. See you.
Momoko: See you, Sam.

　本節では、小中学生のやり取りできる能力、英語が使える能力を育てるには、従来型の線的な内容シラバスに加え、その足場かけとなる非線的に循環する過程シラバスの必要性を示し、その2つのシラバスの統合が、英語がうまく使えない日本人の課題を解決する1つの鍵であると主張してきた。内容シラバスではコトバの正確さと複雑さを、過程シラバスでは会話談話の流

暢さと組織された談話を養成するのである。わが国に限らず、これまでの英語教育では、語彙や文法などの形式面の教授・学習に重点がおかれ、自由に会話する機会を与えてさえいれば、いずれ会話力は身につくだろうという暗黙知を拠り所としていた（Thornbury & Slade, 2006）。しかし、会話は全体的な組織や継続のメカニズムなど、秩序性をもって構成されている。やり取りできる能力を身につけるには、このようなメカニズムに関する知識とスキルは不可欠である。それが過程シラバスの本質なのである。

　最後に、過程シラバスの実践に関する留意点と今後の課題について述べる。英語で対話する能力というのは、社会的なコンテクストの中で言語的に正確で語用論的にも適切なコトバのやり取りができる能力であることから、特にローカル組織の慣習的プレハブ表現の指導の際には、単に表現をリスト化して学習させるのではなく、具体的な場面の中で言語経験させていくことが何よりも重要である。また、本節で取り上げてきた会話の特徴は、あくまでも代表的なものであって各組織に含まれるすべての特徴を網羅するものではない。特にローカル組織においては、話題の管理、割り込み、談話・意図標識など、会話の組織に関わる特徴が他にも数多く存在する（Wardhaugh, 1985）。本節で取り上げなかったものについては、またあらためて検討する必要がある。

「会話の組み立て」を意識したやり取り演習（25）

" 感想をたずねる
Asking for impressions "

(Opening)
A: Are you finished?
B: Uh-huh.
A: How do you feel about today's class?〔今日の授業の感想は？〕
B: Well, talking with friends in English made me happy.〔え〜、友だちと英語で話ができたから楽しかったよ。〕
A: Same here.〔私もそう思うわ。〕
B: Great!
(Closing)

エピローグ

　忘れられない一場面がある。ある公立小学校の３年生の英語活動を参観させてもらったときのことだ。担任教師がＣＤで歌を流そうとラジカセを操作している。しかし、どうも調子がおかしい。音が出ない。教師は操作に手こずっている。その時、一人の児童が、

　　S: What's the matter?

と担任教師に声をかけたのである。教師は "It's OK. Thank you." と笑顔で応じながらラジカセとなお格闘する。やがて無事にラジカセは作動して授業は進行していったのである。

　この３年生児童の口をついて出てきた "What's the matter?" という、あの状況に合致した自然で即興的な発話にはまったく脱帽であった。授業後、担任教師にその感動を伝え、秘訣をたずねてみた。すると、返ってきた答えは、「ああ、あれですか。年間を通して、子どもたちが教室で使えそうな教室英語を指導しているのです。」というものであった。なるほど、だからあのような表現を自発的、即興的に使えたわけだ、と舌を巻いた。

　また、その後に訪問した別の小学校の５年生のクラスでも同様の取り組みが行われていた。そのクラスでは、「教室英語表現集」を教室の背面に掲示して、子どもたちが既習の表現をいつでもその掲示で確認できるように工夫していた。

　上の対話に見られる "What's the matter?" という慣習的プレハブ表現のように、概念的内容はないが、相手を気遣うことによって良好な人間関係を築いたり、コミュニケーション活動を円滑にする手続き的機能をともない、会話の潤滑油のような重要な役割を果たす英語表現は数多くある。コトバによるコミュニケーション活動では不可欠の要素だが、ある意味では無数にあると言ってよいだろう。資料１「言語機能（Functions）に対応した慣習的プレ

ハブ英語表現」と資料2「児童・生徒のための教室活用慣習的プレハブ英語表現バンク」で、教室での児童・生徒のやり取りを想定して思いつく範囲で表現例を示した。そこから児童・生徒の実態に応じて表現を精選し、年間を通して、あるいは義務教育期間（小学校3年生から中学校3年生までの7年間）を通して計画的に指導していけば、児童・生徒は、意識せずに最適な場面で適切な表現を自発的、即興的に使えるようなると私は信じている。

　例示した表現バンクについて付言しておくと、表はあくまでも便宜的に学年ごとに教室英語コミュニケーション能力を構成する3要素にしたがって表現例を割り当てているものである。つまり、どの学年でどの表現を指導すべきか厳密に決まっている訳ではなく、児童・生徒の実態に応じて適宜表現を選んで指導していくのが望ましい。また、3要素についても、それぞれの表現を、人間関係の枠に入れるべきか、学習ルールの枠か、あるいは内容学習の枠か、についても明確に判断できない場合がある。大切なのは、どの枠にどのような表現を入れるか、という問題ではなく、これら3要素が有機的に機能しなければ、児童・生徒が教室というコミュニケーションの場で、英語を使いながら英語や言語・異文化、コミュニケーションについて学ぶことはできない、そして、長期的な計画をもって実践しなければ「教室コミュニケーション能力（Classroom Communicative Competence）」は身につかない、という認識を教師がもって指導計画を作成することである。

　最後に、本書で主張してきた事柄をもう一度整理しておきたい。以下の8点に集約することができる。

　1)　国の英語教育改革の動きとは裏腹に、英語力の低下問題、英語嫌いの増加、英語力に対する自信の欠如は引続き深刻な課題である。しかし、このような現状は、日本だけが例外ではない。アジア諸国の英語教育の現状を見ると、どこの国や地域にも多様な課題がある。さらに、日本人の英語に関する俗説を真に受けないで、英語力そのものに問題があるのではなく、コミュニケーション力にこそ問題の本質があることを認識して、これからの英語教育を進めていくべきだろう。

2) 英語会話力は、語彙力や文法力で決まるわけではない。会話の組織・構成や会話談話の展開方法に関する知識・スキルが必要なのだ。したがって、それを教授・学習していかなければ、いつまでたっても日本人には英語会話力は身につかない。

3) 英語は私たちの母語ではないので、いくら努力しても英語の母語話者にはなれない。しかし、私たちは母語に加えて第2言語である英語もある程度は使える人間で、認知的にも言語的にもユニークな人間なのだ。教師は、もっと自信をもって「英語が使える英語ユーザ」を育てていかなければならない。

4) EFL環境で教室外での英語経験が極めて限られているとすれば、英語授業そのものを、対人関係の中で繰り広げられる社会的相互行為の場、コミュニケーションの場に変えていかなければならない。

5) そのためには、まず、教室という文脈で生きて働く「教室コミュニケーション能力（Classroom Communicative Competence）」を児童・生徒に身につけさせていかなければならない。その重要な位置を占めるのが英語会話談話に構造性と円滑さを与えてくれる慣習的プレハブ英語表現だ。

6) 教師が英語で授業を行えば、児童・生徒の英語力が自然と向上するというものではない。児童・生徒自身がコミュニケーションの道具として教室で英語を使うことが最優先の課題だ。

7) コトバの形式や文法自体の知識・スキルよりも、それらの果たす機能や社会的な意味の方がより重要だ。これからの英語教育では、文法や語彙の学習とは直接関係のない何らかの目的達成のための学習活動やコミュニケーション活動を授業に取り入れていく必要がある。

8) 教科書で扱われている言語項目の積上げ方式の内容シラバスだけでは児童・生徒の英語会話力は十分には養成できない。そのシラバスの足場かけとなり循環的に支える、流暢さなどを育てる過程シラバスが必要だ。この2つが統合されてはじめて、使える英語会話力が身につく。

プロローグの冒頭で示した Kaoru と Arisa のように、お互いに心を通わせながら英語というコトバを使って情動や情報のやり取りができるようになる児童を育てていきたいものである。彼女らが身につけたこのような英語対話の素地、基礎があれば、中学校段階では、さらに多くの語彙や豊かな表現を駆使して、より精緻で高度なコミュニケーション活動が可能となるだろう。以下は、中学 3 年生になった Kaoru と Arisa の英語授業での対話である（*New Horizon English Course 3*, 2015, Unit 5 のやり取りを一部参考にした）。

Arisa: Hi, Kaoru. How are you?

Kaoru: Hi, Arisa. I'm OK. How are you?

Arisa: What's new today?

Kaoru: Well, nothing particular, but I got a new electronic dictionary.

Arisa: You did! How do you like it?

Kaoru: It's very small and light.

Arisa: Good. But I like a printed dictionary better than an electronic one.

Kaoru: Why do you think so?

Arisa: Well, a word usually has many meanings. You can see them at one time in a printed dictionary.

Kaoru: Ah, that's true. I will use a printed dictionary at home and an electronic one at school. What do you think, Arisa?

Arisa: I agree. We should learn how to use both dictionaries, right?

Kaoru: Yes, we should. OK, I'll talk to you later.

Arisa: Nice talking to you, Kaoru.

Kaoru: Nice talking to you too, Arisa. See you.

Arisa: See you. Bye.

小学校英語が本格化するこれからの英語教育では、慣習的プレハブ表現を軸とした「教室コミュニケーション能力」を養成し、教室でこのようなやり取

りができる子どもたちを育てていきたい。本書で提言してきたパラダイムシフト、英語教育に関する新しい認識の枠組み、がその一助となれば幸甚である。

資料　*197*

資料1　言語機能（Functions）に対応した慣習的プレハブ英語表現バンク（隣接応答ペア）

言語機能（Functions）	隣接応答ペア（Adjacency pairs）	
	切り出し（Opening）	応答（Rejoinders）
(1) 出会いのあいさつ (Greetings for encounter)	Hello, Sakura. How are you?	Hello, Tomoki. I'm OK. How are you?
	Good morning. (Good afternoon)	Good morning. (Good afternoon.)
	Excuse me.	Yes?
(2) 切り出す (Opening)	OK. Can I go first?	Sure. Go ahead.
	You know what?	What?
	Sorry, but can I be your partner?	Of course.
	Can I ask you something?	Sure.
(3) 応じる (Responding)	Oh, did you?	Yeah.
	Wow!	It's beautiful, isn't it?
	I can't believe it!	Me either.
(4) モノを手渡す (Passing something to someone)	Here you are.	Thank you.
	This is for you.	Thanks.
(5) 同情する (Sympathizing)	Oh, that's too bad.	But I'm OK. Thank you.
	I'm sorry to hear that.	Thank you.
	Take it easy.	Thanks.
(6) 心配する (Worrying)	What's the matter?	I have a cold, but I'm OK. Thank you.
	Are you all right?	I'm OK. Thank you.
	What's wrong?	Oh, I made a mistake.
(7) 感謝する (Appreciating)	Thank you [very much].	You're welcome.
	Thanks.	No problem.
	How nice of you!	Of course.
(8) 謝罪する (Apologizing)	Sorry. (I'm sorry.)	That's all right.
	Excuse me.	Don't worry.
(9) ほめる (Giving compliments)	Good job! (Well done!)	Oh, thank you.
	I like your T-shirt.	Thank you.
	You look great today!	Really? Thank you.
	Your English is very good.	Thank you very much.
	Good for you.	Thanks.
	I'm proud of you.	Thank you.

（左欄縦書き：良好な人間関係を築き維持する表現）

	(10) 断る (Refusing to do something)	Sorry, but I can't.	Oh, really? OK.
		After you.	OK.
	(11) 激励する (Encouraging)	Almost.	Thank you.
		Oh, you can do it.	Thank you.
		Don't worry.	Thank you.
		Don't give up.	OK, I'll do my best.
		Take it easy.	I'll try my best.
		It's not your fault.	Oh, thank you.
	(12) 祝う (Congratulating)	Congratulations!	Thank you!
		Happy birthday!	Thank you.
	(13) 別れ際のあいさつ (Greetings for parting)	Nice talking to you.	Nice talking too.
		I have to go.	Okay.
		It's time to go.	All right.
		See you. (Bye.)	See you. (Bye.)
学習ルールやマナーを遵守する表現	(14) 行動を促す (Urging)	It's your turn.	All right.
		Go ahead.	Thank you.
		Come on! You can do it.	OK, I'll try.
		Who's next?	I'll go!
		Listen to Nanako!	Got it!
		Be quiet, please.	Okay.
		Give me your answer, please.	OK.
	(15) 誘う (Inviting)	Let's get started.	Yes, let's.
		Let's begin, shall we?	All right.
		Come join me.	I'd love to. Thank you.
	(16) 許可を求める (Getting permissions)	Can I go to the bathroom?	Sure.
		Can I see your paper?	Go ahead.
		Can I use your glue?	Of course. (Go ahead.)
	(17) 知らせる (Informing)	Nanako, I can't hear you.	Oh, I'm sorry.
		It's time to finish.	All right. I'm done.
	(18) 申し出る (Offering)	Need any help?	Yeah. Thanks. (I don't think so. Thanks.)
		May I help you?	I'm OK. Thank you.
		Shall I bring the cards?	Yes, please.
	(19) 要求する (Requesting)	Pass me the paper, please.	Here you are.
		Could you be MC next?	Sure.

	(20) 念を押す (Reminding)	Don't forget to write your name.	OK.
		Remember to finish the report by next Monday.	I got it.
	(21) 注意する (Warning)	Stop it, please.	Sorry.
		Don't fool around, please.	OK, I'm sorry.
		That's enough.	Sorry about that.
		Just a minute, Goro. Let Kentaro have a turn.	Oh, OK.
	(22) 訴える (Complaining)	I'm sick. Can I go to the bathroom?	Oh, no. Sure, go ahead.
		I have a headache.	Let Ms. Kato know.
		My stomach is upset.	Oh, that's too bad.
内容学習を実現する表現	(23) 質問する (Asking questions)	How do you say 'tenki' in English?	It's 'weather.'
		May I ask you a question?	Sure. Go ahead.
	(24) 聞き返す (Asking back)	You went where?	To Fukuoka.
		You like what?	Yakitori. I like Yakitori.
		What did you say?	Two examples.
	(25) 訂正する (Correcting)	I mean it's Takashi, not Hiroko.	Oh, I see.
	(26) 修復する (Repairing)	Huh … emercy?	Emergency. You know, a bad, very quick and dangerous situation.
	(27) 確認をする (Confirming)	You mean Taro lives in Miyazaki?	That's right. (No. I mean Taro likes to live in Miyazaki.)
		She wants to change people through music, right?	I think so too.
		She went to India in 1956, remember?	Of course, I do.
		Are you saying Ms. Smith is from England?	Certainly. Don't you think so?
		Are you with me?	I think so.
	(28) 依頼する (Requesting)	Please say this word in Japanese.	Sure. It's 'O-tera'.
		Could you read this word?	No problem.
	(29) 意見を求める (Asking for opinions)	What do you think about that?	I think it means we should save the earth.
		What do you think of Hiroshi's idea?	I agree!

		Can I get your opinion?	Sure. I think Kota wants a red pen.
		What do you think about Nanako's idea?	Well, I agree, but I think Kana doesn't know what 'Make my bed' means.
（30）話題を提供する （Introducing a new topic）		You know what?	What?
		I'll tell you what.	What is it?
		Guess what?	What? Did you get full marks?
		I have a surprise for you.	Oh, what is it?
（31）話題を転換する （Changing the topic）		By the way, do you understand this part?	Well, I hope so.
		Let's change the topic, shall we?	Yes, let's.
		How about the next topic?	I think we should talk more about it.
（32）同意する（Agreeing）		I agree with you（Hitomi's opinion）.	Good.
		I have the same idea.	Ah, do you?
（33）反対する （Disagreeing）		I don't agree.	OK, then what is your opinion?
		I see your point, but I have a different opinion.	OK, tell us about it.
（34）意見を述べる （Expressing opinions）		I don't think he likes it.	Oh, you don't?
		I think Ken means Junko wants to join the club too.	I see. I was thinking the same thing.
		I'm sure we'll be able to solve the problem.	I'm afraid we can't do it.
		I don't know what to say.	Same here.
（35）助言（援助）を求める（Asking for help）		Can you give me another hint?	Uh-huh. The color is red.
（36）理解状況を伝える（Expressing understandings）		I couldn't catch the last part.	'T-w-o e-x-a-m-p-l-e-s.'
（37）提案する （Proposing）		Why don't we exchange ideas?	OK, let's.
（38）感想をたずねる（Asking for impressions）		How do you feel about today's class?	Talking with friends made me happy.
（39）理由をたずねる（Asking for reasons）		Why do you think so?	Well, because she said 'we don't have enough teachers.'

資　料　*201*

資料2　児童・生徒のための教室活用慣習的プレハブ英語表現バンク

学年	良好な人間関係を築き維持する	学習ルールやマナーを守る	内容学習を進める
小3	How are you?　こんにちは	Here!　はい！	Sorry?　え、何ですって
	Good morning!　おはよう	Are you ready?　準備はいいですか	What?　今何と言いました
	Good afternoon!　こんにちは	Not yet.　まだです	I can't hear.　聞こえません
	Well done!　うまい、お見事	Hurry up!　急いで	Repeat it again, please.　もう一度言ってください
	Good job!　頑張ったね	Wait, please.　ちょっと待ってください	Say this, please.　これを言ってみてください
	Thank you.　ありがとう	Here you are.　はいどうぞ	What's this in English?　これは英語で何ですか
	You're welcome.　どういたしまして	I'm finished.　ぼくは終ったよ	In Japanese?　日本語では
	Nice to meet you.　はじめまして	Stop it.　もうそれは止めて	Look at this X [picture].　この写真を見て
	My name is Daisuke.　私の名前は大輔です	After you.　お先にどうぞ	Good idea.　賛成です
	Oh, really?　え、ほんとうですか	Got it!　そうか、わたった	Oh, I see.　ああ、なるほど、わかった
	Are you all right?　だいじょうぶ	It's my turn.　ぼくの番だよ	Good choice.　いいのを選んだね
	Very nice!　いいね	Let me try.　ぼくにやらせて	This card, right?　このカードでいいよね
	What's the matter?　どうしたの	It's not fair!　ずるいよ	Let me see your X [card], please.　あなたのカードを見せてください
	What's wrong?　どうしたの、だいじょうぶ	I'm finished.　ぼくは終ったよ	Am I wrong?　間違っていますか
	Nice T-shirt!　いいTシャツだね	Are you through?　終ったかい	
	Excuse me.　すみません	Try again!　もう一度やってごらん	
	See you.　じゃあまたね	Let's begin.　さあ始めよう	
	Good try.　おしいよ	Can I go to the bathroom?　トイレに行ってきてもいいですか	
	Excellent!　すばらしいわ	Just a minute.　ちょっと待って	
	Have a nice weekend!　楽しい週末を過ごしてね	Listen.　ねえ、聞いてください	

小4	Congratulations! おめでとう	Where is your bag? あなたの鞄はどこですか	
	Happy birthday! 誕生日おめでとう	It's over there. あそこにあります	
	I can't wait. 楽しみで待てないよ	It's done. できました	
	Take it easy! 気楽にやってね	I'm done. 終りました	
	Be careful! 気をつけて	It's time. 時間になったわ	
	Watch out! 気をつけて	More slowly, please. もう少しゆっくりお願いします	
	I don't care. ぼくはかまわないよ	Go on! つづけて	
		Let me in. 私もまぜて	
		No fooling around, please. ふざけないで	
小5	Let's enjoy English. 英語を楽しみましょう	It's time. さあ、時間だよ	Excuse me? え、何ですって
	I like your pen case. いい筆箱だね	Be quiet, please. 静かにしてください	Pardon me? え、もう一度言ってもらえませんか
	It's pretty. それきれいだね	May I use your pencil? 鉛筆借りてもいいですか	That's a good idea. それはいい考えだ
	It's a fine day. 今日はいい天気だね	Please wait a second. ちょっと待ってくれる	Is this OK? これでいいですか
	Are you tired? 疲れているの	Don't interrupt. さえぎらないで	I think so. ぼくもそう思う
	Yes, a little. はい、少しね	Who goes first? 誰から始めますか	Do you know Nawatobi? 縄跳び知っていますか
	Do you feel okay? 気分悪くない、だいじょうぶ	Can I use your glue [pen]? のりを借りてもいいですか Sure, go ahead. もちろん、いいとも、どうぞ	What is it? それは何ですか
	Ah, here you are! ああ、きましたね	Who's next? 次はだれですか	What do you call this? これ何と言いますか [It's a ruler.]
小6	You look great today! 今日はかっこいいね	Listen to Nanako. 奈那子さんの話を聞きなさい	I don't know. わかりません
	It's a gift from my mother. お母さんがくれたの	Mr. Yamada, I can't hear you. 山田先生、聞こえません	What can you see? 何が見えますか
	This is for you. これをあなたに	Let's get started. さあ始めよう	Tell me your opinion, please. あなたの考えを教えてください
	Nice talking with you. 話ができて良かったわ	Can I have some water? 水をのんできてもいいですか	

資　料　*203*

That's great!　すばらしいね	Can I wash my hands?　手を洗ってきてもいいですか
How about you?　あなたはどうですか	Can I go see the school nurse?　保健室に行ってきてもいいですか
Don't worry.　心配しないでだいじょうぶ	My stomach is upset.　おなかの調子が悪くて
Forget it!　そんなこともう忘れて	I have a headache.　頭が痛くて
It's a nice day, isn't it?　いい天気だよね	Come along!　一緒にきて
It's cold.　寒いね	Pass me the book, please.　その本を取ってください
Never mind.　気にしないで	Here we go.　はい、どうぞ
You can do it!　君ならできるよ	Let's play janken.　じゃんけんしよう
Be confident!　自信をもって	Leave it to me.　私にまかせて
Don't be so sad.　そんなに悲しまないでだいじょうぶだから	I'll show you how.　どうするか教えてあげるよ
What's your favorite food?　好きな食べ物はなんですか	That sounds great!　それはよさそうね
Do your best.　がんばってね	Time is over.　時間が過ぎたよ
I'm trying.　頑張ってるから	Take your time.　時間をかけてゆっくりね
That's too bad.　残念だったね	That'll do.　それでいいよ
Cheer up!　元気出して	Speak more loudly, please?　もっと大きな声でお願いします
Congratulations on winning!　勝利おめでとう	More time, please.　もう少し時間をください
How nice of you!　なんて親切なの	Need any help?　手伝いましょうか
Good for you!　よかったね、よくできたね	That's enough.　もういいから止めてくれる
	Don't fool around.　ふざけないで
	Are you with me?　聞いてるの

中1		
Oh, you have a new shirt on. It's very nice. やあ、新しいシャツ着てるね、素敵だよ	Will you give us five more minutes? あと5分時間をもらえますか	What did you say? え、何と言いましたか
Oh, your English is great! わ、君の英語すばらしいね	We don't have much time left. あまり時間がないよ	For example? たとえばどんなのがありますか
It's very nice to see you. 会えてとてもうれしいよ	Could you pass me one more, please. もう一枚［一つ］回してもらえますか	Is my answer right? 私の答えあってますか
Good to see you again. また会えてうれしいよ	I forgot my textbook. 教科書をもってくるのを忘れました	Say this in Japanese, please. 日本語で言ってもらえますか
Much better. すごくよくなっているよ	You can use my book. 私の教科書を使ってもいいよ	Could you speak more slowly? もう少しゆっくり話してもらえますか
I'm proud of you. すごいね、あなたを誇りに思うわ	Can I use your dictionary? 辞書をかりてもいいですか	Could you repeat it again, please? すみなせん、もう一度言ってもらえませんか
Thank you. You are very kind. ありがとう、親切にしてくれて	Your pencil is on the floor. 君の鉛筆、床に落ちてるよ	How do you say that in English? それを英語で何と言いますか
What's up? 何か変わったことないかい	Stop talking, please. 話をやめてくれませんか	How do you spell that［ペア］？ それはどう綴るのですか
What happened to you? 君どうしたの	You can go first. あなたからどうぞ	Let's read this aloud. 皆でこれを音読しましょう
Your English is beautiful. あなたの英語の発音すごく上手ですね	Why don't you X［go first］？ 君から始めたらどうですか	I'll be Takeshi. ぼくが武史役をやろう
I'm afraid not. 残念ながらまだです［Are you finished?］	Who wants to try? だれかやってみたい人はいませんか	I think X［his opinion is good］. 彼の考えはいいと私は思います
I hope not. そうでないと期待したいよ	What are you looking for? 何を探しているの	I wonder. どうなんだろうね
I'll talk to you later. また後で話をしましょう	I will help you, if you like. もしよかったら手伝いますよ	Can I see it? 見せてもらってもいいですか
	Will you turn it up? 音を大きくしてくれますか	I have no idea. 私には全くわからないわ
	Can I answer that? それにぼくが答えてもいいですか	What do you think of X［his opinion］？ 彼の意見はどう思いますか
	Let's change roles. 役割を替えましょう	I agree with X［Hitomi's opinion］. 私は瞳の意見に賛成です

資　料　*205*

Bring that over here, will you?	あれをここに持ってきてくれますか	I don't understand this.	これがよくわかりません
Go get the cards from the teacher, please.	先生からカードをもらってきてください	I don't understand this sentence.	この文がよくわかりません
Can I have a piece of paper?	用紙を1枚もらってもいいですか	Could you give us a hint?	ヒントをくれませんか
Let's exchange our worksheets.	ワークシートを交換しよう	Do you agree with me?	私の意見に賛成ですか
Let me see your notebook.	君のノートを見せてくれる	Is this spelling correct?	この綴りあっていますか
What are you doing?	何しているの	How do you say the word?	その語はどう発音するの
You should finish it in five minutes.	5分以内で終らせないとね	I don't think so.	私はそう思わないわ
I'll finish this today, if possible.	できれば今日これを終らせたい	Why?	なぜですか
I'm going to be the chair this time.	今度はぼくが議長をします	Tell me more, please.	もっと話を聞かせて
You put these cards the other way around.	カードを左右反対に置いているよ	I mean X [it's Takashi, not Hiroko].	いや、弘子じゃなくて隆ね
OK, I'm taking notes.	私が記録を取ります	May I ask you a question?	質問してもいいですか
I'll be the presenter.	私が発表します	What is your answer to Question No. 1?	問1のあなたの答えは何ですか
Could you help me?	ちょっと手伝ってくれますか	You mean X ['John'] ?	ジョンということですか
		Can I put a slash here?	ここに斜線を入れてもいいですか
		This should be a capital letter.	これは大文字にしなくては
		Let's put these cards in the right order.	このカードを正しい順に並べ替えよう

			Could you read that aloud again, please? それをもう一度読んでもらえますか
			What is the correct answer, then? それじゃ、何が正しい答えですか
			I hope so. そうだといいけど [Is this correct?]
中2	Kenji, can you help me? 健司君、ちょっと手伝ってくれる	Hi, can I work with you? こんにちは、一緒にやってもいいですか	I couldn't catch the last part. 最後の部分が聞き取れなかったのですが
	Don't worry. I know you did your best. 気にしないで、君がベストを尽くしたこと私がわかっているから	Shall we begin? はじめましょうか	I don't understand this part. この部分がわかりません
	What a lovely pencil! かわいい鉛筆ね	It's upside down, isn't it? それ逆さまじゃない	Can you give us an example? 例をあげてもらえますか
	I'm sorry to hear that. それはお気の毒に	Why don't you sit down? 座ったらどうだい	I think X [this comes after that]. これがその次にくると思うよ
	I'm on your side. あなたの味方だからね	Excuse me. Can I say something? すみません、ちょっといいですか	I think X [this card goes between No. 2 and No. 6]. このカードは2番と6番の間に入ると思うよ
	It wasn't that bad. そんなに悪くなかったわよ	By the way, do you know today's date? ところで、今日は何日だったか覚えてる	I don't understand X [what it stands for]. それが何を意味してるか私にはわかりません
	Do me a favor, will you? 頼みがあるんだけど	Who is going to be the moderator? 誰が司会をしますか	I don't think X [I'm following you]. あなたの言っていることがよくわかりません
	It's not your fault. あなたのせいじゃないですよ	Please pay attention to the speaker. 話し手に注意を向けてください	I don't know X [what to say]. 何と言っていいかわからないわ
	Thank you for having me. 相手に選んでくれてありがとう	I'm sorry to keep you waiting. 待たせてごめんさない	Do you mean X [Takeru likes to go abroad]? あなたの言っているのは、タケルは外国に行きたいということですか
	I hope to see you soon. すぐ会えればと思います	You're not allowed to do that. それはしちゃだめだよ	What should I do? 私は何をしたらいいのですか
	I'm looking forward to seeing you again. また会えるのを楽しみにしております	Let me finish. 最後まで聞いて	How many X [chunks] are there Y [in this sentence]? この文にはいくつの意味のかたまりがありますか

Sorry for interrupting you.
お話中ですが

Look at the sentence in the X
[6th] line.　6行目の文を
見て

I'm afraid X [her opinion is
wrong].　彼女の考えは間
違ってるんじゃないだろうか

Could you tell us about X
[your opinion]？　君　の
考えを聞かせてくれる

Can you read this word for
me?　この単語読んでみてく
れない

What do you mean by X
[that]？　それどういう意
味なの

Do you understand X [what
I'm saying]？　私が言って
ることわかりますか

I don't know X [what to do].
どうしたらいいかわからない
よ

Can you tell me X [what to
do next]？　次に何をした
らいいか教えてくれる

Could you read your
summary?　君の要約を読
んでみてくれる

Does anyone have a different
opinion?　違う意見がある
人はいますか

Which do you think comes
next?　次にどれがくると思
う

What else can you think of?
他に何が考えられますか

Could you look over my
English?　ぼくの英語に目
を通してもらえませんか

It makes no sense to me.　私
には意味がわかりません

That makes sense to me.　な
るほど、それはよくわかりま
す

That's a good point.　それは
いい所に気づいたね

			How do you know? どうしてわかるの
			Do you know X [what I mean]? ぼくの言っていることがわかりますか
			I see X [what you mean]. あなたの言う意味はわかります
			Who takes the role of the customer? 客の役はだれがしますか
			Let's find out the answers to these questions. この問題の答えを見つけましょう
			Let's share the answers to the questions on page 18. 18ページの問題の答えを確認しましょう
			Is the correct answer of Q4 'the little boy'? 問4の答えは 'the little boy'でいいですか
			Q4 was very difficult, wasn't it? 問4は難しかったよね
			That's a very interesting point. それは非常に興味深いポイントです
			Do you have any questions about my opinion? 私の考えに何か質問がありますか
中3	That's very kind of you. 親切にありがとうございます	Takeshi is absent because he is sick. 武史君は調子が悪くて欠席です	I'm not sure about X [the correct answer of Q3]. 問3の答えがわかりません
	You made my day. うれしいわ、これで良い1日になった	I'm late because I was in the bathroom. 遅刻したのはトイレにいたからです	What made you think so? どうしてそう思うの
	That's good to hear. それはよかったね	I'm sick. Can I go to the bathroom? 具合いが悪い、トイレに行ってきてもいいですか	Could you give us the reason? 理由を説明してくれる
	I'm glad you made it. やったね、ぼくもうれしいよ	Just a minute, Goro. Let Sachiko have a turn. 五郎、ちょっと待って、幸子の順番だよ	I'll show you the evidence for that. その証拠を示しましょう

I'm so impressed with your speech. あなたのスピーチに感心したわ	You'll see. 今にわかりますよ	I think X [we should stop using disposable chopsticks]. 私は、使い捨ての箸を使うのをやめるべきだと思います
You're such a great English speaker. あなたはすごい英語話者ね	Don't forget to do your homework. 宿題忘れないでね	I see your point. あなたの言おうとしていることはわかります
Thank you for the compliment. It made me happy. ありがとう、ほめてくれてうれしいわ	Who takes charge of the moderator? 誰が司会役をしますか	Can you put it into Japanese? それを日本語に訳してくれませんか
I understand how you feel. 気持ちわかるよ		You may be right, but… そうかもしれないけど、でも…
You deserve to win. 君こそ勝者にふさわしいよ		I think X [this 'it' refers to 'the house']. ぼくはこの 'it' は 'the house' を指していると思うけど
		I'm [not] sure X [Takeshi wants to become a teacher]. X は確かだと思うよ
		Are you with me? ここまではいいですか
		Have you found the answer? 答えは見つかった
		Where did you find it? どこで見つけたの
		I agree with X [Hitomi's opinion]. 私は瞳の意見に賛成です
		I admire Kenji's opinion. 健児の意見はすごいと思う
		I like your opinion. 君の意見はいいと思うよ
		How do you like X [Nanako's opinion]? 奈那子の考えはどう思いますか
		Please tell me X [if you agree with me or not]. ぼくに賛成か反対か教えてくれますか

My opinion is X [Taro was not happy about Hiroko's opinion]. 太郎は宏子の考えには賛成していなかったと、ぼくは思うよ

You mean X [she is saying 'You've never seen fireworks before, haven't you?']' 君が言ってるのは「花火は見たことがないよね」と彼女は言ってるということだよね

What do you think about it? あなたはそれについてどう思う

Can I get your opinion? 君の考えを聞かせて

I chose these for the keywords. 私はこれらをキーワードに選びました

Could you explain it more in detail? それもっと詳しく説明してくれる

I have an idea. それについて私に考えがあります

I may be wrong, but X [this 'it' refers to this sentence]. 間違っているかもしれないけど、この 'it' はこの文を指していると思うのですが

Could you give us a similar word? 類似の語を教えてくれますか

Don't you think X [these two sentences go together] ? この2つの文がうまく一致すると思わない

I see your point, but X [I have a different opinion about it]. あなたの言っていることはわかるけど、ぼくには違う意見があります

The point is X [we should do 4Rs to save the earth]. 要するに、地球を守るためには4つの R を実行すべきということです

Are you saying X [Toru doesn't want to go there with his father]? 徹はお父さんと一緒には行きたくないと思ってると言うの

By the way, X [does Kumi agree with Kenji's opinion]? ところで話は変わるけど、久美は健児の意見に賛成ですか

Let's get back to the point. 話をもとに戻しましょう

When it comes to X [sumo], Y [I know quite a lot]. 相撲のことなら、私は相当くわしいよ

What does the speaker mean in this sentence? この文で話者が伝えたい意味は何ですか

How many X [marks] did you get for today's quiz? 今日の小テストは何点だったの

Could you show us X [how we use this word in a sentence]? この語を文中でどう使うか教えてください

I think X [the topic sentence of the paragraph is the first sentence]. What do you think? この段落の話題文は最初の文だと思うよ、君はどう思う

To sum up, X [Tadashi want to say that he is worried about the exam result]. まとめると、忠志が言いたいのは、自分のテスト結果を気にしているということだよ

資料 3-1　新学習指導要領（小学校外国語活動、2017 年 3 月 31 日告示）

外国語活動

第 1　目　標

外国語によるコミュニケーションにおける見方・考え方を働かせ、外国語による聞くこと、話すことの言語活動を通して、コミュニケーションを図る素地となる資質・能力を次のとおり育成することを目指す。

(1)　外国語を通して、言語や文化について体験的に理解を深め、日本語と外国語との音声の違い等に気付くとともに、外国語の音声や基本的な表現に慣れ親しむようにする。

(2)　身近で簡単な事柄について、外国語で聞いたり話したりして自分の考えや気持ちなどを伝え合う力の素地を養う。

(3)　外国語を通して、言語やその背景にある文化に対する理解を深め、相手に配慮しながら、主体的に外国語を用いてコミュニケーションを図ろうとする態度を養う。

第 2　各言語の目標及び内容等

英　語

1　目　標

英語学習の特質を踏まえ、以下に示す、聞くこと、話すこと［やり取り］、話すこと［発表］の三つの領域別に設定する目標の実現を目指した指導を通して、第 1 の(1)及び(2)に示す資質・能力を一体的に育成するとともに、その過程を通して、第 1 の(3)に示す資質・能力を育成する。

(1)　聞くこと

　ア　ゆっくりはっきりと話された際に、自分のことや身の回りの物を表す簡単な語句を聞き取るようにする。

　イ　ゆっくりはっきりと話された際に、身近で簡単な事柄に関する基本的な表現の意味が分かるようにする。

ウ　文字の読み方が発音されるのを聞いた際に、どの文字であるかが分かるようにする。

(2)　話すこと［やり取り］

　ア　基本的な表現を用いて挨拶、感謝、簡単な指示をしたり、それらに応じたりするようにする。

　イ　自分のことや身の回りの物について、動作を交えながら、自分の考えや気持ちなどを、簡単な語句や基本的な表現を用いて伝え合うようにする。

　ウ　サポートを受けて、自分や相手のこと及び身の回りの物に関する事柄について、簡単な語句や基本的な表現を用いて質問をしたり質問に答えたりするようにする。

(3)　話すこと［発表］

　ア　身の回りの物について、人前で実物などを見せながら、簡単な語句や基本的な表現を用いて話すようにする。

　イ　自分のことについて、人前で実物などを見せながら、簡単な語句や基本的な表現を用いて話すようにする。

　ウ　日常生活に関する身近で簡単な事柄について、人前で実物などを見せながら、自分の考えや気持ちなどを、簡単な語句や基本的な表現を用いて話すようにする。

2　内容

〔第3学年及び第4学年〕

〔知識及び技能〕

(1)　英語の特徴等に関する事項

　　実際に英語を用いた言語活動を通して、次の事項を体験的に身に付けることができるよう指導する。

　ア　言語を用いて主体的にコミュニケーションを図ることの楽しさや大切さを知ること。

　イ　日本と外国の言語や文化について理解すること。

　(ｱ)　英語の音声やリズムなどに慣れ親しむとともに、日本語との違い

を知り、言葉の面白さや豊かさに気付くこと。

(イ) 日本と外国との生活や習慣、行事などの違いを知り、多様な考え方があることに気付くこと。

(ウ) 異なる文化をもつ人々との交流などを体験し、文化等に対する理解を深めること。

〔思考力、判断力、表現力等〕

(2) 情報を整理しながら考えなどを形成し、英語で表現したり、伝え合ったりすることに関する事項

具体的な課題等を設定し、コミュニケーションを行う目的や場面、状況などに応じて、情報や考えなどを表現することを通して、次の事項を身に付けることができるよう指導する。

ア 自分のことや身近で簡単な事柄について、簡単な語句や基本的な表現を使って、相手に配慮しながら、伝え合うこと。

イ 身近で簡単な事柄について、自分の考えや気持ちなどが伝わるよう、工夫して質問をしたり質問に答えたりすること。

(3) 言語活動及び言語の働きに関する事項

① 言語活動に関する事項

(2)に示す事項については、(1)に示す事項を活用して、例えば次のような言語活動を通して指導する。

ア 聞くこと

(ア) 身近で簡単な事柄に関する短い話を聞いておおその内容を分かったりする活動。

(イ) 身近な人や身の回りの物に関する簡単な語句や基本的な表現を聞いて、それらを表すイラストや写真などと結び付ける活動。

(ウ) 文字の読み方が発音されるのを聞いて、活字体で書かれた文字と結び付ける活動。

イ 話すこと〔やり取り〕

(ア) 知り合いと簡単な挨拶を交わしたり、感謝や簡単な指示、依頼をして、それらに応じたりする活動。

(イ)　自分のことや身の回りの物について、動作を交えながら、好みや要求などの自分の気持ちや考えなどを伝え合う活動。

(ウ)　自分や相手の好み及び欲しい物などについて、簡単な質問をしたり質問に答えたりする活動。

ウ　話すこと［発表］

(ア)　身の回りの物の数や形状などについて、人前で実物やイラスト、写真などを見せながら話す活動。

(イ)　自分の好き嫌いや、欲しい物などについて、人前で実物やイラスト、写真などを見せながら話す活動。

(ウ)　時刻や曜日、場所など、日常生活に関する身近で簡単な事柄について、人前で実物やイラスト、写真などを見せながら、自分の考えや気持ちなどを話す活動。

②　言語の働きに関する事項

　言語活動を行うに当たり、主として次に示すような言語の使用場面や言語の働きを取り上げるようにする。

ア　言語の使用場面の例

(ア)　児童の身近な暮らしに関わる場面

・家庭での生活　・学校での学習や活動

・地域の行事　・子供の遊び　など

(イ)　特有の表現がよく使われる場面

・挨拶　　　　・自己紹介　　　　　・買物

・食事　　　　・道案内　など

イ　言語の働きの例

(ア)　コミュニケーションを円滑にする

・挨拶をする　　・相づちを打つ　など

(イ)　気持ちを伝える

・礼を言う　　・褒める　など

(ウ)　事実・情報を伝える

・説明する　　・答える　など

㈍　考えや意図を伝える

　　・申し出る　　　・意見を言う　など

㈎　相手の行動を促す

　　・質問する　　　・依頼する　　　・命令する　など

3　指導計画の作成と内容の取扱い

(1)　指導計画の作成に当たっては、第 5 学年及び第 6 学年並びに中学校
及び高等学校における指導との接続に留意しながら、次の事項に配慮す
るものとする。

ア　単元など内容や時間のまとまりを見通して、その中で育む資質・能
力の育成に向けて、児童の主体的・対話的で深い学びの実現を図るよ
うにすること。その際、具体的な課題等を設定し、児童が外国語によ
るコミュニケーションにおける見方・考え方を働かせながら、コミュ
ニケーションの目的や場面、状況などを意識して活動を行い、英語の
音声や語彙、表現などの知識を、三つの領域における実際のコミュニ
ケーションにおいて活用する学習の充実を図ること。

イ　学年ごとの目標を適切に定め、2 学年間を通じて外国語活動の目標
の実現を図るようにすること。

ウ　実際に英語を用いて互いの考えや気持ちを伝え合うなどの言語活動
を行う際は、2 の(1)に示す事項について理解したり練習したりするた
めの指導を必要に応じて行うこと。また、英語を初めて学習すること
に配慮し、簡単な語句や基本的な表現を用いながら、友達との関わり
を大切にした体験的な言語活動を行うこと。

エ　言語活動で扱う題材は、児童の興味・関心に合ったものとし、国語
科や音楽科、図画工作科など、他教科等で児童が学習したことを活用
したり、学校行事で扱う内容と関連付けたりするなどの工夫をするこ
と。

オ　外国語活動を通して、外国語や外国の文化のみならず、国語や我が
国の文化についても併せて理解を深めるようにすること。言語活動で

扱う題材についても、我が国の文化や、英語の背景にある文化に対する関心を高め、理解を深めようとする態度を養うのに役立つものとすること。

カ　障害のある児童などについては、学習活動を行う場合に生じる困難さに応じた指導内容や指導方法の工夫を計画的、組織的に行うこと。

キ　学級担任の教師又は外国語活動を担当する教師が指導計画を作成し、授業を実施するに当たっては、ネイティブ・スピーカーや英語が堪能な地域人材などの協力を得る等、指導体制の充実を図るとともに、指導方法の工夫を行うこと。

(2)　2の内容の取扱いについては、次の事項に配慮するものとする。

ア　英語でのコミュニケーションを体験させる際は、児童の発達の段階を考慮した表現を用い、児童にとって身近なコミュニケーションの場面を設定すること。

イ　文字については、児童の学習負担に配慮しつつ、音声によるコミュニケーションを補助するものとして取り扱うこと。

ウ　言葉によらないコミュニケーションの手段もコミュニケーションを支えるものであることを踏まえ、ジェスチャーなどを取り上げ、その役割を理解させるようにすること。

エ　身近で簡単な事柄について、友達に質問をしたり質問に答えたりする力を育成するため、ペア・ワーク、グループ・ワークなどの学習形態について適宜工夫すること。その際、相手とコミュニケーションを行うことに課題がある児童については、個々の児童の特性に応じて指導内容や指導方法を工夫すること。

オ　児童が身に付けるべき資質・能力や児童の実態、教材の内容などに応じて、視聴覚教材やコンピュータ、情報通信ネットワーク、教育機器などを有効活用し、児童の興味・関心をより高め、指導の効率化や言語活動の更なる充実を図るようにすること。

カ　各単元や各時間の指導に当たっては、コミュニケーションを行う目的、場面、状況などを明確に設定し、言語活動を通して育成すべき資質・

能力を明確に示すことにより、児童が学習の見通しを立てたり、振り返ったりすることができるようにすること。

第3 指導計画の作成と内容の取扱い
1 外国語活動においては、言語やその背景にある文化に対する理解が深まるよう指導するとともに、外国語による聞くこと、話すことの言語活動を行う際は、英語を取り扱うことを原則とすること。
2 第1章総則の第1の2の⑵に示す道徳教育の目標に基づき、道徳科などとの関連を考慮しながら、第3章特別の教科道徳の第2に示す内容について、外国語活動の特質に応じて適切な指導をすること。

資 料 *219*

資料 3-2　新学習指導要領（小学校外国語科、2017 年 3 月 31 日告示）

外国語科

第1　目　標

　外国語によるコミュニケーションにおける見方・考え方を働かせ、外国語による聞くこと、読むこと、話すこと、書くことの言語活動を通して、コミュニケーションを図る基礎となる資質・能力を次のとおり育成することを目指す。

　(1)　外国語の音声や文字、語彙、表現、文構造、言語の働きなどについて、日本語と外国語との違いに気付き、これらの知識を理解するとともに、読むこと、書くことに慣れ親しみ、聞くこと、読むこと、話すこと、書くことによる実際のコミュニケーションにおいて活用できる基礎的な技能を身に付けるようにする。

　(2)　コミュニケーションを行う目的や場面、状況などに応じて、身近で簡単な事柄について、聞いたり話したりするとともに、音声で十分に慣れ親しんだ外国語の語彙や基本的な表現を推測しながら読んだり、語順を意識しながら書いたりして、自分の考えや気持ちなどを伝え合うことができる基礎的な力を養う。

　(3)　外国語の背景にある文化に対する理解を深め、他者に配慮しながら、主体的に外国語を用いてコミュニケーションを図ろうとする態度を養う。

第2　各言語の目標及び内容等
英　語
1　目　標
　英語学習の特質を踏まえ、以下に示す、聞くこと、読むこと、話すこと［やり取り］、話すこと［発表］、書くことの五つの領域別に設定する目標の実現を目指した指導を通して、第 1 の(1)及び(2)に示す資質・能力を一体的に育

成するとともに、その過程を通して、第1の(3)に示す資質・能力を育成する。

(1) 聞くこと

　ア　ゆっくりはっきりと話されれば、自分のことや身近で簡単な事柄について、簡単な語句や基本的な表現を聞き取ることができるようにする。

　イ　ゆっくりはっきりと話されれば、日常生活に関する身近で簡単な事柄について、具体的な情報を聞き取ることができるようにする。

　ウ　ゆっくりはっきりと話されれば、日常生活に関する身近で簡単な事柄について、短い話の概要を捉えることができるようにする。

(2) 読むこと

　ア　活字体で書かれた文字を識別し、その読み方を発音することができるようにする。

　イ　音声で十分に慣れ親しんだ簡単な語句や基本的な表現の意味が分かるようにする。

(3) 話すこと［やり取り］

　ア　基本的な表現を用いて指示、依頼をしたり、それらに応じたりすることができるようにする。

　イ　日常生活に関する身近で簡単な事柄について、自分の考えや気持ちなどを、簡単な語句や基本的な表現を用いて伝え合うことができるようにする。

　ウ　自分や相手のこと及び身の回りの物に関する事柄について、簡単な語句や基本的な表現を用いてその場で質問をしたり質問に答えたりして、伝え合うことができるようにする。

(4) 話すこと［発表］

　ア　日常生活に関する身近で簡単な事柄について、簡単な語句や基本的な表現を用いて話すことができるようにする。

　イ　自分のことについて、伝えようとする内容を整理した上で、簡単な語句や基本的な表現を用いて話すことができるようにする。

資　料　*221*

　　ウ　身近で簡単な事柄について、伝えようとする内容を整理した上で、
　　　　自分の考えや気持ちなどを、簡単な語句や基本的な表現を用いて話す
　　　　ことができるようにする。
　(5)　書くこと
　　ア　大文字、小文字を活字体で書くことができるようにする。また、語
　　　　順を意識しながら音声で十分に慣れ親しんだ簡単な語句や基本的な表
　　　　現を書き写すことができるようにする。
　　イ　自分のことや身近で簡単な事柄について、例文を参考に、音声で十
　　　　分に慣れ親しんだ簡単な語句や基本的な表現を用いて書くことができ
　　　　るようにする。

2　内　　容
〔第5学年及び第6学年〕
〔知識及び技能〕
　(1)　英語の特徴やきまりに関する事項
　　　　実際に英語を用いた言語活動を通して、次に示す言語材料のうち、1
　　　に示す五つの領域別の目標を達成するのにふさわしいものについて理解
　　　するとともに、言語材料と言語活動とを効果的に関連付け、実際のコミュ
　　　ニケーションにおいて活用できる技能を身に付けることができるよう指
　　　導する。
　　ア　音声
　　　　次に示す事項のうち基本的な語や句、文について取り扱うこと。
　　　㋐　現代の標準的な発音
　　　㋑　語と語の連結による音の変化
　　　㋒　語や句、文における基本的な強勢
　　　㋓　文における基本的なイントネーション
　　　㋔　文における基本的な区切り
　　イ　文字及び符号
　　　㋐　活字体の大文字、小文字

(イ) 終止符や疑問符、コンマなどの基本的な符号

ウ　語、連語及び慣用表現

(ア) 1 に示す五つの領域別の目標を達成するために必要となる、第 3 学年及び第 4 学年において第 4 章外国語活動を履修する際に取り扱った語を含む 600 〜 700 語程度の語

(イ) 連語のうち、get up、look at などの活用頻度の高い基本的なもの

(ウ) 慣用表現のうち、excuse me、I see、I'm sorry、thank you、you're welcome などの活用頻度の高い基本的なもの

エ　文及び文構造

次に示す事項について、日本語と英語の語順の違い等に気付かせるとともに、基本的な表現として、意味のある文脈でのコミュニケーションの中で繰り返し触れることを通して活用すること。

(ア) 文

a　単文

b　肯定、否定の平叙文

c　肯定、否定の命令文

d　疑問文のうち、be 動詞で始まるものや助動詞（can、do など）で始まるもの、疑問詞（who、what、when、where、why、how）で始まるもの

e　代名詞のうち、I、you、he、she などの基本的なものを含むもの

f　動名詞や過去形のうち、活用頻度の高い基本的なものを含むもの

(イ) 文構造

a　［主語＋動詞］

b　［主語＋動詞＋補語］のうち、

$$主語 + be 動詞 + \left\{ \begin{array}{l} 名詞 \\ 代名詞 \\ 形容詞 \end{array} \right\}$$

c　［主語＋動詞＋目的語］のうち、

$$\text{主語＋動詞＋}\begin{Bmatrix}\text{名詞}\\\text{代名詞}\end{Bmatrix}$$

〔思考力、判断力、表現力等〕

(2) 情報を整理しながら考えなどを形成し、英語で表現したり、伝え合ったりすることに関する事項

　　具体的な課題等を設定し、コミュニケーションを行う目的や場面、状況などに応じて、情報を整理しながら考えなどを形成し、これらを表現することを通して、次の事項を身に付けることができるよう指導する。

ア　身近で簡単な事柄について、伝えようとする内容を整理した上で、簡単な語句や基本的な表現を用いて、自分の考えや気持ちなどを伝え合うこと。

イ　身近で簡単な事柄について、音声で十分に慣れ親しんだ簡単な語句や基本的な表現を推測しながら読んだり、語順を意識しながら書いたりすること。

(3) 言語活動及び言語の働きに関する事項

① 言語活動に関する事項

　　(2)に示す事項については、(1)に示す事項を活用して、例えば次のような言語活動を通して指導する。

ア　聞くこと

　(ア)　自分のことや学校生活など、身近で簡単な事柄について、簡単な語句や基本的な表現を聞いて、それらを表すイラストや写真などと結び付ける活動。

　(イ)　日付や時刻、値段などを表す表現など、日常生活に関する身近で簡単な事柄について、具体的な情報を聞き取る活動。

　(ウ)　友達や家族、学校生活など、身近で簡単な事柄について、簡単な語句や基本的な表現で話される短い会話や説明を、イラストや写真などを参考にしながら聞いて、必要な情報を得る活動。

イ　読むこと

(ア) 活字体で書かれた文字を見て、どの文字であるかやその文字が大文字であるか小文字であるかを識別する活動。

(イ) 活字体で書かれた文字を見て、その読み方を適切に発音する活動。

(ウ) 日常生活に関する身近で簡単な事柄を内容とする掲示やパンフレットなどから、自分が必要とする情報を得る活動。

(エ) 音声で十分に慣れ親しんだ簡単な語句や基本的な表現を、絵本などの中から識別する活動。

ウ　話すこと［やり取り］

(ア) 初対面の人や知り合いと挨拶を交わしたり、相手に指示や依頼をして、それらに応じたり断ったりする活動。

(イ) 日常生活に関する身近で簡単な事柄について、自分の考えや気持ちなどを伝えたり、簡単な質問をしたり質問に答えたりして伝え合う活動。

(ウ) 自分に関する簡単な質問に対してその場で答えたり、相手に関する簡単な質問をその場でしたりして、短い会話をする活動。

エ　話すこと［発表］

(ア) 時刻や日時、場所など、日常生活に関する身近で簡単な事柄を話す活動。

(イ) 簡単な語句や基本的な表現を用いて、自分の趣味や得意なことなどを含めた自己紹介をする活動。

(ウ) 簡単な語句や基本的な表現を用いて、学校生活や地域に関することなど、身近で簡単な事柄について、自分の考えや気持ちなどを話す活動。

オ　書くこと

(ア) 文字の読み方が発音されるのを聞いて、活字体の大文字、小文字を書く活動。

(イ) 相手に伝えるなどの目的を持って、身近で簡単な事柄について、音声で十分に慣れ親しんだ簡単な語句を書き写す活動。

(ウ) 相手に伝えるなどの目的を持って、語と語の区切りに注意して、

身近で簡単な事柄について、音声で十分に慣れ親しんだ基本的な表現を書き写す活動。

(エ) 相手に伝えるなどの目的を持って、名前や年齢、趣味、好き嫌いなど、自分に関する簡単な事柄について、音声で十分に慣れ親しんだ簡単な語句や基本的な表現を用いた例の中から言葉を選んで書く活動。

② 言語の働きに関する事項

言語活動を行うに当たり、主として次に示すような言語の使用場面や言語の働きを取り上げるようにする。

ア　言語の使用場面の例

(ア) 児童の身近な暮らしに関わる場面

・家庭での生活　　　・学校での学習や活動

・地域の行事　など

(イ) 特有の表現がよく使われる場面

・挨拶　　・自己紹介　　　・買物

・食事　　・道案内　　　　・旅行　など

イ　言語の働きの例

(ア) コミュニケーションを円滑にする

・挨拶をする　・呼び掛ける　　　・相づちを打つ

・聞き直す　　・繰り返す　など

(イ) 気持ちを伝える

・礼を言う　　・褒める　　　　　・謝る　など

(ウ) 事実・情報を伝える

・説明する　　・報告する　　　　・発表する　など

(エ) 考えや意図を伝える

・申し出る　　・意見を言う　　　・賛成する

・承諾する　　・断る　など

(オ) 相手の行動を促す

・質問する　　・依頼する　　　　・命令する　など

3 指導計画の作成と内容の取扱い

(1) 指導計画の作成に当たっては、第3学年及び第4学年並びに中学校及び高等学校における指導との接続に留意しながら、次の事項に配慮するものとする。

ア 単元など内容や時間のまとまりを見通して、その中で育む資質・能力の育成に向けて、児童の主体的・対話的で深い学びの実現を図るようにすること。その際、具体的な課題等を設定し、児童が外国語によるコミュニケーションにおける見方・考え方を働かせながら、コミュニケーションの目的や場面、状況などを意識して活動を行い、英語の音声や語彙、表現などの知識を、五つの領域における実際のコミュニケーションにおいて活用する学習の充実を図ること。

イ 学年ごとの目標を適切に定め、2学年間を通じて外国語科の目標の実現を図るようにすること。

ウ 実際に英語を使用して互いの考えや気持ちを伝え合うなどの言語活動を行う際は、2の(1)に示す言語材料について理解したり練習したりするための指導を必要に応じて行うこと。また、第3学年及び第4学年において第4章外国語活動を履修する際に扱った簡単な語句や基本的な表現などの学習内容を繰り返し指導し定着を図ること。

エ 児童が英語に多く触れることが期待される英語学習の特質を踏まえ、必要に応じて、特定の事項を取り上げて第1章総則の第2の3の(2)のウの(イ)に掲げる指導を行うことにより、指導の効果を高めるよう工夫すること。このような指導を行う場合には、当該指導のねらいやそれを関連付けて指導を行う事項との関係を明確にするとともに、単元など内容や時間のまとまりを見通して、資質・能力が偏りなく育成されるよう計画的に指導すること。

オ 言語活動で扱う題材は、児童の興味・関心に合ったものとし、国語科や音楽科、図画工作科など、他の教科等で児童が学習したことを活用したり、学校行事で扱う内容と関連付けたりするなどの工夫をする

こと。

　カ　障害のある児童などについては、学習活動を行う場合に生じる困難さに応じた指導内容や指導方法の工夫を計画的、組織的に行うこと。

　キ　学級担任の教師又は外国語を担当する教師が指導計画を作成し、授業を実施するに当たっては、ネイティブ・スピーカーや英語が堪能な地域人材などの協力を得る等、指導体制の充実を図るとともに、指導方法の工夫を行うこと。

(2)　2の内容の取扱いについては、次の事項に配慮するものとする。

　ア　2の(1)に示す言語材料については、平易なものから難しいものへと段階的に指導すること。また、児童の発達の段階に応じて、聞いたり読んだりすることを通して意味を理解できるように指導すべき事項と、話したり書いたりして表現できるように指導すべき事項とがあることに留意すること。

　イ　音声指導に当たっては、日本語との違いに留意しながら、発音練習などを通して2の(1)のアに示す言語材料を指導すること。また、音声と文字とを関連付けて指導すること。

　ウ　文や文構造の指導に当たっては、次の事項に留意すること。

　　(ｱ)　児童が日本語と英語との語順等の違いや、関連のある文や文構造のまとまりを認識できるようにするために、効果的な指導ができるよう工夫すること。

　　(ｲ)　文法の用語や用法の指導に偏ることがないよう配慮して、言語活動と効果的に関連付けて指導すること。

　エ　身近で簡単な事柄について、友達に質問をしたり質問に答えたりする力を育成するため、ペア・ワーク、グループ・ワークなどの学習形態について適宜工夫すること。その際、他者とコミュニケーションを行うことに課題がある児童については、個々の児童の特性に応じて指導内容や指導方法を工夫すること。

　オ　児童が身に付けるべき資質・能力や児童の実態、教材の内容などに応じて、視聴覚教材やコンピュータ、情報通信ネットワーク、教育機

器などを有効活用し、児童の興味・関心をより高め、指導の効率化や言語活動の更なる充実を図るようにすること。

カ　各単元や各時間の指導に当たっては、コミュニケーションを行う目的、場面、状況などを明確に設定し、言語活動を通して育成すべき資質・能力を明確に示すことにより、児童が学習の見通しを立てたり、振り返ったりすることができるようにすること。

⑶　教材については、次の事項に留意するものとする。

ア　教材は、聞くこと、読むこと、話すこと［やり取り］、話すこと［発表］、書くことなどのコミュニケーションを図る基礎となる資質・能力を総合的に育成するため、1に示す五つの領域別の目標と2に示す内容との関係について、単元など内容や時間のまとまりごとに各教材の中で明確に示すとともに、実際の言語の使用場面や言語の働きに十分配慮した題材を取り上げること。

イ　英語を使用している人々を中心とする世界の人々や日本人の日常生活、風俗習慣、物語、地理、歴史、伝統文化、自然などに関するものの中から、児童の発達の段階や興味・関心に即して適切な題材を変化をもたせて取り上げるものとし、次の観点に配慮すること。

　㋐　多様な考え方に対する理解を深めさせ、公正な判断力を養い豊かな心情を育てることに役立つこと。

　㋑　我が国の文化や、英語の背景にある文化に対する関心を高め、理解を深めようとする態度を養うことに役立つこと。

　㋒　広い視野から国際理解を深め、国際社会と向き合うことが求められている我が国の一員としての自覚を高めるとともに、国際協調の精神を養うことに役立つこと。

その他の外国語

その他の外国語については、英語の1に示す五つの領域別の目標、2に示す内容及び3に示す指導計画の作成と内容の取扱いに準じて指導を行うものとする。

第3 指導計画の作成と内容の取扱い

　1 外国語科においては、英語を履修させることを原則とすること。

　2 第1章総則の第1の2の(2)に示す道徳教育の目標に基づき、道徳科などとの関連を考慮しながら、第3章特別の教科道徳の第2に示す内容について、外国語科の特質に応じて適切な指導をすること。

資料 3-3　新学習指導要領（中学校外国語科、2017 年 3 月 31 日告示）

外国語科

第 1　目　標

　外国語によるコミュニケーションにおける見方・考え方を働かせ、外国語による聞くこと、読むこと、話すこと、書くことの言語活動を通して、簡単な情報や考えなどを理解したり表現したり伝え合ったりするコミュニケーションを図る資質・能力を次のとおり育成することを目指す。

(1)　外国語の音声や語彙、表現、文法、言語の働きなどを理解するとともに、これらの知識を、聞くこと、読むこと、話すこと、書くことによる実際のコミュニケーションにおいて活用できる技能を身に付けるようにする。

(2)　コミュニケーションを行う目的や場面、状況などに応じて、日常的な話題や社会的な話題について、外国語で簡単な情報や考えなどを理解したり、これらを活用して表現したり伝え合ったりすることができる力を養う。

(3)　外国語の背景にある文化に対する理解を深め、聞き手、読み手、話し手、書き手に配慮しながら、主体的に外国語を用いてコミュニケーションを図ろうとする態度を養う。

第 2　各言語の目標及び内容等

英　語

1　目　標

　英語学習の特質を踏まえ、以下に示す、聞くこと、読むこと、話すこと［やり取り］、話すこと［発表］、書くことの五つの領域別に設定する目標の実現を目指した指導を通して、第 1 の(1)及び(2)に示す資質・能力を一体的に育成するとともに、その過程を通して、第 1 の(3)に示す資質・能力を育成する。

(1)　聞くこと

　ア　はっきりと話されれば、日常的な話題について、必要な情報を聞き

取ることができるようにする。

イ　はっきりと話されれば、日常的な話題について、話の概要を捉える
　　ことができるようにする。

ウ　はっきりと話されれば、社会的な話題について、短い説明の要点を
　　捉えることができるようにする。

(2)　読むこと

ア　日常的な話題について、簡単な語句や文で書かれたものから必要な
　　情報を読み取ることができるようにする。

イ　日常的な話題について、簡単な語句や文で書かれた短い文章の概要
　　を捉えることができるようにする。

ウ　社会的な話題について、簡単な語句や文で書かれた短い文章の要点
　　を捉えることができるようにする。

(3)　話すこと［やり取り］

ア　関心のある事柄について、簡単な語句や文を用いて即興で伝え合う
　　ことができるようにする。

イ　日常的な話題について、事実や自分の考え、気持ちなどを整理し、
　　簡単な語句や文を用いて伝えたり、相手からの質問に答えたりするこ
　　とができるようにする。

ウ　社会的な話題に関して聞いたり読んだりしたことについて、考えた
　　ことや感じたこと、その理由などを、簡単な語句や文を用いて述べ合
　　うことができるようにする。

(4)　話すこと［発表］

ア　関心のある事柄について、簡単な語句や文を用いて即興で話すこと
　　ができるようにする。

イ　日常的な話題について、事実や自分の考え、気持ちなどを整理し、
　　簡単な語句や文を用いてまとまりのある内容を話すことができるよう
　　にする。

ウ　社会的な話題に関して聞いたり読んだりしたことについて、考えた
　　ことや感じたこと、その理由などを、簡単な語句や文を用いて話すこ

とができるようにする。

(5) 書くこと

ア 関心のある事柄について、簡単な語句や文を用いて正確に書くことができるようにする。

イ 日常的な話題について、事実や自分の考え、気持ちなどを整理し、簡単な語句や文を用いてまとまりのある文章を書くことができるようにする。

ウ 社会的な話題に関して聞いたり読んだりしたことについて、考えたことや感じたこと、その理由などを、簡単な語句や文を用いて書くことができるようにする。

2 内 容

〔知識及び技能〕

(1) 英語の特徴やきまりに関する事項

実際に英語を用いた言語活動を通して、小学校学習指導要領第2章第10節外国語第2の2の(1)及び次に示す言語材料のうち、1に示す五つの領域別の目標を達成するのにふさわしいものについて理解するとともに、言語材料と言語活動とを効果的に関連付け、実際のコミュニケーションにおいて活用できる技能を身に付けることができるよう指導する。

ア 音声

次に示す事項について取り扱うこと。

(ア) 現代の標準的な発音

(イ) 語と語の連結による音の変化

(ウ) 語や句、文における基本的な強勢

(エ) 文における基本的なイントネーション

(オ) 文における基本的な区切り

イ 符号

感嘆符、引用符などの符号

ウ 語、連語及び慣用表現

(ア) 1 に示す五つの領域別の目標を達成するために必要となる、小学校で学習した語に 1600 〜 1800 語程度の新語を加えた語

(イ) 連語のうち、活用頻度の高いもの

(ウ) 慣用表現のうち、活用頻度の高いもの

エ　文、文構造及び文法事項

　　小学校学習指導要領第 2 章第 10 節外国語第 2 の 2 の(1)のエ及び次に示す事項について、意味のある文脈でのコミュニケーションの中で繰り返し触れることを通して活用すること。

(ア)　文

　a　重文、複文

　b　疑問文のうち、助動詞（may、will など）で始まるものや or を含むもの、疑問詞（which、whose）で始まるもの

　c　感嘆文のうち基本的なもの

(イ)　文構造

　a　［主語＋動詞＋補語］のうち、

$$\text{主語} + \text{be 動詞以外の動詞} + \left\{ \begin{array}{l} \text{名詞} \\ \text{形容詞} \end{array} \right\}$$

　b　［主語＋動詞＋目的語］のうち、

$$\text{(a)}\quad \text{主語} + \text{動詞} + \left\{ \begin{array}{l} \text{動名詞} \\ \text{to 不定詞} \\ \text{how（など）to 不定詞} \end{array} \right\}$$

$$\text{(b)}\quad \text{主語} + \text{動詞} + \left\{ \begin{array}{l} \text{that で始まる節} \\ \text{what などで始まる節} \end{array} \right\}$$

　c　［主語＋動詞＋間接目的語＋直接目的語］のうち、

$$\text{(a)}\quad \text{主語} + \text{動詞} + \text{間接目的語} + \left\{ \begin{array}{l} \text{名詞} \\ \text{代名詞} \end{array} \right\}$$

(b)　主語＋動詞＋間接目的語＋ how（など）to 不定詞

(c)　主語＋動詞＋間接目的語＋$\begin{cases} \text{that で始まる節} \\ \text{what などで始まる節} \end{cases}$

d　［主語＋動詞＋目的語＋補語］のうち、

(a)　主語＋動詞＋目的語＋$\begin{cases} \text{名詞} \\ \text{形容詞} \end{cases}$

(b)　主語＋動詞＋目的語＋原形不定詞

e　その他

(a)　There ＋ be 動詞＋～

(b)　It ＋ be 動詞＋～（＋ for ～）＋ to 不定詞

(c)　主語＋ tell、want など＋目的語＋ to 不定詞

(d)　主語＋ be 動詞＋形容詞＋ that で始まる節

㋑　文法事項

a　代名詞

(a)　人称や指示、疑問、数量を表すもの

(b)　関係代名詞のうち、主格の that、which、who、目的格の that、which の制限的用法

b　接続詞

c　助動詞

d　前置詞

e　動詞の時制及び相など

現在形や過去形、現在進行形、過去進行形、現在完了形、現在完了進行形、助動詞などを用いた未来表現

f　形容詞や副詞を用いた比較表現

g　to 不定詞

h　動名詞

i　現在分詞や過去分詞の形容詞としての用法

資　料　*235*

　　　j　受け身
　　　k　仮定法のうち基本的なもの
〔思考力、判断力、表現力等〕
　(2)　情報を整理しながら考えなどを形成し、英語で表現したり、伝え合っ
　　　たりすることに関する事項
　　　　具体的な課題等を設定し、コミュニケーションを行う目的や場面、状
　　　況などに応じて、情報を整理しながら考えなどを形成し、これらを論理
　　　的に表現することを通して、次の事項を身に付けることができるよう指
　　　導する。
　　ア　日常的な話題や社会的な話題について、英語を聞いたり読んだりし
　　　て必要な情報や考えなどを捉えること。
　　イ　日常的な話題や社会的な話題について、英語を聞いたり読んだりし
　　　て得られた情報や表現を、選択したり抽出したりするなどして活用し、
　　　話したり書いたりして事実や自分の考え、気持ちなどを表現すること。
　　ウ　日常的な話題や社会的な話題について、伝える内容を整理し、英語
　　　で話したり書いたりして互いに事実や自分の考え、気持ちなどを伝え
　　　合うこと。
　(3)　言語活動及び言語の働きに関する事項
　①　言語活動に関する事項
　　　　(2)に示す事項については、(1)に示す事項を活用して、例えば次のよう
　　　な言語活動を通して指導する。
　　ア　小学校学習指導要領第2章第10節外国語の第2の2の(3)に示す言
　　　語活動のうち、小学校における学習内容の定着を図るために必要なも
　　　の。
　　イ　聞くこと
　　　㋐　日常的な話題について、自然な口調で話される英語を聞いて、話
　　　　し手の意向を正確に把握する活動。
　　　㋑　店や公共交通機関などで用いられる簡単なアナウンスなどから、
　　　　自分が必要とする情報を聞き取る活動。

(ウ)　友達からの招待など、身近な事柄に関する簡単なメッセージを聞いて、その内容を把握し、適切に応答する活動。

　　(エ)　友達や家族、学校生活などの日常的な話題や社会的な話題に関する会話や説明などを聞いて、概要や要点を把握する活動。また、その内容を英語で説明する活動。

　ウ　読むこと

　　(ア)　書かれた内容や文章の構成を考えながら黙読したり、その内容を表現するよう音読したりする活動。

　　(イ)　日常的な話題について、簡単な表現が用いられている広告やパンフレット、予定表、手紙、電子メール、短い文章などから、自分が必要とする情報を読み取る活動。

　　(ウ)　簡単な語句や文で書かれた日常的な話題に関する短い説明やエッセイ、物語などを読んで概要を把握する活動。

　　(エ)　簡単な語句や文で書かれた社会的な話題に関する説明などを読んで、イラストや写真、図表なども参考にしながら、要点を把握する活動。また、その内容に対する賛否や自分の考えを述べる活動。

　エ　話すこと［やり取り］

　　(ア)　関心のある事柄について、相手からの質問に対し、その場で適切に応答したり、関連する質問をしたりして、互いに会話を継続する活動。

　　(イ)　日常的な話題について、伝えようとする内容を整理し、自分で作成したメモなどを活用しながら相手と口頭で伝え合う活動。

　　(ウ)　社会的な話題に関して聞いたり読んだりしたことから把握した内容に基づき、読み取ったことや感じたこと、考えたことなどを伝えた上で、相手からの質問に対して適切に応答したり自ら質問し返したりする活動。

　オ　話すこと［発表］

　　(ア)　関心のある事柄について、その場で考えを整理して口頭で説明する活動。

(イ)　日常的な話題について、事実や自分の考え、気持ちなどをまとめ、
　　　簡単なスピーチをする活動。

　　(ウ)　社会的な話題に関して聞いたり読んだりしたことから把握した内
　　　容に基づき、自分で作成したメモなどを活用しながら口頭で要約し
　　　たり、自分の考えや気持ちなどを話したりする活動。

　カ　書くこと

　　(ア)　趣味や好き嫌いなど、自分に関する基本的な情報を語句や文で書
　　　く活動。

　　(イ)　簡単な手紙や電子メールの形で自分の近況などを伝える活動。

　　(ウ)　日常的な話題について、簡単な語句や文を用いて、出来事などを
　　　説明するまとまりのある文章を書く活動。

　　(エ)　社会的な話題に関して聞いたり読んだりしたことから把握した内
　　　容に基づき、自分の考えや気持ち、その理由などを書く活動。

②　言語の働きに関する事項

　　言語活動を行うに当たり、主として次に示すような言語の使用場面や
　言語の働きを取り上げるようにする。

　ア　言語の使用場面の例

　　(ア)　生徒の身近な暮らしに関わる場面

　　・家庭での生活　　　・学校での学習や活動

　　・地域の行事　など

　　(イ)　特有の表現がよく使われる場面

　　・自己紹介　　　・買物　　　・食事

　　・道案内　　　　・旅行　　　・電話での対応

　　・手紙や電子メールのやり取り　など

　イ　言語の働きの例

　　(ア)　コミュニケーションを円滑にする

　　・話し掛ける　　　・相づちを打つ　　　・聞き直す

　　・繰り返す　など

　　(イ)　気持ちを伝える

・礼を言う　　　・苦情を言う　　　・褒める

・謝る　　　　　・歓迎する　　など

(ウ)　事実・情報を伝える

・説明する　　　・報告する　　　・発表する

・描写する　　など

(エ)　考えや意図を伝える

・申し出る　　　・約束する　　　・意見を言う

・賛成する　　　・反対する　　　・承諾する

・断る　　　　　・仮定する　　など

(オ)　相手の行動を促す

・質問する　　　・依頼する　　　・招待する

・命令する　　など

3　指導計画の作成と内容の取扱い

(1)　指導計画の作成に当たっては、小学校や高等学校における指導との接続に留意しながら、次の事項に配慮するものとする。

　ア　単元など内容や時間のまとまりを見通して、その中で育む資質・能力の育成に向けて、生徒の主体的・対話的で深い学びの実現を図るようにすること。その際、具体的な課題等を設定し、生徒が外国語によるコミュニケーションにおける見方・考え方を働かせながら、コミュニケーションの目的や場面、状況などを意識して活動を行い、英語の音声や語彙、表現、文法の知識を五つの領域における実際のコミュニケーションにおいて活用する学習の充実を図ること。

　イ　学年ごとの目標を適切に定め、3学年間を通じて外国語科の目標の実現を図るようにすること。

　ウ　実際に英語を使用して互いの考えや気持ちを伝え合うなどの言語活動を行う際は、2の(1)に示す言語材料について理解したり練習したりするための指導を必要に応じて行うこと。また、小学校第3学年から第6学年までに扱った簡単な語句や基本的な表現などの学習内容

を繰り返し指導し定着を図ること。

エ　生徒が英語に触れる機会を充実するとともに、授業を実際のコミュニケーションの場面とするため、授業は英語で行うことを基本とする。その際、生徒の理解の程度に応じた英語を用いるようにすること。

オ　言語活動で扱う題材は、生徒の興味・関心に合ったものとし、国語科や理科、音楽科など、他の教科等で学習したことを活用したり、学校行事で扱う内容と関連付けたりするなどの工夫をすること。

カ　障害のある生徒などについては、学習活動を行う場合に生じる困難さに応じた指導内容や指導方法の工夫を計画的、組織的に行うこと。

キ　指導計画の作成や授業の実施に当たっては、ネイティブ・スピーカーや英語が堪能な地域人材などの協力を得る等、指導体制の充実を図るとともに、指導方法の工夫を行うこと。

(2)　2の内容に示す事項については、次の事項に配慮するものとする。

ア　2の(1)に示す言語材料については、平易なものから難しいものへと段階的に指導すること。また、生徒の発達の段階に応じて、聞いたり読んだりすることを通して意味を理解できるように指導すべき事項と、話したり書いたりして表現できるように指導すべき事項とがあることに留意すること。

イ　音声指導に当たっては、日本語との違いに留意しながら、発音練習などを通して2の(1)のアに示す言語材料を継続して指導するとともに、音声指導の補助として、必要に応じて発音表記を用いて指導することもできることに留意すること。また、発音と綴りとを関連付けて指導すること。

ウ　文字指導に当たっては、生徒の学習負担にも配慮しながら筆記体を指導することもできることに留意すること。

エ　文法の指導に当たっては、次の事項に留意すること。

(ア)　英語の特質を理解させるために、関連のある文法事項はまとめて整理するなど、効果的な指導ができるよう工夫すること。

(イ)　文法はコミュニケーションを支えるものであることを踏まえ、コ

ミュニケーションの目的を達成する上での必要性や有用性を実感させた上でその知識を活用させたり、繰り返し使用することで当該文法事項の規則性や構造などについて気付きを促したりするなど、言語活動と効果的に関連付けて指導すること。

(ウ) 用語や用法の区別などの指導が中心とならないよう配慮し、実際に活用できるようにするとともに、語順や修飾関係などにおける日本語との違いに留意して指導すること。

オ　辞書の使い方に慣れ、活用できるようにすること。

カ　身近で簡単な事柄について、友達に質問をしたり質問に答えたりする力を育成するため、ペア・ワーク、グループ・ワークなどの学習形態について適宜工夫すること。その際、他者とコミュニケーションを行うことに課題がある生徒については、個々の生徒の特性に応じて指導内容や指導方法を工夫すること。

キ　生徒が身に付けるべき資質・能力や生徒の実態、教材の内容などに応じて、視聴覚教材やコンピュータ、情報通信ネットワーク、教育機器などを有効活用し、生徒の興味、関心をより高め、指導の効率化や言語活動の更なる充実を図るようにすること。

ク　各単元や各時間の指導に当たっては、コミュニケーションを行う目的、場面、状況などを明確に設定し、言語活動を通して育成すべき資質・能力を明確に示すことにより、生徒が学習の見通しを立てたり、振り返ったりすることができるようにすること。

(3) 教材については、次の事項に留意するものとする。

ア　教材は、聞くこと、読むこと、話すこと［やり取り］、話すこと［発表］、書くことなどのコミュニケーションを図る資質・能力を総合的に育成するため、1に示す五つの領域別の目標と2に示す内容との関係について、単元など内容や時間のまとまりごとに各教材の中で明確に示すとともに、実際の言語の使用場面や言語の働きに十分配慮した題材を取り上げること。

イ　英語を使用している人々を中心とする世界の人々や日本人の日常生

活、風俗習慣、物語、地理、歴史、伝統文化、自然科学などに関する
ものの中から、生徒の発達の段階や興味・関心に即して適切な題材を
効果的に取り上げるものとし、次の観点に配慮すること。

(ア) 多様な考え方に対する理解を深めさせ、公正な判断力を養い豊か
な心情を育てるのに役立つこと。

(イ) 我が国の文化や、英語の背景にある文化に対する関心を高め、理
解を深めようとする態度を養うのに役立つこと。

(ウ) 広い視野から国際理解を深め、国際社会と向き合うことが求めら
れている我が国の一員としての自覚を高めるとともに、国際協調の
精神を養うのに役立つこと。

その他の外国語

　その他の外国語については、英語の1に示す五つの領域別の目標、2に示
す内容及び3に示す指導計画の作成と内容の取扱いに準じて指導を行うも
のとする。

第3　指導計画の作成と内容の取扱い

　1　外国語科においては、英語を履修させることを原則とすること。

　2　第1章総則の第1の2の(2)に示す道徳教育の目標に基づき、道徳科な
どとの関連を考慮しながら、第3章特別の教科道徳の第2に示す内容に
ついて、外国語科の特質に応じて適切な指導をすること。

参考文献

青木昭六 (2008).「コミュニケーション推進力としての推論能力」村田久美子・原田哲男編著『コミュニケーション能力育成再考 ヘンリー・ウィドウソンと日本の応用言語学・言語教育』(pp. 27-51)、東京：ひつじ書房.

東照二 (1994).『丁寧な英語・失礼な英語 英語のポライトネス・ストラテジー』東京：研究社.

安彦忠彦 (2014).『「コンピテンシー・ベース」を超える授業づくり：人間形成を見すえた能力育成をめざして』東京：図書文化.

池上嘉彦 (1995).『＜英文法＞を考える』東京：筑摩書房.

今井邦彦編、ディアドリ・ウィルスン、ティム・ウォートン著／井門亮、岡田聡宏、古牧久典、新井恭子訳 (2009).『最新語用論入門 12 章』東京：大修館書店.

上田明子 (1995).『話せる英語術』東京：岩波書店.

宇佐美まゆみ (2001).「談話のポライトネス ―― ポライトネスの談話理論構想 ――」『談話のポライトネス』(第 7 回国立国語研究所国際シンポジウム報告書)、9-58.

内田聖二 (1985).「ah vs. oh ――語用論的順接と逆接――」『英語青年』131 (1), p. 9.

内田聖二 (2011).『語用論の射程』東京：研究社.

内田聖二、宋南先、中逵俊明、田中 圭子訳 /D. スペルベル、D. ウイルソン原著 (1999).『関連性理論――伝達と認知――』(第 2 版) 東京：研究社.

江川泰一郎 (1977).『英文法解説 改訂新版』東京：金子書房.

長部三郎 (2001).『伝わる英語表現』岩波新書、東京：岩波書店.

神谷健一 (2000).「Address terms as discourse markers ――日英対照研究――」修士論文、大阪大学大学院言語文化研究科.

関西経済同友会教育改革委員会 (2015).「英語教育に目標と戦略を〜 Basic English で世界と話そう〜」(http://www.kansaidoyukai.or.jp/LinkClick.aspx?fileticket=zEh hZCzDgjE%3D&tabid=57&mid=528).

木村和美 (2007).『ポジティブ・イングリッシュのすすめ』東京：朝日新聞社.

小泉保編 (2001).『入門 語用論研究』東京：研究社.

ジーン・レイヴ、エティエンヌ・ウェンガー著／佐伯胖訳 (1993).『状況に埋め込まれた学習』東京：産業図書.

時事通信社 (2017).「中 3 英語力、バランス課題＝「書く」以外目標届かず―文科省調査」http://www.jiji.com/jc/article?k=2017022400859&g=soc (2017 年 2 月 24 日).

杉山幸子 (2013).「文法訳読は本当に『使えない』のか？」『日本英語英文学会紀要』第 23 号、105-128.

泉子・K・メイナード (1993).『会話分析』東京：くろしお出版.

染矢正一 (2013).『新版 教室英語表現事典 —— 英語で授業を行うために』東京：大修館書店.

高梨健吉 (1970).『総解英文法』東京：美誠社.

高梨庸雄、高橋正夫、カール・アダムズ、久埜百合編 (2006).『教室英語活用事典 改訂版』東京：研究社.

高野陽太郎 (2002).「外国語を使うとき —— 思考力の一時的低下」海保博之・柏崎秀子編『日本語教育のための心理学』東京：新曜社、15-28.

高橋美由紀、柳善和 (2015).「中学校入学時の英語学習に対する意識及び英語能力について：小学校英語教育の成果を探る」『外国語研究』（愛知教育大学外国語外国文学研究会）48 号、1-20.

田巻竜介 (2015).「高 3 の英語力、大半が英検 3 級以下：6 割が『好きでない』 —— 文科省調査」『内外教育』3 月号（No. 6405）、8.

奈須正裕 (2017).『「資質・能力」と学びのメカニズム』東京：東洋館.

新里眞男 (2008).「巻頭言 自然な英語を！」『小学校英語情報誌 Hello, Kids!』（開隆堂）、Vol. 2-4, 1.

西村義樹、矢野茂樹 (2013).『言語学の教室：哲学者と学ぶ認知言語学』東京：中央公論新社.

ネウストプニー, J. V. (1982).『外国人とのコミュニケーション』岩波新書、東京：岩波書店.

長谷川瑞穂編著 (2006).『はじめての英語学』東京：研究社.

バトラー後藤裕子 (2005).『アジアの視点からの検証と提言 日本の小学校英語を考える』東京：三省堂.

バトラー後藤裕子 (2015).『英語学習は早いほど良いのか』（岩波新書）東京：岩波書店.

東森勲、吉村あき子 (2006).『関連性理論の新展開 認知とコミュニケーション』東京：研究社.

二谷廣二 (1984).『楽しい英語学習の心理』（英語教育ノウハウ講座 7）東京：開隆堂出版.

ブリティッシュ・カウンシル (2011).「全国のビジネスパーソン 520 名への英語学習に関する調査」（プレスリリース、2011 年 7 月 7 日）.

深沢清治 (1992).「中学校英語教科書における Yes/No Question に対する応答文の分析」『山口大学教育学部教育論叢』第 42 巻、第 3 号、81-90.

福田一雄 (2013).『対人関係の言語学』東京：開拓社.

藤田保 (2011).『小学校教室英語 先生のための英語練習ブック』東京：アルク.

ベネッセ教育総合研究所 (2015).「中高の英語指導に関する実態調査 2015」岡山：ベネッセ・コーポレーション.

http://berd.benesse.jp/up_images/research/Eigo_Shido_all.pdf

ペレラ柴田奈津子 (2015).『子どもの第二言語習得プロセス プレハブ言語から創造語へ』東京：彩流社.

松尾文子、廣瀬浩三、西川眞由美編著 (2015).『英語談話標識用語辞典』東京：研究社.

マーティン・バイゲイト著／青木昭六、豊住誠、村端五郎訳 (1995).『オーラル・コミュニケーション：考え方と進め方』東京：大修館書店.

水谷信子 (1985).『日英比較 話しことばの文法』東京：くろしお出版.

水谷信子 (2015).『感じのよい英語 感じのよい日本語 日英比較コミュニケーションの文法』東京：くろしお出版.

村端五郎 (1994).「表現力を豊かにする」「自己表現活動をスムーズに」「生き生きとした対話をさせる」青木昭六編『英語授業実例事典 II――コミュニケーション活動を中心に――』東京：大修館書店、204-205, 216-217, 254-255.

村端五郎 (2015).「語用論における言語的非決定性の批判的再検討」『宮崎大学教育文化学部研究紀要』130 周年特別号、1-18.

村端五郎、猪俣俊哉 (1995).「英語の Yes-No 疑問文に対する応答の型について」『年報いわみざわ』第 16 号、43-54.

村端五郎、村端佳子 (2016).『第 2 言語ユーザのことばと心：マルチコンピテンスからの提言』(言語・文化選書 57) 東京：開拓社.

村端五郎、村端佳子 (2017).「英語ユーザとしての小中学生のインタラクション能力を育てる非線的循環シラバス」『宮崎大学教育学部研究紀要』第 89 号、11-20.

文部科学省 (2016a).『平成 27 年度 英語教育改善のための英語力調査事業 (中学校) 報告書』東京：文部科学省.

文部科学省 (2016b).「次期学習指導要領に向けたこれまでの審議のまとめ（素案）のポイント」平成 28 年 8 月 1 日開催 中央教育審議会初等中等教育分科会教育課程部会教育課程企画特別部会（第 19 回）配布資料 2.

山岡俊比古 (1997).『第 2 言語習得研究（新装改訂版）』東京：桐原書店.

吉島茂、大橋理枝訳編 (2008).『外国語の学習、教授、評価のためのヨーロッパ共通参照枠』東京：朝日出版社.

吉田研作、金子朝子監修／石渡一秀、グレッグ・ハイズマンズ著 (2012).『現場で使える教室英語――重要表現から授業への展開まで』東京：三修社.

Ahmad, B. H., & Jusoff, K. (2009). Teachers' code-switching in classroom instructions for low English proficient learners. *English Language Teaching, 2* (2), 49-55.

Applegate, R. B. (1975). The language teacher and the rules of speaking. *TESOL Quarterly, 9* (3), 271-281.

Bach, K. (2006). Impliciture vs. explicature: What's the difference? Paper delivered at the Workshop on "Explicit Communication." Granada (Spain), May 31-June 2, 2006. Available online at http://userwww.sfsu.edu/kbach/Bach.ImplExpl.pdf (pp.

1-8).

Bachman, L. F. (1990). *Fundamental considerations in language testing.* Oxford, UK: Oxford University Press.

Barraja-Rohan, A.-M. (1997). Teaching conversation and sociocultural norms with conversation analysis. *Australian Review of Applied Linguistics, Series S 14,* 71-87.

Barraja-Rohan, A.-M. (2011). Using conversation analysis in the second language classroom to teach interactional competence. *Language Teaching Research, 15* (4), 479-507.

Bassetti, B., & V. J. Cook (2011). Relating language and cognition: The second language user. In V. J. Cook and B. Bassetti (Eds.), *Language and bilingual cognition* (pp. 143-190). Hove, East Sussex, UK: Psychology Press.

Biber, D., Conrad, S., & Cortes, V. (2004). *If you look at . . .*: Lexical bundles in university teaching and textbooks. *Applied Linguistics, 25* (3), 371-405.

Biber, D., Johansson, S., Leech, G., Conrad, S., & Finegan, E. (1999). *Longman grammar of spoken and written English.* London: Longman.

Birner, B. J. (2013). *Introduction to pragmatics.* Sussex, UK: Wiley-Blackwell.

Bolinger, D. (1976). Meaning and memory. *Forum Linguisticum, 1* (1), 1-14.

Breen, M. P. (1987). Contemporary paradigms in syllabus design Part I. *Language Teaching, 20* (2), 81-92.

Brooks, N. (1964). *Language and language learning.* New York: Harcourt, Brace, and World.

Brown, P., & Levinson, S. (1987). *Politeness: Some universals in language in use.* Cambridge: Cambridge University Press.

Brown, R. (1973). *A first language.* Cambridge, MA: Harvard University Press.

Burns, A. (1998). Teaching speaking. *Annual Review of Applied Linguistics, 18,* 102-123.

Bygate, M. (1987). *Speaking.* Oxford: Oxford University Press.

Carson, E., & Kashihara, H. (2012). Using the L1 in the L2 classroom: The students speak. *The Language Teacher, 36* (4), 41-48.

Carston, R. (2002). *Thoughts and utterances: The pragmatics of explicit communication.* Oxford, UK: Blackwell.

Carston, R. (2004). Explicature and semantics. In S. Davis & B. Gillon (Eds.) *Semantics: A reader* (pp. 817-845). Oxford, UK: Oxford University Press.

Carston, R. (2006). Relevance theory and the saying/implicating distinction. In L. R. Horn & G. Ward (eds.), *The handbook of pragmatics.* Oxford, UK: Blackwell Publishing Ltd. http://www.phon.ucl.ac.uk/home/robyn/pdf/relsayimplic.pdf.

Carter, R., & McCarthy, M. (2006). *Cambridge grammar of English.* Cambridge, UK: Cambridge University Press.

Celce-Murcia, M. (2007). Rethinking the role of communicative competence in language teaching. In E. Alcón Soler & M. P. Safont Jordà (Eds.), *Intercultural language use and language learning* (pp. 41-57). Dordrecht, The Netherlands: Springer.

Choi, Y. H., & Lee, H. W. (2008). Current trends and issues in English language education in Asia. *The Journal of Asia TEFL, Vol. 5* (2), 1-34.

Clark, B. (2013). *Relevance theory*. Cambridge, UK: Cambridge University Press.

Cohen, A. D. (2012). Teaching pragmatics in the second language classroom. *The European Journal of Applied Linguistics and TEFL, 1* (1), 33-50.

Conklin, K., & Schmitt, N. (2008). Formulaic sequences: Are they processed more quickly than nonformulaic language by native and nonnative speakers? *Applied Linguistics, 29* (1), 72-89.

Cook, V. J. (1991). The poverty-of-the-stimulus argument and multi-competence. *Second Language Research, 7* (2), 103-117.

Cook, V. J., (Ed.) (2002). *Portraits of the L2 user*. Clevedon, UK: Multilingual Matters.

Cook, V. J. (2008). *Second language learning and language teaching*. 4th Ed. London: Hodder Education.

Cook, V. J. (2015). Discussing the language and thought of motion in second language speakers. *The Modern Language Journal, 99*: S1, 154-164.

Council of Europe (2001). *Common European framework of reference for languages: Learning, teaching, assessment*. Cambridge, UK: Cambridge University Press.

Devlin, K. (2015). Learning a foreign language a 'must' in Europe, not so in America. Factank: News in the Numbers, Pew Research Center. July 13, 2015. http://www.pewresearch.org/fact-tank/2015/07/13/learning-a-foreign-language-a-must-in-europe-not-so-in-america/

Ellis, N., & Larsen-Freeman, D. (2006). Language emergence: Implications for applied linguistics - Introduction to the special issue. *Applied Linguistics, 27* (4), 558-589.

Ellis, N. C., O'Donnell, M. B., & Römer, U. (2015). Usage-based language learning. In B. MacWhinney & W. O'Gray (Eds.), *The handbook of language emergence* (pp. 163-180). West Sussex, UK: John Wiley & Sons.

Ellis, R. (1991). The interaction hypothesis: A critical evaluation. Paper presented at the Regional Language Centre Seminar (Singapore, April 22-28, 1991).

Ellis, R. (1994). *The study of second language acquisition*. Oxford, UK: Oxford University Press.

Erman, B., & Warren, B. (2000). The idiom principle and the open choice principle. *Text, 20* (1), 29-62.

Fraser, B. (2009). An account of discourse markers. *International Review of Pragmatics, 1* (2), 293-320.

García, O.（2009）. *Bilingual education in the 21st century: A global perspective.* West Sussex, UK: Wiley-Blackwell.

Gavery, C.（1977）. Play with language and speech. In S. Ervin-Tripp & C. Michell-Kernan（Eds.）, *Child discourse*（pp. 27-47）. New York: Academic Press.

Genesee, F.（1987）. *Learning through two languages: Studies of immersion and bilingual education.* Cambridge, MA: Newbury House.

Goffman, E.（1967）. *Interaction ritual: Essays on face to face behavior.* New York: Doubleday.

Goh, C. C. M., & Burns, A.（2012）. *Teaching speaking: A holistic approach.* New York: Cambridge University Press.

Goldberg, A. E.（2003）. Constructions: A new theoretical approach to language. *Trends in Cognitive Sciences, 7*（5）, 219-224.

Grice, P.（1989 [1967]）. Logic and conversation. Reprinted in P. Grice（1989）. *Studies in the way of words*（pp. 22-40）. Cambridge, MA: Harvard University Press.

Hakuta, K.（1974）. Prefabricated patterns and the emergence of structure in second language acquisition. *Language Learning, 24*（2）, 287-297.

Halliday, M. A. K.（1975）. *Learning how to mean: Explorations in the development of language.* London: Edward Arnold.

Halliday, M. A. K., & Hasan R.（1976）. *Cohesion in English.* London: Longman.

Hatch, E.（1978）. Discourse analysis and second language acquisition. In E. Hatch（Ed.）*Second language acquisition: A book of readings*（pp. 401-435）. Rowley, MA: Newbury House.

Herbert, R.（1990）. Sex-based differences in compliment behavior. *Language in Society, 19*（2）, 201-224.

Hill, L. A.（1980）. *Elementary steps to understanding.* Tokyo: Oxford University Press.

Hofmann, Th. R., & Kageyama, T.（1986）. *10 voyages in the realms of meaning.* Tokyo: Kurosio.

Horn, L. R.（1984）. Toward a new taxonomy for pragmatic inference: Q-based and R-based implicature. In D. Schiffrin（Ed.）, *Meaning, form, and use in context: Linguistic applications*（pp. 11-42）. Washington, DC: Georgetown University Press.

Howarth, P.（1998）. Phraseology and second language proficiency. *Applied Linguistics, 19*（1）, 24-44.

Huang, Y.（2014）. *Pragmatics.*（2nd Ed.）Oxford, UK: Oxford University Press.

Johnson, K. E.（1995）. *Understanding communication in second language classrooms.* Cambridge, NY: Cambridge University Press.

Lee, D.（2001）. *Cognitive linguistics: An introduction.* Victoria, Australia: Oxford University Press.

Leech, G.（1983）. *Principles of pragmatics.* London and New York: Longman.

Leech, G., Cruickshank, B., & Ivanič, R.（2001）. *An A-Z of English grammar & usage.*

Essex, UK: Longman.

Levinson, S. C. (1983). *Pragmatics.* Cambridge, UK: Cambridge University Press.

Levinson, S. C. (2000). *Presumptive meanings: The theory of generalized conversational implicatures.* Boston, MA: The MIT Press.

Lightbown, P., & Spada, N. (1999). *How languages are learned.* Revised Ed. Oxford, UK & New York: Oxford University Press.

Lin, W.-C. (2015). The early bird catches the worm? Rethinking the primary-junior high school transition in EFL learning. *The Asian Journal of Applied Linguistics, 2*(1), 17-27.

Lipton, G. C. (1998). *Practical handbook to elementary foreign language programs (FLES*) : Including FLES, FLEX, and immersion programs.* Lincolnwood, IL.: National Textbook Company.

Littlewood, W. (1992). *Teaching oral communication: A methodological framework.* Oxford, UK & Cambridge, MA: Blackwell.

Li Wei (2016). Epilogue: multi-competence and the translanguaging. In V. J. Cook & Li Wei (Eds.), *The Cambridge handbook of linguistic multi-competence* (pp. 533-543). Cambridge, UK: Cambridge University Press.

LoCastro, V. (2003). *An introduction to pragmatics: Social action for language teachers.* Ann Arbor: The University of Michigan Press.

Long, M. H. (1983). Native speaker/non-native speaker conversation and negotiation of comprehensible input. *Applied Linguistics, 4* (2), 126-141.

Malinowski, B. (1999 [1926]) On phatic communion. In A. Jaworski & N. Coupland (Eds.) *The discourse reader* (pp. 302-305). London and New York: Routledge.

Matsumoto, Y. (2014). Beyond the logic of "all or nothing" - Optimal use of L1 and L2 in the classroom. Paper read at the 43rd Annual Conference of The Kyushu Academic Society of English Language Education, Oita University, Oita, Japan.

Matsuura, H. (2004). Compliment-giving behavior in American English and Japanese. *JALT Journal, 26* (2), 147-170.

McGroaty, M. (1984). Some meanings of communicative competence for second language students. *TESOL Quarterly, 18* (2), 257-272.

Miller, G. A. (1974). Psychology, language and levels of communication. In A. Silverstein (Ed.), *Human communication* (pp. 1-17). New York: John Wiley.

Mizutani, O., & Mizutani, N. (1987). *How to be polite in Japanese.* Tokyo: The Japan Times.

Murahata, G. (2010). Multi-cognition in child L2 users: More evidence from an object categorization task by Japanese elementary school children. *Research Reports of Kochi University, Vol. 59,* 131-146.

Murahata, G., & Murahata, Y. (2008). V. Cook's multicompetence and its consequences for SLA research and L2 pedagogy. *Research Reports of Department of International Studies, Faculty of Humanities and Economics, Kochi University, Vol. 9,* 109-128.

Murahata, G., & Murahata, Y. (1997). On the development of classroom communicative competence in reading-based English class at the university level. *Journal of Hokkaido University of Education, 48* (1), 177-200.

Murahata, G., & Murahata, Y. (2016). Linguistic multi-competence and its implications for English education in Japan. *Annual Review of English Language Education in Japan, 27,* 49-64.

Murahata, G., & Murahata, Y. (2017). Classroom communicative competence and conversational routines/patterns for interactive L2 users in the Japanese EFL context. *Annual Review of English Language Education in Japan, 28,* 17-32.

Murahata, G., Murahata, Y., & Cook, V. J. (2016). Research questions and methodology of multi-competence (Chapter 2). In V. J. Cook & Li Wei (Eds.), *The Cambridge handbook of linguistic multi-competence* (pp. 544-558). Cambridge, UK: Cambridge University Press.

Nattinger, J. R., & DeCarrico, J. S. (1992). *Lexical phrases and language teaching.* Oxford: Oxford University Press.

Ogane, E. (1997). Codeswitching in EFL learner discourse. *JALT Journal, 19* (1), 106-122.

Palincsar, A. S., & Schleppegrell, M. J. (2013). Focusing on language and meaning while learning with text. *TESOL Quarterly, 48* (3), 616-623.

Pawley, A., & Syder, F. H. (1983). Two puzzles for linguistic theory: nativelike selection and nativelike fluency. In J. C. Richards, & R. W. Schmidt (Eds.), *Language and communication* (pp. 191-226). New York: Longman.

Pica, T. (1987). Second language acquisition, social interaction and the classroom. *Applied Linguistics, 8* (1), 1-25.

Quirk, R., Greenbaum, S., Leech, G., & Svartvik, J. (1985). *A comprehensive grammar of the English language.* London and New York: Longman.

Richards, J. C. (1980). Conversation. *TESOL Quarterly, 14* (4), 413-432.

Richards, J. C. (1985). *The context of language teaching.* New York: Cambridge University Press.

Richards, J. C. (2012). Series editor's preface. In S. Thornbury & D. Slade, *Conversation: From description to pedagogy* (pp. ix-x). Cambridge, UK: Cambridge University Press.

Richards, J. C., & Rodgers, T. S. (1986). *Approaches and methods in language teaching: A description and analysis.* New York: Cambridge University Press.

Sacks, H., Schegloff, E. A., & Jefferson, G. (1974). A simplest systematics for the organization of turn-taking for conversation. *Language, 50* (4), 696-735.

Schegloff, E. A., & Sacks, H. (1973). Opening up closings. *Semiotica, 8* (4), 289-327.

Scott, D., & Beadle, S. (2014). Improving the effectiveness of language learning: CLIL and computer assisted language learning. Prepared for the European Commission (Education and Training). London: ICF GHK. http://ec.europa.eu/dgs/education_culture/repository/languages/library/studies/clil-call_en.pdf

Selinker, L. (1972). Interlanguage. *IRAL, 10* (3), 219-231.

Shannon, C., & Weaver, W. (1949). *The mathematical theory of communication.* Urbana, IL.: University of Illinois Press.

Sinclair, J. McH., & Coulthard, R. M. (1975). *Towards an analysis of discourse: The English used by teachers and pupils.* London: Oxford University Press.

Skehan, P. (1998). *A cognitive approach to language learning.* Oxford: Oxford University Press.

Sperber, D., & Wilson, D. (1986/1995). *Relevance: Communication and cognition.* Oxford, UK: Basil Blackwell.

Steinberg, D. (1982). *Psycholinguistics: Language, mind and world.* London: Longman.

Stern, H. H. (1983). *Fundamental concepts of language teaching.* Oxford: Oxford University Press.

Tanaka, N. (2001). *The pragmatics of uncertainty: Its realisation and interpretation in English and Japanese.* Tokyo: Shumpusha.

Taylor, B. P., & Wolfson, N. (1978). Breaking down the free conversation myth. *TESOL Quarterly, 12* (1), 31-69.

Thomas, J. (1983). Cross-cultural pragmatic failure. *Applied Linguistics, 4* (2), 91-112.

Thornbury, S. (2005). *Beyond the sentence: Introduction to discourse analysis.* London: Macmillan Education.

Thornbury, S., & Slade, D. (2006). *Conversation: From description to pedagogy.* Cambridge, UK: Cambridge University Press.

Tomasello, M. (2000). First steps toward a usage-based theory of language acquisition. *Cognitive Linguistics, 11* (1), 61-82.

Tomasello, M. (2003). *Constructing a language: The usage-based theory of language acquisition.* Cambridge, MA: Harvard University Press.

van Lier, L. (1988). *The Classroom and the language learner.* Essex, UK: Longman.

Wardhaugh, R. (1985). *How conversation works.* Oxford, UK & Cambridge, MA: Blackwell.

Weinert, R. (1995). The role of formulaic language in second language acquisition: A review. *Applied Linguistics, 16* (2), 180-205.

Wilkinson, L. C. (1982). Introduction: A sociolinguistic approach to communicating in the classroom. In L. C. Wilkinson (Ed.), *Communicating in the classroom* (pp. 3-47). New York & London: Academic Press.

Wilson, D., & Sperber, D. (1993). Linguistic form and relevance. *Lingua, 90* (1/2), 1-26. Available online at http://www.dan.sperber.fr/wp-content/uploads/2009/09/Linguistic-form-and-relevance.pdf

Wilson, D., & Sperber, D. (2012). *Meaning and relevance.* Cambridge, UK: Cambridge University Press.

Wingfield, R. J. (1972). Conversational responses to statements. *ELT Journal, 27* (1), 24-27.

Wolfson, N. (1983). Rules of speaking. In J. C. Richards & R. Schmidt (Eds.), *Language and communication* (pp. 61-87). Harlow: Longman.

Wolfson, N. (1984). Pretty is as pretty does: A speech act view of sex roles. *Applied Linguistics, 5* (3), 236-244.

Wong-Fillmore, L. (1976). The second time around: Cognitive and social strategies in second language acquisition. Unpublished doctoral dissertation, Stanford University, Stanford, CA.

Wong, J., & Waring, H. Z. (2010). *Conversational analysis and second language pedagogy.* New York & London: Routledge.

Wood, D. (2002). Formulaic language in acquisition and production: Implications for teaching. *TESL Canada Journal, 20* (1), 1-15.

Wood, D. (Ed.) (2010). *Perspectives on formulaic language: Acquisition and communication.* London & New York: Continuum International.

Wray, A., & Perkins, M. R. (2000). The functions of formulaic language: An integrated model. *Language & Communication, 20* (1), 1-28.

Yorio, C. (1980). Conventionalized language forms and the development of communicative competence. *TESOL Quarterly, 14* (4), 433-442.

索引

1. 事項、人名等に分け、それぞれ日本語、英語の順で記載した。
2. 日本語はあいうえお順、英語はアルファベット順に配列した。
3. 数字はページ数を示す。

事 項

あ行

あいさつ表現……………………………131, 135

相づち（backchannels）……68, 72, 89, 97-99

足場かけ（scaffolding）……62, 182-184, 194

足場かけシラバス（scaffolding syllabus）……
vii, 184

移行適切場所（TRP）……………68-70, 185

意味解釈プロセス……………………………154

意味と形式の対応付け（mapping）……iii, 61,
63

意味の解釈（construal）……………………140

言われたこと／発話されたこと（what-is-said）
………138-40, 154-8, 160-161, 164, 168,
170-171

インタラクション（相互行為）……182, 186

インフォメーション・ギャップ（information
gap）活動………………………………57, 80, 82

受け入れ（accepting）……………………………29

英語ができない日本人……………vi, 38, 43

英語教育の目標……………………43, 48-50

英語教師の意識と実態………………… 31-32

英語嫌い……………………………………vi, 3

英語授業における英語の役割………………52

英語で行う英語の授業………vii, 15-16,
20-21, 31, 36

『英語ノート』……………………………135

英語ユーザ（English users）……ii, vi, viii, 12,
43-46, 120, 125, 130, 184, 187, 194

か行

外国語としての英語環境（EFL）……ii, iv, vi,

19, 51, 55, 62, 72, 88, 173, 177, 184, 194

解釈されること（what-is-construed）……140

解釈力……………………………………144, 147

外的目標……………………………44, 48, 50

外部照応（exophora）………………… 144-145

会話の協調性……………………………31, 33

会話の構成 …………vii-viii, 87, 90-91, 185

会話のルール……………………………31, 34

学習開始学年………………………… 15-19

学習ルール・マナー…………viii, 53, 176,
178, 180, 193

過程シラバス（process syllabus）……vii, 182-
184, 189-190

含意されていること（what-is-implicated）
…………………………………… 139, 156-157

慣習的プレハブ表現（CRPs: prefabricated
conversational routines/patterns）……v-viii,
61-66, 113, 115, 124, 127, 182, 184-185,
187-188

間接的応答（indirect response）……111, 113

間投詞 ‘Ah’ ‘Oh’………………………… 107-110

聞き手の応答パターン…………… 68, 70-72

聞き手の役割（listenership）………68-69, 91

機能的な意味（functional meaning）……vii,
73-74, 78, 136, 149

基本的標識………………………………97, 100

逆行的語用標識（adversative pragmatic mark-
er）…………………………………………109

教室外での英語使用の限界…………ii, vi-viii,
45, 49, 52, 177, 194

教室コミュニケーション能力（classroom
communicative competence）…… v, vii-viii,
52-55, 176-180, 193-195

教科書を教える ……………………… 87, 89-90
教科書の対話 ……………………………87, 89
教科書ベースのシラバス ………vii, 182-183
協調の原理（Co-operative Principles）…137, 144, 149, 152
協力的（な姿勢）…………iii, 68, 87, 91, 93
切り出し（opening）…………… i, 13, 29-30, 40, 50-51, 56-58, 73, 87-89, 91, 93, 100, 183, 186, 188
切り出しの前触れ（pre-opening）………40, 93-95, 186, 188
共話 ……………………………………99
形式・意味／機能のマッピング（対形成）
………………………………… 61, 63-64
継続（keeping it going/linking/sustaining）
………………… 40, 69-70, 87-89, 93, 96, 110, 144, 186, 188, 190
結束性（cohesion）………………………144
言語的非決定性 ………… 154-156, 171, 174
語彙・形式の学習／習得………7, 73, 80, 190, 194
語彙の連関（lexical chain）…………………145
交感的言語使用（phatic communion）…87, 91
構築体（construction）………………64, 86
構築文法（Construction Grammar）………64
高頻度 …………………61, 64, 66, 115
後方照応（cataphora）………… 144-145
心地よさ ……………………………56, 58
心の機微 …………………………107, 110
コード・スイッチング（code-switching）…… 43, 47, 121-122
コード・ミキシング（code-mixing）…… 118-122
コミュニケーションのルール ………… 38-40
コミュニケーション方略………96, 118
コメント標識………………………97, 100
語用の能力 ……………………… 38, 40-41
語用の誤り …………………………136
語用標識（pragmatic markers）… 89, 97, 99-

101, 110, 144, 148
語用論的逆接………………………107, 109
語用論的順接………………………107, 109
コンピテンシー（competency）……………7

さ行

察し合い ………………………………125, 130
暫定的概念形成（ad hoc concept formation）…………………154, 161, 169
指示（reference）………… 142, 144-146, 161
資質・能力 ………………………… 3-4, 6
自信 ………ii-iii, 11-12, 43, 61, 64, 122
自信の欠如 ……………………………vi, 12
視点（perspective）…………… 137, 140-141
社会的相互行為 ………vi-vii, 33, 52, 177, 194
社会的な意味（social meaning）…………vii, 73-75, 78, 136, 155, 194
充填（saturation）………………154, 159, 161-164, 171-172, 174
授業参加と英語習得………………… 52-53
授業時間数 ………………… 15, 19-20, 23
授業の主役 ……………… v, 31-32, 43
授業のめあて ……………… 73, 75, 77-78
順行的語用標識（resultative pragmatic marker）………………………109
小学校外国語（英語）科……………viii, 3-4
焦点（highlighting）…………… 137, 140
省略（ellipsis）…………………………145
新学習指導要領 ………… 3, 6-9, 212, 219, 230
信号コミュニケーション・モデル …………… 137-138
尋問型のやり取り ………………… 56-59
推意（implicature）……… 116, 144, 150-151, 154, 159-161, 170, 174, 176
推論コミュニケーション・モデル………137, 139
スキル統合型活動 …………………118, 124
正確さ（accuracy）…………56, 71, 182, 189
整合性（coherence）……………99, 144, 147

接続語（conjunction）························145
全体的構成··················· 182, 185-186, 190
前方照応（anaphora）·················· 144-145
俗説····························· vi, 38, 41, 193,
組織性（organization）········vii, 40, 88, 182,
　184-185, 188, 190, 194

た行

ダイアローグ（dialogue）·····························8
第2言語ユーザ···························· 44-47, 50,
　52, 62, 67, 121, 136, 173, 176, 182
代用（substitution）····························145
対話の改良·································87, 89
ターゲット文（target sentence）·········i, 56,
　58-59
達し合い····························125, 130, 178
談話構造標識····························97, 100
超越語用行為（トランスランゲジング）
　··· 118, 121-123
談話マネジメント標識····················97, 100
直接的応答（direct response）·····36, 74, 81,
　111, 113, 153
沈黙の回避·························40, 68, 91
トランスランゲジング（translanguaging）
　··· 118, 121-123

な行、は行

内的目標·······························43-44, 48-50
内容学習·················viii, 28, 176, 178-180,
　182, 184, 193
内容シラバス（content syllabus）··· 182-183,
　189
名前付加（addressing）·················· 102-106
日本人のコミュニケーション·····vi, 38, 193
認知コミュニケーション・モデル········137,
　140
認知処理·························61, 63, 187
発生論者の第2言語発達観·········154, 173
発話意図·····················97, 100, 176
発話されていないこと（what-is-not-said）

·····················139, 147, 149, 154, 156, 171
発話順番の交替（turn-taking）···· 68-70, 72,
　89, 91, 102, 185-186
発話の重なり（overlapping）·····iii, 97, 182,
　185
話し手（書き手）の意味・意図（speaker's
　（writer's）meaning/intention）·········iii, vii,
　79-80, 97, 99-100, 104, 110, 125, 144,
　148-149, 153, 155, 158, 161-162, 171,
　173-174, 176
話すこと（やり取り・発表）········ 3-5, 8-11,
　23, 49
パラダイムシフト················· iii, 52-53, 61,
　73, 78, 196
非言語的な文脈（コンテクスト）··· 59, 160-
　161
人と人との心の交わり·········56, 58
比喩（metaphor）·····················137, 140
表意··········· 154, 159-161, 170-171, 173
複合的言語能力（multi-competence）·······vi,
　43-44, 50, 122
複雑さ（sophistication）·········182, 184, 189
文法能力······························ 38, 40-41
文脈（コンテクスト）··············v, vii, 36, 49,
　54, 56, 58, 78, 81, 87, 104-108, 113, 116,
　138, 145, 155-157, 162-163, 167, 171-
　173, 176-177, 182, 184, 194
ほめコトバ（compliment）·········29, 30, 37,
　125-129, 150-151
ポライトネス（politeness）··········· 31, 34-35

ま行

前触れ表現（pre-sequences）14, 40, 93, 186,
　188
前向きな英語表現（positive English）······38,
　125, 130, 151
幕引き（closing）··············· i, 13-14, 30, 40,
　57-58, 87-89, 91, 93-94, 96, 183, 186,
　188
幕引きの前触れ（pre-closing）·····14, 40, 93,

186
まとまりのある談話················56, 60, 144
マルチコンピテンス（複合的言語能力）··vi,
　43-46, 49-51
マルチコンピテントユーザ·················122
未改善の英語力····························· 3, 10-11
見方・考え方····························· 3-5, 8-9
面子を脅かす行為（FTA）·······8, 36, 73, 75
目的達成のためのコミュニケーション活動
　··························vii, 73, 78, 194
文字通りの意味（literal meaning）·····74, 78,
　80, 131, 139, 144, 147, 149
モノローグ（monologue）······················8

や行、ら行、わ行

やり取り·········i, iii-iv, viii-ix, 3, 8-9, 27, 31,
　33, 37, 40, 54-57, 59, 61, 74-75, 88, 91,
　98-99, 108-109, 111, 116, 119, 123-125,
　129, 134, 136, 138-139, 147-148, 150,
　152, 157, 159, 171-173, 179, 182, 186,
　188-189, 195
誘導疑問文（loaded question）····· 111-112,
　117
予期したこと（expected news）····· 107-108
予期せぬこと（unexpected news）·· 107-108
呼びかけ（vocatives）····················102-106
良好な人間関係··················i-ii, viii, 14, 31,
　52, 57, 70, 81, 87, 91, 93, 126, 129, 176,
　178-180, 192
流暢さ（fluency）···vii, 56, 61, 64, 182, 184,
　189, 194
隣接応答ペア（adjacency pairs）······viii, 55,
　182, 185, 188
冷淡な話し方···························· 102-103
連意·········154, 159-161, 165-167, 169-173
ロールモデル···························· 43-44, 70
用法基盤文法（Usage-Based Grammar）···86
枠組み（framing）························137, 140
話題の打ち切り·····························93
割台詞································97, 99

CALL·····································28
Can-Do······························10, 15, 26
CC··177
CCC·······························177-178, 180
CEFR······························11, 15, 24
CLIL····························· 15, 28-29
CRPs···························· 64-67, 127
EFL······ ii, iv, vi, 19, 51, 55, 62, 72, 88, 173,
　177, 184, 194
ESL·······································19
FLES····································15-17
FLES*·····································15
FLEX···································15-17
FTA·································36, 73, 75
ICT··28
IL···44
Immersion····················· 15-17, 51
IRF 型対話···················· 24, 31, 33-34
L1···44
L2···44
TCU·······································185
TRP································68-70, 185
Yes-No 疑問文·························· 111-117

人　名　等

東··37
アップルゲイト（Applegate）·················63
アハマッドとジャソフ（Ahmad & Jusoff）
　··47
安彦···7
上田······························69, 146, 182
ウォードハフ（Wardhaugh）·······34, 41, 80
宇佐美·······································36
内田······························108-109, 176
内田他······································176
江川·······································163
オゲイン（Ogane）···························121

長部 ……32
カーストン ……161, 176
カーソンとカシハラ（Carson & Kashihara）
……47
神谷 ……103-105
ガルシア（García）……121
関西経済同友会教育改革委員会……ix
木村 ……126-128
クック（Cook）……49, 119, 121
クワーク他 ……176
グライス（Grice）…… 139, 149-150, 152, 161, 165
ゴウとバーンズ（Goh & Burns）……182
ゴッフマン（Goffman）……35
サックス、シェグロフとジェファーソン（Sacks, Schegloff & Jefferson）……185
シェグロフとサックス（Schegloff & Sacks）……185
シャノンとウィーバー（Shannon & Weaver）……137
ジョンソン（Johnson）…… v, 53, 177
杉山 ……11
スコットとビードル（Scott & Beadle）……28
セルス―マルシア（Celce-Murcia）……182
泉子・K・メイナード ……97
染矢 ……v
ソーンベリーとスレイド（Thornbury & Slade）……184
高梨 ……176
高梨他（高橋・アダムズ・久埜）……v
高橋・柳 ……133
田巻 ……11
チョイとリー（Choi & Lee）……16, 22
奈須 ……6-7
ナティンジャーとデカリコ（Nattinger & DeCarrico）……65
西村・矢野 ……140
ネウストプニー ……38, 40
バイバー、コンラッドとコルテス（Biber, Conrad & Cortes）……61

ハクタ ……66
長谷川 ……160, 170, 176
バック（Back）……176
ハッチ（Hatch）……iii
バトラー後藤 ……18, 22
ハリデー（Halliday）……81, 84
ハリデーとハッサン（Halliday & Hasan）……113, 144
東森・吉村 ……155, 166
福田 ……36
藤田 ……v
ブラウン ……66
ブラウンとレビンソン（Brown & Levinson）…… 35-36
ブリティッシュ・カウンシル（British Council）……11
ブリーン（Breen）……182
ベネッセ教育総合研究所……21, 32
ペレラ柴田 ……62
松尾・廣瀬・西川 ……97, 101, 108, 110
マックグローティ（McGroaty）……54
マーティン・バイゲイト（Martin Bygate）…… 69-70, 87
松本（Matsumoto）……47
水谷 ……103
ミラー ……154
村端 ……86, 175
村端・猪俣 ……114
村端・村端 ……51, 93, 177, 183, 185
文部科学省 ……iv, 3, 9-10, 21, 48-49, 134
山岡 ……51
吉島・大橋 ……24, 26
吉田他（金子・石渡・ハイズマンズ）……v
ヨリオ（Yorio）……67
ヨーロッパ委員会（Council of Europe）…11
ライトバウンとスパーダ（Lightbown & Spada）……46
リーチ（Leech）……34
リチャーズ（Richards）…… 112-113, 116
リトルウッド（Littlewood）……33

索引 *257*

リプトン（Lipton）·····15
リン（Lin）·····22, 24
レビンソン（Levinson）·····167-168, 175, 185-186

Ahmad & Jusoff·····47
Applegate·····63, 132-133
Back·····157, 160, 162, 167, 176
Backman·····174
Barraja-Rohan·····132, 136
Bassetti & Cook·····49
Biber, Conrad & Cortes·····61
Biber et al（Johansson, Leech, Conrad & Finegan）·····103
Birner·····165, 168
Bolinger·····63
Breen·····182
Brown, P., & Levinson·····35, 75
Brown, R.·····61, 66
Burns·····89
Bygate·····87, 91
Carson & Kashihara·····47
Carston·····156-157, 161-162, 164-165, 167, 169-170, 176
Carter & McCarthy·····103
Celce-Murcia·····182
Choi & Lee·····16, 20, 23
Clark·····157
Cohen·····174
Conklin & Schmitt·····63, 187
Cook·····44, 46, 49-51, 119-121
Council of Europe·····11, 24, 26
Devlin·····28
Ellis, N. & Larsen-Freeman·····173
Ellis, N., O'Donnell & Römer·····64
Ellis, R.·····vii, 61
Erman & Warren·····61
Fraser·····97, 100
García·····121
Gavery·····63

Genesee·····16
Goffman·····35
Goh & Burns·····iii, 88, 184
Goldberg·····64
Grice·····139, 149, 155, 161, 165, 176
Hakuta·····61, 66
Halliday·····81
Halliday & Hasan·····113, 144
Hatch·····iii
Herbert·····37
Hill·····152
Hofmann & Kageyama·····142
Horn·····165-166, 168-169
Howarth·····64
Huang·····155, 176
Johnson·····v, 53-54, 177
Lee·····140
Leech·····34
Leech, Cruickshank & Ivanič·····116-117
Levinson·····69, 87, 93, 108, 149, 157, 161, 167-168, 175, 184-186, 188
Lightbown & Spada·····46
Lin·····22
Lipton·····15-17
Littlewood·····33
Li Wei·····122
LoCastro·····132
Long·····vii
Malinowski·····91
Matsumoto·····47
Matsuura·····150
McGroaty·····54
Miller·····154
Mizutani & Mizutani·····99, 186
Murahata, G.·····50
Murahata, G. & Murahata, Y.·····v-vi, 54-55, 61, 64, 177, 179
Nattinger & DeCarrico·····62, 64-65, 184, 187
Ogane·····120-121

Palincsar & Schleppegrell ⋯⋯⋯⋯⋯173
Pawley & Syder ⋯⋯⋯⋯⋯⋯⋯184, 187
Pica ⋯⋯⋯⋯⋯⋯⋯⋯⋯⋯⋯⋯⋯⋯⋯vii
Quirk et al. ⋯⋯⋯⋯⋯⋯⋯⋯⋯163, 176
Richards ⋯⋯⋯ iii-iv, 87, 112-113, 115-116, 133, 184
Richards & Rodgers ⋯⋯⋯⋯⋯⋯⋯46
Sacks, Schegloff & Jefferson ⋯⋯⋯91, 93, 184-186
Schegloff & Sacks ⋯⋯⋯⋯ 87-88, 91, 93, 184-186, 188
Scott & Beadle ⋯⋯⋯⋯⋯⋯⋯⋯ 28-29
Selinker ⋯⋯⋯⋯⋯⋯⋯⋯⋯⋯⋯⋯45
Shannon & Weaver ⋯⋯⋯⋯⋯⋯⋯137
Sinclair & Coulthard ⋯⋯⋯⋯⋯⋯31
Skehan ⋯⋯⋯⋯⋯⋯⋯⋯⋯⋯⋯⋯61
Sperber & Wilson ⋯⋯⋯⋯147, 155, 174
Steinberg ⋯⋯⋯⋯⋯⋯⋯⋯⋯⋯⋯63
Stern ⋯⋯⋯⋯⋯⋯⋯⋯⋯⋯⋯⋯⋯49

Taylor & Wolfson ⋯⋯⋯⋯⋯⋯⋯⋯88
Thomas ⋯⋯⋯⋯⋯⋯41, 136, 150, 155
Thornbury ⋯⋯⋯⋯⋯⋯⋯⋯⋯⋯142
Thornbury & Slade ⋯⋯⋯87, 184, 186, 188, 190
Tomasello ⋯⋯⋯⋯⋯⋯⋯⋯⋯62, 156
van Lier ⋯⋯⋯⋯⋯⋯⋯⋯⋯⋯⋯viii
Wardhaugh ⋯⋯⋯⋯34, 41, 80, 87, 91, 93, 184, 186, 190
Weinert ⋯⋯⋯⋯⋯⋯⋯⋯⋯⋯⋯64
Wilkinson ⋯⋯⋯⋯⋯⋯⋯⋯⋯52, 177
Wilson & Sperber ⋯⋯⋯⋯⋯ 156-157
Wingfield ⋯⋯⋯⋯⋯⋯⋯⋯⋯⋯70, 86
Wolfson ⋯⋯⋯⋯⋯⋯54, 88, 126, 184
Wong-Fillmore ⋯⋯⋯⋯⋯⋯⋯⋯62
Wong & Warning ⋯⋯⋯⋯⋯ 87-88, 184
Wood ⋯⋯⋯⋯⋯⋯⋯⋯⋯⋯⋯64, 184
Wray & Perkins ⋯⋯⋯⋯⋯⋯⋯61, 184
Yorio ⋯⋯⋯⋯⋯⋯⋯⋯⋯⋯⋯⋯67

●著者紹介

村端 五郎（むらはた・ごろう）
宮崎大学教授、高知大学名誉教授。
1956年北海道生まれ。兵庫教育大学大学院修了（教育学修士）。公立中学高等学校教諭、北海道教育大学（岩見沢校助教授）、高知大学（人文学部教授）、武庫川女子大学（文学部教授・アメリカ分校 MFWI（ワシントン州・スポケーン市）執行副学長）を経て現職。専門は、応用英語学、英語教育学。著書論文に、『幼小中の連携で楽しい英語の文字学習』(編著、明治図書)、『オーラル・コミュニケーション：考え方と進め方』（共訳、大修館書店)、『スピーキングの指導とテスト：実践ハンドブック』（共訳、桐原書店)、『タスクが開く新しい英語教育』（共訳、開隆堂)、『英語授業実例事典』『英語授業実例事典 II』（共著、大修館書店)、『第2言語ユーザのことばと心』（共著、開拓社）など。

英語教育のパラダイムシフト

小学校英語の充実に向けて

2018年5月10日　初版第一刷発行

著　者　村端五郎
発行者　森 信久
発行所　株式会社 松柏社
　　　　〒102-0072　東京都千代田区飯田橋1-6-1
　　　　電話　03（3230）4813（代表）
　　　　ファックス　03（3230）4857
　　　　E メール　info@shohakusha.com
　　　　http://www.shohakusha.com

装幀　南幅俊輔
校正　里見文雄
印刷・製本　倉敷印刷株式会社
ISBN978-4-7754-0253-5
Copyright ©2018 Goro Murahata

定価はカバーに表示してあります。
本書を無断で複写・複製することを禁じます。

JPCA 本書は日本出版著作権協会（JPCA）が委託管理する著作物です。
複写（コピー）・複製、その他著作物の利用については、事前にJPCA（電
日本出版著作権協会 話03-3812-9424、e-mail:info@e-jpca.com）の許諾を得て下さい。なお、
http://www.e-jpca.com/ 無断でコピー・スキャン・デジタル化等の複製をすることは著作権法上
の例外を除き、著作権法違反となります。